Desigualdad Sin límites

Una guía para activistas sobre la justicia económica

Les Leopold

Edición revisada y actualizada

Labor Institute Press

La primera edición de Desigualdad sin límites se agotó en seis meses. Hemos desarrollado esta edición revisada y actualizada para poner al día todas las tablas y gráficas, y todo texto acompañante, cuando existieran datos nuevos. La primera edición fue escrita sin tener aún conocimiento de la campaña presicencial de Bernie Sanders. Resultó que los datos, los temas y muchas de las soluciones propuestas en Desigualdad sin límites se convirtieron en asuntos centrales de la campaña presidencial. Ahora este libro se está utilizando extensivamente para ayudar a desarrollar un movimiento político – una "revolución política" – que incluya a sindicatos, organizaciones comunitarias, grupos religiosos y miles de individuos que quieren revertir la desigualdad sin límites. Decenas de millones de personas que realmente quieren enfrentarse a la desvergonzada explotación financiera perpetuada por Wall Street y los grandes ejecutivos del país. Esperamos que este libro pueda ayudarnos a todas y todos a desarrollar un movimiento sustentable de masas que pueda recuperar a nuestro país de las manos de la clase multimillonaria. Todos los beneficios de las ventas de este libro se destinan a la Campaña Nacional de Educación Económica del Labor Institute – no a la persona del autor.

Labor Institute Press
817 Broadway, New York, NY 10003
TheLaborInstitute.org
Runawayinequality.org

978-0-9990954-0-9 (eBook)
978-0-9990954-1-6 (paperback)

Índice de contenido

Por favor considere unirse a la RunawayInequality.org Education Network: Te necesitamos. Nos necesitamos el uno al otro. Visitar: www.RunawayInequality.org/aprendemas

Introducción

Estados Unidos está entre los países más ricos de toda la historia. Pero si no es parte de las élites empresariales o políticas, nunca se enteraría. En el mundo en que habita la gente trabajadora, nuestra infraestructura se derrumba, las escuelas despiden a docentes, nuestra agua apenas es potable, nuestras ciudades contemplan la bancarrota, y nuestros fondos de pensiones públicos y privados están al borde del colapso. Nosotros —consumidores, estudiantes y propietarios de viviendas— cargamos con una deuda aplastante, pero nuestros sueldos reales no han aumentado desde la década de 1970.

¿Cómo podemos ser tan ricos y a la vez tener servicios tan pobres, tanta deuda, e ingresos tan estancados?

La respuesta es: la desigualdad sin límites —la brecha, en constantemente crecimiento, de ingresos y riqueza entre los súper ricos y el resto de nosotros.

Esta no es la primera vez que una pequeña élite logra tener un nivel de control extraordinario sobre la vida económica y política. El Antiguo Egipto tuvo a los faraones. La Europa Medieval tuvo señores feudales y reyes. Nosotros, en Estados Unidos, tuvimos a los ladrones magnates industriales, capitalistas sin escrúpulo alguno.

Y hoy en día tenemos a las élites financieras y corporativas.

La desigualdad sin límites está cambiando drásticamente cómo nos vemos y gobernamos. Está cambiando drásticamente el "Sueño Americano" (la apreciada idea de que la vida mejora con cada generación). Y, está cambiando drásticamente, la práctica de la democracia e incluso la idea de que cada persona tiene una influencia aproximadamente igual en la gobernación del país.

Ha llegado el momento de enfrentarse a la desigualdad económica sin límites —a sus causas, a lo que nos está haciendo y a lo que podemos hacer al respecto. Este libro tiene cuatro objetivos:

1. *Iluminar la desigualdad económica: es peor de lo que usted cree*
A pesar de tanto hablar de la desigualdad económica, la mayoría de la gente no sabe hasta qué nivel llega. Es como si nuestro sentido innato de la justicia no nos permitiera comprender el nivel indignante de desigualdad al que ha llegado nuestra economía y cuánto empeora con cada día que pasa. Tal vez tengamos una mentalidad demasiado justa para poder procesar el tipo de avaricia sistemática que permea los más altos niveles de nuestra sociedad.

Veremos qué tan grande es realmente la brecha entre los súper ricos y los demás de nosotros, y la rapidez con la que se está acelerando. Un grupo muy reducido de élites económicas acumulan más y más de los recursos del país, mientras que el resto nos paralizamos o quedamos atrás.

Pero el problema va más allá de cuántos dólares tenemos (o no tenemos): la desigualdad sin límites está desgarrando el tejido de nuestra sociedad. Los súper ricos viven en un mundo que ya no requiere la dependencia mutua en los servicios públicos. Por lo general, las élites no usan nuestras escuelas, nuestras carreteras, nuestros aeropuertos. No les importa mucho si nuestra infraestructura se colapsa. Nos estamos dividiendo en dos sociedades separadas.

Al mismo tiempo, los súper ricos tienen la capacidad de almacenar billones de dólares lejos del alcance del recaudador de impuestos. Al evitar y evadir el pago de impuestos, con la ayuda de una legión de abogados y banqueros, los ricos están socavando los servicios públicos que el resto del pueblo necesita. Así, nuestras carreteras y nuestros puentes se resquebrajan, nuestro medioambiente se contamina, nuestros niños se amontonan en escuelas desmejoradas. Pagamos, de nuestro propio bolsillo, una fortuna por la educación superior y por una atención médica de mala calidad. Y las personas entre nosotros con piel de pigmentación más oscura son objeto de arrestos y multas destinadas a ayudar a mantener solvente al gobierno local, a la vez que viven en la pobreza y con violencia policíaca.

La desigualdad sin límites socava la práctica de la democracia. A medida que los ricos se enriquecen más y más, se les hace más fácil comprar favores políticos. Pueden hacer que los medios de comunicación, los funcionarios electos y las agencias gubernamentales hagan lo que ellos quieran. Votan con su dinero, cosa que se burla de nuestra creencia democrática de "una persona, un voto". Veremos datos que muestran que los funcionarios electos rara vez actúan basándose en la agenda que apoya la mayoría del pueblo. En vez de esto, respaldan los deseos de las personas afluentes.

Con más de 100 tablas y gráficas, además del texto, demostraremos que, con todo lo malo que parece estar, está peor todavía.

2. *Examinar el "Sueño Americano" que se desvanece*
Haremos una evaluación franca donde nos comparamos con otros países desarrollados.

La mayor parte de la gente en nuestro país todavía piensa a través del lente del "Sueño Americano" y el "excepcionalismo" estadounidense. Nos vemos a la cabeza del mundo en todo lo que sea bueno y justo. Como les gusta declarar a los políticos, somos la luz brillante de la libertad y la prosperidad, con la bendición de Dios.

La mayoría de los estadounidenses creen que Estados Unidos tiene la mayor movilidad social ascendente y el nivel de vida más alto del mundo. Creemos que Estados Unidos es el país más justo del mundo, que ofrece las mejores posibilidades para la gente común (y que si alguien no prospera, será por su propia culpa).

Pero los hechos que presenta este libro socavan esta perspectiva. Aunque Estados Unidos tuvo la clase trabajadora más próspera desde la Segunda Guerra Mundial hasta 1980, ya no es así. De hecho, actualmente Estados Unidos es el país más desigual del mundo desarrollado. Tenemos los más altos índices de pobreza y desamparo infantil. Tenemos más personas presas que China y Rusia. Y los estadounidenses tienen menos movilidad social ascendente que la mayoría de los europeos.

Veremos que nuestros servicios públicos tampoco dan la talla. Nuestros servicios médicos cuestan más, cubren a menos gente y producen peores resultados. Y estamos casi de últimos, entre los países desarrollados, en cuanto a eficiencia energética e infraestructura general.

Sin duda, el 1% más rico nunca ha estado mejor que ahora. Pero nosotros, los demás, estamos perdiendo de vista el "Sueño Americano" a medida que la desigualdad sin límites se acelera.

3. *Empoderarnos con una visión del panorama entero*
Después de años de organizar talleres de economía para adultos, hemos aprendido que tener una idea clara de lo que está pasando en

el panorama entero es algo que empodera mucho a la gente. Si usted puede dar un paso atrás y ver cómo encajan las piezas, el mundo tiene más sentido.

Nos esforzaremos en presentar esa visión grande y amplia, porque la mayoría de nosotros nunca tiene la oportunidad de verla. No se puede conseguir una imagen precisa de la economía entera a través de los medios de comunicación masiva o de un enredo de fuentes de internet. Oímos fragmentos acerca de la bolsa de valores, la deuda pública, el comercio, el desempleo y la inflación. Lo que no escuchamos es el contexto, una explicación sustancial, o cualquier pregunta crítica acerca de por qué ocurre todo esto y cómo se relaciona con nuestra vida cotidiana.

Más que nada, los medios ignoran el hecho de que vivimos en un sistema capitalista. Nunca se nos permite salir de esa caja para poder mirarlo desde afuera y ver cómo funciona. Así que nunca oímos sobre el conflicto fundamental que el capitalismo crea entre las necesidades y deseos de las corporaciones privadas y nuestra salud y bienestar —o el bienestar del planeta en el que vivimos. No oímos acerca de cómo la sed insaciable de beneficios por parte de los dueños de las corporaciones y financieros está erosionando nuestros niveles de vida. Pero estos conflictos son la clave para comprender esta nueva era de la desigualdad sin límites.

Resulta que la imagen de la economía que casi toda la gente comparte no es la correcta. Nos dicen, de muchas maneras diferentes, que la economía es como una máquina complicada que funciona fuera del control humano. Esta metáfora de la máquina enmarca nuestra comprensión del mundo económico: nos hace pensar que cada persona está haciendo sus cosas en la máquina, y que cada una recibe lo que se merece, más o menos. Encubre la realidad que existe un conflicto fundamental entre empleados y propietarios, entre los ricos y el resto de nosotros.

La amplia imagen que presentaremos tiene mucho más sentido que la versión descuartizada que nos bombardea cada día. Sí, el sistema económico es complejo y, sí, es muy difícil de controlar. Pero su dirección fundamental está determinada por seres humanos al servicio de intereses particulares. Veremos cómo, hace una generación, personas poderosas decidieron cambiar drásticamente la dirección de la economía, y cómo la gente trabajadora ha estado pagando por esa decisión desde entonces. La desigualdad sin límites no es un acto sobrenatural. Es resultado de un sistema diseñado por y para las élites ricas.

4. *Llegar a un entendimiento común para poder crear un movimiento común*

Ofrecemos este objetivo nuestro, el más ambicioso, con la mayor humildad: nuestra intención es ayudar a crear un amplio movimiento de base por la justicia económica y ambiental.

Actualmente, no tenemos un fuerte movimiento de masas con el poder para recuperar nuestra economía y nuestra democracia y hacerlas funcionar a favor del 99%. Aunque la campaña presidencial de Bernie Sanders en 2016 nos mostró que es posible.

En su lugar, tenemos miles de grupos que luchan por todo tipo de causas y asuntos, desde el fracking (extracción de petróleo/gas por fracturación) hasta el salario digno. Tenemos sindicatos que luchan por sus miembros, y centros de trabajadores que luchan por los derechos de inmigrantes. Tenemos protestas desde Ocupa Wall Street (Ocuppy Wall Street) y Las Vidas Negras Importan (Black Lives Matter) hasta la justicia climática. Tenemos cientos de sitios web y publicaciones progresistas para cubrir toda esta actividad. Pero no tenemos un movimiento nacional coherente con una agenda clara y decidida que nos unifique.

Mostraremos que la desigualdad sin límites es la raíz de muchos de nuestros problemas, incluyendo el meteórico y desastroso crecimiento del sector financiero, los recortes en el sector público, la destrucción ambiental, el aumento en la discriminación racial, la desigualdad salarial entre géneros y el crecimiento de nuestra enorme población en las prisiones. Y propondremos que si compartimos un entendimiento claro de la desigualdad sin límites —y de la situación económica básica ante nosotros— podemos comenzar a construir un movimiento amplio, común, por la justicia económica fundamental que se enfrentará a las élites económicas en Estados Unidos.

El sistema político no se moverá, a no ser que nos organicemos a una escala masiva, como lo hicieron los populistas hace más de cien años, como lo hizo el movimiento sindical en la década de 1930, y como lo hizo el movimiento por los derechos civiles en las décadas de 1950 y 1960. ¿Ha llegado el momento de una revolución política?

Algunos economistas y políticos liberales apelan al interés propio de los súper ricos. Proponen que los ricos estarían en una mejor situación todavía, si tan solo permitieran una distribución de ingresos y de riqueza un poco más justa. Nosotros no estamos de acuerdo. Esperar que la clase rica nos ayude a conseguir la equidad básica es una propuesta sin futuro.

Las élites económicas solo concederán el poder y la riqueza cuando se vean obligados a ello por un poderoso movimiento social.

Así que, este libro propone objetivos grandes pero difíciles. Perfila un análisis económico y unas soluciones económicas que puedan conectarnos y permitirnos crear un movimiento amplio y común. De por sí un análisis económico no nos unifica automáticamente. Pero será muy difícil crear un poderoso movimiento de masas sin tenerlo.

Para alcanzar estas metas, el libro se divide en cuatro partes:

Parte 1: Las causas de la desigualdad sin límites. Analiza cómo Wall Street nos extrae la riqueza a todos.

Parte 2: El declive del excepcionalismo estadounidense. Examina las calificaciones de Estados Unidos en asuntos económicos y sociales clave, en comparación con otros países desarrollados.

Parte 3: Asuntos separados, una causa común. Muestra el gran impacto de la desigualdad sin límites sobre una serie de asuntos que con frecuencia no se miran en conjunto, sino independientemente.

Parte 4: Soluciones. Considera una gama de políticas y acciones que serán necesarias para crear más justicia económica y social en Estados Unidos.

En fin, este libro subraya un punto central una y otra vez. La desigualdad sin límites tiene un precio muy caro. El dinero que enriquece a muy pocas personas se extrajo de las cosas que más valoramos todos —nuestra vida pública, nuestros ingresos, nuestra salud y la educación de nuestros hijos. Está empobreciendo al país más rico del mundo... Hasta que hagamos algo para remediarlo.

Primera parte

Las causas de la desigualdad sin límites

Capítulo 1

Esto está tan mal como usted piensa… ¡y hasta peor!

Tómese un momento para escribir las respuestas a estas dos preguntas básicas:

- ¿Cuánto cree usted que es el promedio de lo que gana por año el director ejecutivo de una corporación grande?
- ¿Cuánto cree usted que es el promedio de lo que gana por año un trabajador principiante (inexperto) de fábrica?

Sus respuestas nos permiten construir una estadística importante sobre la desigualdad: la proporción de la diferencia salarial.

Por ejemplo, digamos que su respuesta es que un director ejecutivo típico gana alrededor de $500.000 al año mientras que el trabajador de fábrica gana alrededor de $25.000 al año. Eso nos da una proporción de 20 a uno en la diferencia salarial —es decir, por cada dólar que gana el trabajador, el director ejecutivo gana $20 (500.000/25.000 = 20/1).

Si usted pensó que era un millón de dólares para el director ejecutivo y $25.000 para el trabajador de fábrica, entonces la proporción brinca a 40 a uno.

¿Qué proporción calculó usted?

¿Cómo entienden los estadounidenses la proporción de la diferencia salarial?

Se les hicieron estas dos mismas preguntas a más de 50.000 personas por todo el mundo y, de estas, 1.581 fueron estadounidenses de toda índole[1].

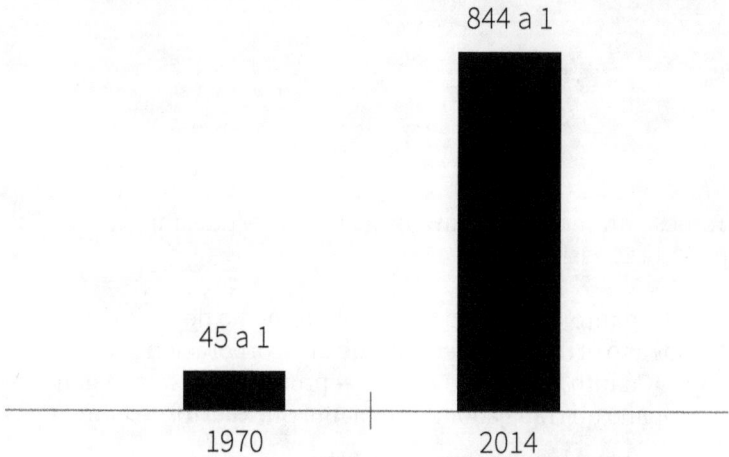

844 a 1

45 a 1

1970   **2014**

Gráfica 1.1: La diferencia salarial: los 100 directores ejecutivos más altos en comparación con el trabajador promedio*
Fuentes: Encuesta de las compensaciones salariales de directores ejecutivos, Forbes, ediciones de abril-mayo, 1971-2011; "The New York Times/ Equilar 200 Highest-Paid CEP Rankings", 2015; Ganancias de trabajadores según los datos de la Oficina de Estadísticas Laborales, http://www.bls.gov/data/#wages.

Resulta que la respuesta estadounidense media —es decir, la respuesta que se encuentra precisamente en el medio de los resultados de la encuesta de estadounidenses— calculó que el director ejecutivo de una compañía grande ganaba alrededor de $900.000 por año y que el trabajador de fábrica promedio ganaba

---

1. Los datos provienen del International Social Survey Programme: Social Inequality IV – ISSP 2009 en el sitio web de Gesis. Si usted hace trabajo investigativo o educativo, puede suscribirse gratuitamente y examinar la variedad increíble de los datos coleccionados aquí: http://zacat.gesis.org/webview/index.jsp?object=http://zacat.gesis.org/obj/fStudy/ZA5400.
*El trabajador promedio es un trabajador de producción o no supervisor, basado en los salarios semanales multiplicados por 52 semanas.

alrededor de $25.000. Esto significa una proporción de 36 a uno en la diferencia salarial.

¿Pero estos cálculos reflejan la realidad? No mucho.

Las gráficas 1.1 y 1.2 nos dan un buen estimado de la creciente diferencia entre la compensación total[2] para los 100 y los 200 directores ejecutivos más altos y la paga del trabajador típico[3].

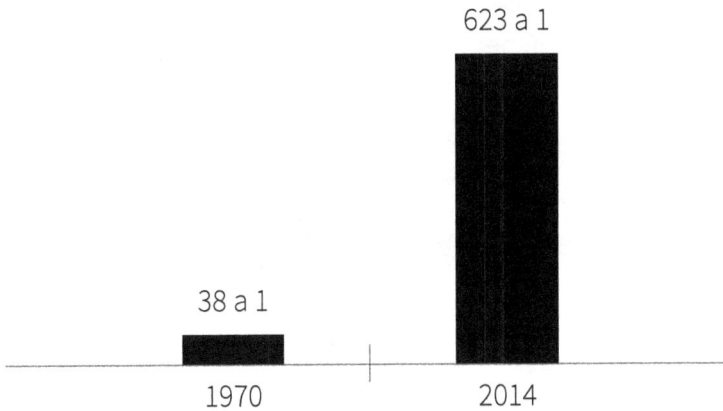

623 a 1

38 a 1

1970   2014

Gráfica 1.2: La diferencia salarial: los 200 directores ejecutivos más altos en comparación con el trabajador promedio*
Fuentes: Encuesta de las compensaciones salariales de directores ejecutivos, Forbes, ediciones de abril-mayo, 1971-2011; "The New York Times/Equilar 200 Highest-Paid CEP Rankings", 2015; y Ganancias de trabajadores según los datos de la Oficina de Estadísticas Laborales, http://www.bls.gov/data/#wages.

En 1970, por cada dólar que ganaba el trabajador promedio, los primeros 100 directores ejecutivos ganaban un promedio de $45. Para 2014, la diferencia había brincado a 844 a uno.

---

2. La compensación total incluye salarios, bonos, opciones de acciones y compensación diferida.
3. Derivamos el número para la paga del trabajador de los salarios promedio de trabajadores de producción o no supervisores, quienes incluyen trabajadores en el sector de servicios, así como también otros sectores de la industria privada.
*El trabajador promedio es un trabajador de producción o no supervisor, basado en los salarios semanales multiplicados por 52 semanas.

Más increíble aún es que, por lo general, los estadounidenses piensan que los directores ejecutivos de las compañías grandes reciben alrededor de $900.000 en compensación por año, ¡cuando en realidad reciben casi $30 millones! Es como si nuestra percepción de la diferencia salarial se hubiera congelado en 1970. Como si no hubiéramos captado las realidades de la desigualdad sin límites.

¿Qué pensamos que debería ser la diferencia salarial?

Intentemos de nuevo estas dos preguntas. Pero esta vez, articulemos lo que debería ser una compensación justa para los directores ejecutivos de las compañías grandes y para los trabajadores de fábrica inexpertos.

· ¿Cuánto cree usted que debería ganar al año el director ejecutivo de una corporación grande?
· ¿Cuánto cree usted que debería ganar al año un trabajador principiante (inexperto) de fábrica?

Tómese un momento para escribir las respuestas.

Ahora regresemos a la información de la encuesta para ver cómo el estadounidense típico respondió a estas mismas preguntas.

844 a 1

36 a 1

7 a 1

Realidad   Lo que nos   Lo que
                  imaginamos   queremos

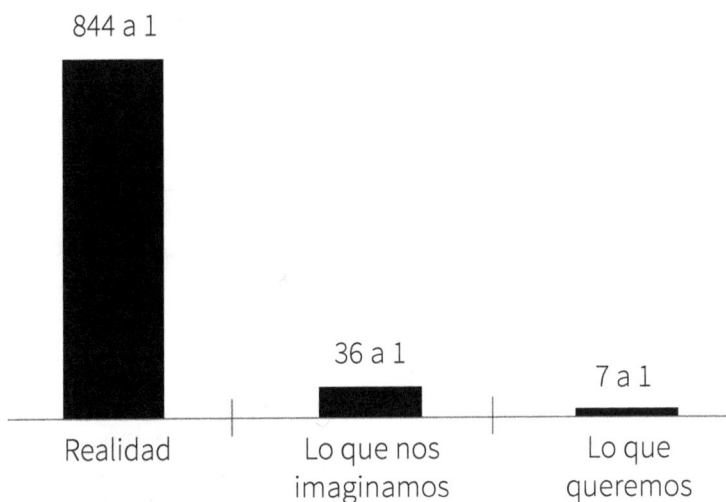

Gráfica 1.3: El público no entiende la magnitud de la diferencia salarial
Fuentes: Datos de opiniones de International Social Survey Programme: Social Inequality IV-ISSP 2009; cálculos del autor basados en los datos para 2015 de "The New York Times/Equilar 200 Highest-Paid CEP Rankings", 2015; y los salarios promedio según la Oficina de Estadísticas Laborales, http://www.bls.gov/data/#wages.

Esta vez, resulta que la respuesta media de los estadounidenses —la que está justo en el medio de todas las respuestas— es que el director ejecutivo de una compañía grande debería ganar alrededor de $200.000 por año y que un trabajador de fábrica inexperto debería ganar alrededor de $30.000. Esto produce una proporción en la diferencia salarial de alrededor de siete a uno.

Hagamos una pausa para considerar lo chocante que es este resultado (ver la Gráfica 1.3). La verdadera proporción de la diferencia salarial entre un director ejecutivo y un trabajador inexperto promedio es de 844 a uno. Sin embargo, los estadounidenses piensan que debería ser solo de siete a uno. Esta es una enorme diferencia. Esto nos sugiere que, si un estadounidense típico supiera las cifras reales, sentiría indignación ante un ejemplo tan flagrante de la desigualdad sin límites.

¿Varían nuestros cálculos según la afiliación política o el nivel de educación formal?

La encuesta también pregunta sobre la afiliación política para que veamos si quienes se consideran "fuertemente demócratas" tienen creencias muy diferentes a quienes se consideran "fuertemente republicanos". Además, podemos ver cómo las respuestas varían entre las personas que no terminaron la secundaria y aquellas que terminaron estudios universitarios a nivel de posgrado.

Es notable que las respuestas casi no varían. Todos nosotros, en la derecha y la izquierda —desertores escolares y doctorados— tenemos dos cosas en común: 1) Subestimamos extremadamente la magnitud de la diferencia salarial; y 2) Todos queremos una diferencia salarial mucho, mucho más pequeña.

Como muestra la Tabla 1.1, los "fuertemente demócratas" calcularon que la proporción real entre el pago del director ejecutivo de una corporación grande y de un trabajador de fábrica inexperto era alrededor de 36 a uno. Los "fuertemente republicanos" dijeron que era de 40 a uno. No hay gran diferencia.

Cuando se trata de ofrecer opiniones sobre lo que debería ser la diferencia salarial, los fuertemente demócratas pensaron que cinco a uno estaba bien, mientras que los fuertemente republicanos pensaron que debía ser alrededor de 12 a uno. Es obvio que los dos extremos políticos están mucho más cerca el uno del otro que la realidad actual de 844 a uno.

¿Y cuánto variaron las respuestas según el nivel de educación formal? Otra vez, no mucho. Las personas que no terminaron la secundaria pensaron que la diferencia real era de 60 a uno, mientras que aquellas con estudios de posgrado pensaron que era alrededor de 40 a uno (ambos comparados con la realidad de 844 a uno).

Tabla 1.1. Los estadounidenses calculan la diferencia salaria real
entre directores ejecutivos y trabajadores, y lo que debería ser*

	Lo que pensamos que la diferencia salarial es**	Lo que pensamos que la diferencia salarial debería ser
Fuertemente demócrata	36 a 1	5 a 1
Fuertemente republicano	40 a 1	12 a 1
< diploma de escuela secundaria	60 a 1	5 a 1
Título universitario a nivel de posgrado	40 a 1	12 a 1
Actual	844 a 1	

Fuente: Leibniz Institute for the Social Sciences, International Social
Survey Programme: Social Inequality IV-ISSP 2009, http://zacat.gesis.
org/webview/index.jsp?object=http://zacat.gesis.org/obj/FStudy/ZA5400.

Las personas que no completaron la secundaria pensaron que
la diferencia salarial ideal debería ser de cinco a uno, mientras
que aquellas con estudios de posgrado pensaron que debería ser
de 12 a uno. Estas proporciones son idénticas a las que ofrecieron
los fuertemente demócratas y los fuertemente republicanos.

Cuando se trata de nuestra ignorancia sobre la diferencia salarial, no existen ni estados azules ni estados rojos, solo
estados de mente mal informados.

---

*Todos los estimados son calculados según la respuesta media, el punto medio de la gama
de respuestas.
**Las proporciones son calculadas al crear una proporción de respuestas para las dos pregun-
tas de la encuesta: "¿Cuánto cree que gana el director ejecutivo de una gran corporación
nacional?" dividida por "¿Cuánto cree que gana un trabajador de fábrica inexperto?". La
diferencia salarial que "debería ser" viene de preguntas similares en la encuesta que
preguntan cuánto debería ganar un director ejecutivo y un trabajador inexperto.

¿Por qué somos tan ciegos ante la desigualdad sin límites?

La mayoría de nosotros no tiene idea de que nuestro país, apodado la tierra de las oportunidades, es el desenfrenado líder entre todas las naciones desarrolladas en cuanto a desigualdad se trata (ver el Capítulo 5). Claro que esto va en contra del Sueño Americano, esa persistente creencia de que Estados Unidos es la nación más justa que hay, la más justa y donde está la mayor movilidad social ascendente de la historia.

Al parecer, esa creencia central sobre la superioridad de Estados Unidos dificulta recibir información contradictoria. Como han establecido los científicos sociales, tendemos a desconectarnos de información que reta nuestras creencias profundamente arraigadas. En este caso, digerir los datos nuevos es muy chocante para el sentido de identidad nacional que tenemos desde hace tiempo.

Nuestra malinterpretación de la desigualdad podría ser también un legado del auge económico posterior a la Segunda Guerra Mundial. En ese tiempo, nuestra clase trabajadora tenía la calidad de vida global más alta del mundo, con salarios reales anuales que iban en aumento (lo cual veremos en más detalle en el Capítulo 2).

Desde el New Deal hasta la Guerra Fría (de 1933 a 1990), la política estadounidense trataba de aumentar los niveles de empleo e ingresos lo más que se pudiera para asegurar que nuestros trabajadores y nuestra clase media fueran "la envidia de todo el mundo". Eso es la mitad de un siglo de creciente prosperidad para la población activa. También en esta época, los impuestos sobre los ingresos para los ricos eran extremadamente altos, más del 90% para las personas en la más alta categoría de ingresos durante la Segunda Guerra Mundial y la década de 1950. Como resultado, el 1% más rico, aunque vivía extremadamente bien, vio declinar su parte de la riqueza total de Estados Unidos (ver la gráfica 1.4)[4].

---

4. Emmanuel Saez y Gabriel Zucman, Wealth Inequality in the United States Since 1913, octubre de 2014, http://gabriel-zucman.eu/files/SaezZucman2014Slides.pdf

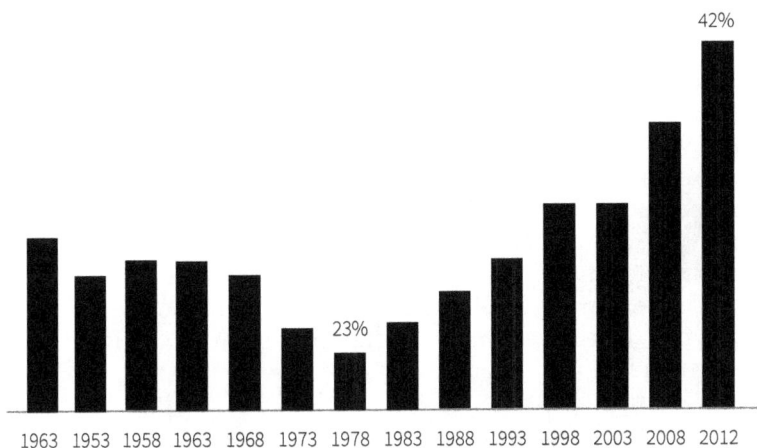

42%

23%

1963 1953 1958 1963 1968 1973 1978 1983 1988 1993 1998 2003 2008 2012

Gráfica 1.4: La porción de la riqueza estadounidense del 1% más rico, 1948-2012
Fuente: Emmanuel Saez y Gabriel Zucman, Wealth Inequality in the United States Since 1913, Oficina Nacional de Investigación Económica, octubre de 2014, apéndice Tabla B-1, http://gabriel-zucman.eu/files/SaezZucman2014.pdf

Entonces, es poco sorprendente que la masiva generación del baby boom (la explosión de natalidad posterior a la Segunda Guerra Mundial) creció con el ideal y la realidad de la igualdad relativa, por lo menos para la gente blanca. Claro que hasta en esa época había personas ricas en todo Estados Unidos, pero a la gran mayoría de los estadounidenses la vida nos iba cada vez mejor.

Parece que aún vivimos con esa resaca cultural, aferrándonos a una imagen propia de la sociedad de antaño. Aunque la desigualdad sin límites es nuestra nueva realidad económica, muchos de nosotros aún nos miramos en el espejo y en el reflejo vemos al más bello de todos mirándonos de vuelta.

Ambos partidos políticos se niegan a enfrentar la desigualdad

Quizás la razón más grande por la cual estamos tan mal informados es que no es conveniente para nuestros partidos políticos que veamos la verdad. Ninguno de los dos partidos políticos ha enfrentado la creciente desigualdad de forma significativa. Sí, los demócratas tienden a apoyar aumentos modestos en el salario mínimo que marcan una diferencia para aquellas personas que están estancadas en los trabajos de menor remuneración. Pero no se acercan a la idea revolucionaria de poner un límite legal a lo que debería ser la diferencia salarial entre los directores ejecutivos y los trabajadores.

¿Por qué no proponen los políticos limitar la diferencia salarial entre los directores ejecutivos y los trabajadores a, digamos, 12 a uno, una proporción que hasta los fuertemente republicanos y los instruidos formalmente consideran justa?

Quizás porque viven con el miedo de otra clase de revolución, una rebelión masiva de sus donantes empresariales élite, quienes no soñarían con ganar tan poco. De hecho, el establecimiento de élite, —en el mundo de finanzas y corporaciones, los más altos niveles del gobierno, la academia y los medios— no tiene ninguna intención de limitar sus ingresos, no importa lo que el público considere justo. Esta es la esencia de la lucha de clases entre el 99% y el 1%, y ningún partido quiere tener nada que ver con ello.

¿Qué hay que hacer para que despertemos ante la desigualdad?

La buena noticia es que los estadounidenses de cualquier género, color, ingreso, nivel de educación formal y política piensa que, en general, la diferencia salarial debería ser alrededor de siete a uno, no 844 a uno. Por ahí se puede empezar. Imagínese que el único debate económico real fuera entre los fuertemente demócratas, quienes piensan que una diferencia salarial justa debería ser de cinco a uno, y los fuertemente republicanos, quienes piensan que debería ser de 12 a uno. Tenemos que construir un movimiento amplio por la justicia económica sobre este sentido común de justicia básica. Esto está años luz por delante de lo que las élites esperan y sienten que se les debe.

Durante casi seis meses, Ocupa Wall Street (Occupy Wall Street) tocó un nervio y colocó la desigualdad en la agenda del día. "Somos el 99%" se convirtió en el himno nacional de muchos estadounidenses. Por primera vez, en una generación, el país hablaba sobre la diferencia entre los súper ricos y el resto de nosotros.

Casi al mismo tiempo, el Tea Party salió con un mensaje diferente. También sentían que algo iba muy mal. Pero para ellos el problema era (y es) un gobierno grande, no la desigualdad. Ellos y sus aliados políticos tienden a culpar a las mismas familias con bajos ingresos (quienes "toman las cosas") por la desigualdad, mientras elogian a los ricos (quienes "hacen las cosas").

Otras personas, hasta algunos liberales, culpan a las nuevas tecnologías por la desigualdad, ya que requieren destrezas que los trabajadores no tienen. Esto implica que los de abajo podrían reducir la diferencia salarial si solo consiguieran un título universitario o una destreza avanzada. Este mensaje de autoayuda resuena con la mayoría de los estadounidenses, y el acceso a la educación (gratuita y de alta calidad) ayudaría.

Sin embargo, se requeriría otra clase de educación para reducir la diferencia salarial. Ya no tenemos 900 campamentos de Ocupa en todo el mundo para recordarles a todos que la desigualdad es la nueva forma de vida. Pero, cada día, millones de estadounidenses enfrentan la dura realidad de intentar sobrevivir a base de salarios bajos y beneficios porosos, y la presión por un aumento de salarios y beneficios va creciendo. Así como también el nivel de furia y frustración.

Tenemos que aprender de nuevo las destrezas necesarias para construir un movimiento masivo. Eso incluye educarnos sobre las realidades de la creciente desigualdad económica. Solo entonces podremos romper con la defectuosa imagen propia de Estados Unidos que nos paraliza.

Corra la voz: Somos la sociedad más desigual en el mundo desarrollado y podemos cambiar eso.

Preguntas de discusión

1. Según su opinión, ¿es importante el problema de la creciente diferencia salarial entre los directores ejecutivos y el resto de nosotros? ¿Por qué sí o por qué no?

2. ¿Por qué piensa usted que los estadounidenses subestiman la diferencia salarial entre los directores ejecutivos y el resto de nosotros?

3. ¿Piensa usted que marcaría una diferencia al correr la voz sobre cuán extrema se ha vuelto la diferencia salarial entre los directores ejecutivos y los trabajadores? ¿Por qué sí o por qué no?

Capítulo 2

El robo de salarios llega a Estados Unidos

En Dinamarca, compañías tales como McDonald's y Burger King les pagan a los trabajadores $20 por hora[1] más beneficios sin queja alguna. Estas mismas compañías, que de hecho están basadas en Estados Unidos, les pagan a los trabajadores estadounidenses menos de $9 sin beneficios[2].

¿Qué es lo que está pasando aquí entonces? La respuesta es simple y dolorosa: el robo de salarios. En Estados Unidos, las corporaciones están en plena libertad de robarnos los salarios, pero no lo pueden hacer en Dinamarca (ni en otras partes). El 95% de todo el estrato más bajo de los estadounidenses que ganan un salario es prácticamente víctima del robo de salarios... ¡quizás hasta usted mismo lo sea!

El robo de salarios es una realidad bien conocida por todo jornalero inmigrante que se para en una esquina para buscar trabajo con algún contratista de construcción o jardinería que le pase por el lado. Demasiados contratistas "contratan" a estos trabajadores y luego se niegan a pagar cuando el trabajo ha sido terminado.

Los trabajadores indocumentados tienen pocos recursos a los que recurrir. Si reportan el robo, se podrían ver entregados

---

1. Liz Alderman y Steven Greenhouse, "Living Wages, Rarity for U.S Fast-Food Workers, Served Up in Denmark", New York Times, 27 de octubre de 2014, http://www.nytimes.com/2014/10/28/business/international/living-wages-served-in-denmark-fast-food-restaurants.html?_r=3.
2. Una "Big Mac" en Dinamarca cuesta $5,60 en comparación con $4,80 en EE.UU., Ibídem.

al Servicio de Inmigración y Control de Aduanas de Estados Unidos (ICE, por sus siglas en inglés). Entonces, la mayoría de las personas simplemente se van a otra esquina con la esperanza de encontrar un contratista más escrupuloso la próxima vez. Los trabajadores que tienen suerte y son lo suficientemente ingeniosos como para afiliarse con un centro de trabajadores inmigrantes, como *Workers Justice Project*[3] en Brooklyn, Nueva York, pueden encontrar trabajos por medio de su sala de contrataciones, donde los contratistas se ponen de acuerdo para pagar unos salarios decentes y proveer condiciones de trabajo más seguras.

Los gerentes de las sucursales de comida rápida a veces roban los salarios al manipular los registros de horarios de los trabajadores y borrar cualquier prueba de tiempo extra. Y hasta ahí llega la supuesta paga de tiempo y medio a la que los trabajadores tienen derecho bajo la ley de tiempo extra[4]. ¿No le gusta? Váyase.

Sin embargo, si la campaña *Fast Food Forward*[5] le respalda, enfrentar la amenaza de una manifestación o acción legal puede obligar a su jefe a que pague. Los gerentes que intentan robar el tiempo extra en Dinamarca tienen que preocuparse de que la respuesta del sindicato sea el cierre de la cadena entera.

Quizás usted piense que los trabajadores estadounidenses deben ir al tribunal a reclamar sus salarios robados. A veces lo hacen. A veces hasta ganan... y después no lo pueden recibir. Los empleadores hasta pierden negocios, esconden activos o buscan otras maneras de no pagar lo que deben. Según un reporte de 2015 sobre el robo de salarios en Nueva York, el cual fue realizado por una coalición que incluía a *Legal Aid Society, Urban Justice Center* y *National Center for Law and Economic Justice*, "Nuestra investigación identificó por lo menos $125 millones en órdenes

3. David Gonzalez, "Job Center Gives a Voice, and Fair Wages, to an 'Invisible' Work Force", *New York Times*, 12 de octubre de 2014, http://www.nytimes.com/2014/10/13/nyregion/giving-a-voice-and-fair-wages-to-an-invisible-work-force.html.
4. Hunter Stewart, "An Overwhelming Number of Fast Food Workers Report Getting Ripped Off by Their Bosses: Poll", The Huffington Post, 11 de abril de 2014, http://www.huffingtonpost.com/2014/04/11/fast-food-wage-theft_n_5085502.html.
5. Consulte la información de *Fast Food Forward* en Facebook, https://www.facebook.com/FastFoodForward.
6. Jim Dwyer, "Awarded Stolen Wages, Workers Struggle to Collect", *New York Times*, 19 de febrero de 2015, http://www.nytimes.com/2015/02/20/nyregion/awarded-stolen-wages-workers-struggle-to-collect.html?ref=todayspaper&_r=0.

judiciales, así tenemos una idea de la magnitud del problema de la colecta de salarios en Nueva York"[6].

Y luego están los trabajadores de los almacenes de Amazon, quienes deben hacer fila por 25 minutos para pasar por inspectores de "seguridad a la salida" para evitar "la disminución del inventario". ¿Les paga Amazon a las personas por este tiempo? No, dice Amazon, porque esta actividad no es una parte "integral

¿Hurto mayor?

o indispensable" del trabajo. También ahora está de acuerdo la Corte Suprema[7]. Entonces, el tiempo que gastan los trabajadores para ayudar a la compañía a evitar el robo es ahora parte de la columna del robo legalizado de salarios.

¿Cómo se sentiría usted si perdiera 15% de su salario a causa del robo? Según el reporte, *Broken Laws, Unprotected Workers*[8], eso es lo normal para los trabajadores con bajos salarios en Nueva York, Chicago y Los Ángeles. Los autores escriben:

> El trabajador promedio perdió $51 de unas ganancias semanales promedio de $339. Si suponemos un horario de tiempo completo para todo el año, calculamos que estos trabajadores pierden un promedio de $2.634 al año debido a las violaciones laborales, de unas ganancias en total de $17.616. Esto es igual a un robo de salarios de 15% de las ganancias.

El Instituto de Política Económica (EPI, por sus siglas en inglés) utiliza esas cifras para darnos un cálculo nacional:

> El robo de salarios total por año entre trabajadores de primera línea en industrias con salarios bajos en las tres ciudades se

7. Robert Barnes, "Supreme Court Rules Amazon Doesn't Have to Pay for After-hours Time in Security Lines", Washington Post, 9 de diciembre de 2014, http://www.washingtonpost.com/politics/courts_law/supreme-court-rules-amazon-doesn't-have-to-pay-for-after-hours-time-in-security-lines/2014/12/09/05c67c0c-7fb9-11e4-81fd-8c4814dfa9d7_story.html.
8. Annette Bernhardt, et al., Broken Laws, Unprotected Workers: Violations of Employment and Labor Law in American Cities (New York, NY: National Employment Law Project, 2009), http://www.nelp.org/page/'/brokenlaws/BrokenLawsReport2009.pdf?nocdn=1.

aproximó a $3 mil millones. Si podemos generalizar estas conclusiones de Nueva York, Chicago y Los Ángeles, para el resto de la fuerza laboral estadounidense de 30 millones con salarios bajos, el robo de salarios les cuesta a los trabajadores más de $50 mil millones al año[9].

Si esto es cierto, entonces el robo de salarios es la forma más grande de hurto en nuestra economía —más que los $13,6 mil millones que perdemos cada año en automóviles robados, otros tipos de hurto, asaltos y robos (según cifras del FBI para 2012[10]). Cincuenta mil millones de dólares por año es suficiente como

¿Y a mí no?

para emplear a más de 1,2 millones de personas y pagarles $20 por hora.

Usted puede estar pensando, "Menos mal que no soy un trabajador que gana un salario bajo. Nadie me roba mi paga".

¿O acaso no es así?

Quizás su empleador no manipule sus registros de tiempo extra ni le robe de forma directa. Pero, aun así, sus salarios están siendo robados de manera sutil. Los empleadores y sus patrocinadores en Wall Street han elaborado sofisticadas maneras legales para sacarnos dólares que deberían quedarse en nuestros

Prueba #1: La brecha entre la productividad y el salario

cheques. Y no son unos cuantos dólares, sino casi la mitad de lo que hemos ganado.

---

9. Brady Meixell y Ross Eisenbrey, An Epidemic of Wage Theft Is Costing Workers Hundreds of Millions of Dollars a Year, reporte, Instituto de Política Económica, 11 de septiembre de 2014, http://www.epi.org/publication/epidemic-wage-theft-costing-workers-hundreds/#_ref1
10. Oficina Federal de Investigación, "Crime in the United States 2012", Uniform Crime Reports, http://www.fbi.gov/about-us/cjis/ucr/crime-in-the-u.s/2012/crime-in-the-u.s.-2012.

Para exponer este hurto escondido, debemos entender el concepto de productividad y cómo lo medimos en nuestra economía.

La productividad, un término muy cercano al corazón de todo gerente, no tiene nada que ver con la cantidad que ganamos. Es una medida de lo que producimos dentro de una hora determinada. Hacemos felices a los gerentes cuando producimos mucho cada hora, ya sea en forma individual o colectiva. En general, en una economía productiva, juntos poseemos colectivamente el conocimiento, la destreza, la tecnología y la organización que

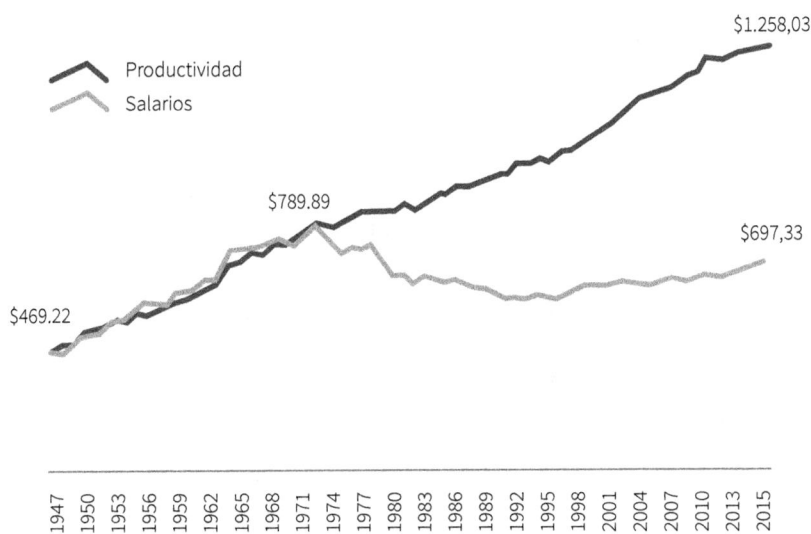

$1.258,03

⋀ Productividad
⋀ Salarios

$789.89

$697,33

$469.22

1947 1950 1953 1956 1959 1962 1965 1968 1971 1974 1977 1980 1983 1986 1989 1992 1995 1998 2001 2004 2007 2010 2013 2015

Gráfica 2.1: Salarios y productividad semanal promedio, 1947-2015 (ajustado a la inflación en dólares de 2012)
Fuentes: Salarios semanales promedio para trabajadores de producción y no supervisores basados en los datos de la Oficina de Estadísticas Laborales, http://www.bls.gov/data/#wages; datos de productividad basados en la Oficina de Estadísticas Laborales, http://www.bls.gov/data/#productivity.

necesitamos para producir más cada hora. La productividad es la clave de la riqueza de las naciones: entre más bienes y servicios producimos cada hora, más alta será nuestra calidad de vida.

Claro que esta medida cruda no toma en cuenta cualidades importantes que no tienen un precio, como un ambiente sostenible y un sentido general de bienestar. Pero, por lo general, los países con el mayor nivel de productividad tienen más capacidad para proteger la salud pública y el ambiente. Como muestra la Gráfica 2.1, la productividad en la economía de Estados Unidos (la línea superior) ha subido paulatinamente desde la Segunda Guerra Mundial; aumentó en 65 de los últimos 70 años. Hoy producimos dos veces y media más bienes y servicios por hora de trabajo que en 1947.

Por generaciones, a medida que aumentaba la productividad, también aumentaron los salarios reales (esa es la línea en la parte inferior de la gráfica). Los "salarios reales" son lo que ganamos después de que tomamos en cuenta la inflación al pasar del tiempo. Como podemos ver, desde la Segunda Guerra Mundial hasta mediados de la década de 1970, la productividad y los salarios eran casi inseparables. A medida que aumentaba la productividad, aumentaban también los salarios.

De hecho, en las universidades a lo largo del país, los economistas alguna vez enseñaron que este entrelace era una ley económica. Pensaban que, si los salarios empezaban a bajar en relación con la productividad, las fuerzas competitivas del mercado los empujarían de nuevo hacia arriba. Pero, a fin de cuentas, como podemos ver, a mediados de la década de 1970 esta supuesta ley de acero se desplomó.

Pero, hasta entonces, los salarios aumentaron contantemente durante un cuarto de siglo. Y ya que crecieron a la par de la productividad, las ganancias salieron bien: casi dos tercios de los aumentos en la productividad de los trabajadores (o sea, el valor de los bienes que produjeron) se destinaban a los salarios, mientras que el resto iba a las ganancias, la investigación y el desarrollo, así como el reemplazo de planta y equipo.

Desde finales de la década de 1970, el salario real promedio se ha detenido para la mayoría de nosotros. El aumento de la productividad continúa a un paso saludable, pero nosotros los trabajadores no disfrutamos de nuestra parte del valor de lo que producimos. Las élites empresariales desvían los ingresos hacia sí mismas; recortan sus inversiones en instalaciones, equipo, investigación y trabajadores. Si hubiéramos continuado recibiendo nuestra parte justa de las ganancias de la productividad, el salario promedio por producción de trabajadores estadounidenses no supervisores sería de $1.258 por semana

¿Qué pasó? ¿A dónde se fue todo el dinero de esa productividad?

en 2015. Esto es casi el doble del actual salario semanal promedio de $697 (calculado después de la inflación en dólares de 2012).

Piense en cómo viviría usted con el doble de su salario actual (¡como un danés!).

Podemos culpar directamente a Wall Street por el robo de salarios. El gobierno estadounidense empezó a desregular la industria financiera a finales de la década de 1970. (Veremos por qué y cómo sucedió esto en el Capítulo 4.) Bajo las nuevas leyes y regulaciones, las maniobras financieras por las que alguna vez hubieran encarcelado a los financieros ahora los ubica en penthouses.

Las nuevas reglas les brindan a los financieros una variedad de maneras para desviar la riqueza de las corporaciones; o sea, de nuestros bolsillos a los de ellos. Y fueron extravagantemente exitosos, como lo muestran las Tablas 2.2 y 2.3: en 2014, los primeros directores ejecutivos pudieron desviar lo suficiente de

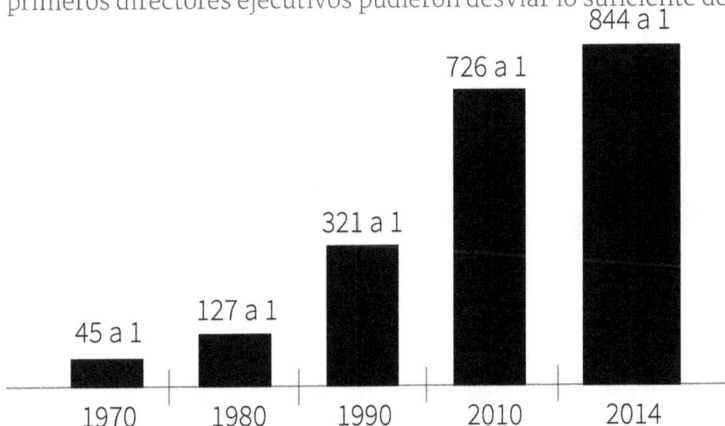

Gráfica 2.2: La diferencia salarial: Los 100 directores ejecutivos más altos en comparación con el trabajador promedio
Fuentes: Encuesta de las compensaciones salariales de directores ejecutivos, *Forbes*, ediciones de abril–mayo, 1971–2011, y "The New York Times/ Equilar 200 Highest-Paid CEP Rankings", 2015: Ganancias de trabajadores basadas en los datos de la Oficina de Estadísticas Laborales, http://www. bls.gov/data/#wages.

*El trabajador promedio es un trabajador de producción o no supervisor, basado en salarios semanales multiplicados por 52 semanas.

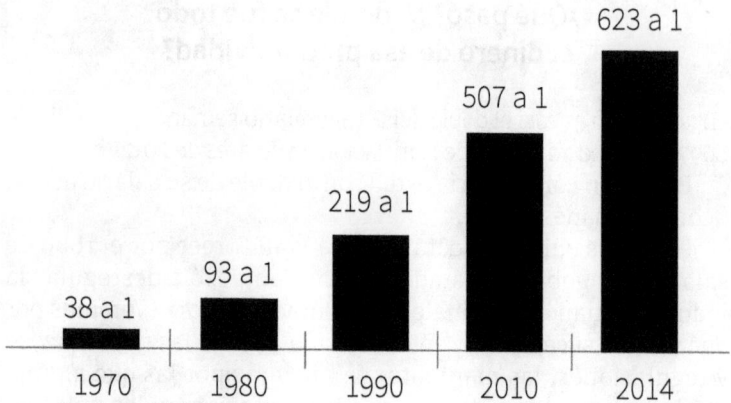

Gráfica 2.3: La diferencia salarial: Los primeros 200 directores ejecutivos en comparación con el trabajador promedio
Fuentes: Encuesta de las compensaciones salariales de directores ejecutivos, Forbes, ediciones de abril-mayo, 1971-2011, y "The New York Times/ Equilar 200 Highest-Paid CEP Rankings", 2015: Ganancias de trabajadores basadas en los datos de la Oficina de Estadísticas Laborales, http://www. bls.gov/data/#wages.

Pero, ¿es esto realmente un robo?

nuestros salarios como para ganar 844 veces más que el trabajador promedio.

Entonces ¿a dónde se fue nuestro dinero de la productividad? Ellos lo tomaron.

Muchas personas podrían pensar que es extremo considerar que la desaparición de los aumentos de nuestra productividad es una forma de robo. ¿No conllevaría esto violar la ley?

El diccionario define el robo como:

El acto de tomar por medios injustos y llevarse los bienes personales o la propiedad de otro; hurto[11].

---

*El trabajador promedio es un trabajador de producción o no supervisor, basado en salarios semanales multiplicados por 52 semanas.
11. Dictionary.com, http://dictionary.reference.com/browse/theft.

Es posible que lo que hacen los jefes cuando se fugan con nuestras ganancias de productividad no sea ilegal. Pero se podría argumentar que constituye "tomar por medios injustos".

Casi todo lo malo de nuestra economía surge de este acto de "tomar por medios injustos". A medida que las élites económicas fueron desviando nuestros salarios, nuestra calidad de vida dejó de mejorar, hasta empeoró, según varias medidas. Después de capturar todo ese ingreso, Wall Street emprendió una ola de apuestas y avivó el casino financiero más rentable en la historia del mundo. Y luego llegó... la crisis de 2008. Ocho millones de trabajadores inocentes perdieron sus empleos en cuestión de meses. El desempleo a largo plazo llegó a los niveles más altos desde la época de la Gran Depresión. El gobierno gastó billones en efectivo y préstamos para rescatar a los más grandes bancos de casino, los que habían causado la crisis en primer lugar. Y mientras tanto, la desigualdad seguía en aumento.

Como veremos, el Sueño Americano, que tanto cautivó a la población activa en todo el mundo, ya no existe. Y nunca regresará hasta que empecemos a responder ante esos actos de "tomar por medios injustos".

Preguntas de discusión

Próximamente, viajaremos a la década de 1970, a aquellos años cruciales cuando se separaron esas dos líneas, la de los salarios y la de la productividad. ¿Qué sucedió en aquella época que cambió tan drásticamente la vida en Estados Unidos?

1. ¿Por qué piensa usted que se separan las líneas de la productividad y el salario promedio a finales de la década de 1970?

2. ¿Por qué piensa usted que la diferencia salarial entre los directores ejecutivos y los trabajadores crece cada vez de forma más extrema?

3. ¿Cuán importante piensa usted que es el asunto de la creciente desigualdad económica para nuestro país?

Capítulo 3

¿Qué sucedió?

Algo de gran importancia se dio en este país alrededor de 1980, algo que impulsó la desigualdad sin límites.

En unos pocos años, se separaron la creciente productividad y los salarios promedio: los salarios de los trabajadores se desinflaron y permanecieron así por más de una generación. Sin embargo, tanto la productividad como los salarios de los directores ejecutivos se dispararon.

Como veremos en futuros capítulos, muchos otros patrones económicos importantes empezaron en este mismo momento; y, en general, estos patrones aún continúan: la creciente deuda del consumidor, la deuda estudiantil, la deuda gubernamental, la población encarcelada, el desamparo y la pobreza infantil.

¿Qué sucedió alrededor de 1980 para desatar este crucial cambio?

A continuación están algunas respuestas comunes que todos hemos escuchado:

- La creciente competencia mundial, nuevas tecnologías avanzadas y los ataques en contra de los sindicatos hicieron que cayeran los salarios y lograron poner a los trabajadores a la defensiva.
- Las compañías mudaron la producción al extranjero para enfrentar la competencia, lo cual causó el cierre de fábricas y despidos. Reemplazaron aquellos empleos sindicalizados y bien pagados en las fábricas con empleos

de servicio con bajos salarios, especialmente en los sectores de la comida rápida y las tiendas.

· La globalización, la automatización y la nueva ofensiva por parte de los empleadores hicieron que fuera más difícil para los sindicatos negociar salarios más altos y organizar nuevos trabajadores.

· En 1982, el presidente Reagan despidió a más de 11.000 controladores de tráfico aéreo en huelga. Este acto les dio luz verde a todas las corporaciones para que no solo resistieran las exigencias de los sindicatos, sino para que también intentaran destrozarlos de una vez por todas.

Todas estas cosas ocurrieron, pero no fueron eventos arbitrarios. Tampoco fueron consecuencias automáticas e inevitables de las fuerzas ciegas del mercado. Más bien, argumentaremos que todos estos eventos surgieron de decisiones humanas conscientes. Formaron parte de un cambio claro e intencional en la filosofía fundamental que impulsa la política económica estadounidense.

Curar los males de la década de 1970

Para entender este cambio, debemos regresar a la década de 1970, una década turbulenta de inestabilidad económica a nivel mundial.

Desde la Segunda Guerra Mundial hasta finales de la década de 1960, la economía estadounidense era la envidia de todo el mundo. El desempleo estaba bajo, las ganancias eran robustas y los salarios crecían. Desde la época de la Gran Depresión, el gobierno estadounidense había utilizado herramientas de la política keynesiana para evitar profundas recesiones. Estas herramientas, con el nombre del economista británico John Maynard Keynes, incluían gastos gubernamentales precisados, impuestos relativamente altos y políticas cautelosas de la reserva federal. A través de estas medidas, los legisladores creían que podían evitar las depresiones, mantener el crecimiento, limitar la inflación, aumentar los salarios promedio y asegurar empleos para quienes tenían disposición y capacidad para trabajar. Por más de dos décadas, parecía que habían tenido éxito.

Pero, para el comienzo de la década de 1970, ninguna de estas políticas parecía producir los resultados deseados. Los historiadores de la economía siguen debatiendo qué precisamente salió mal. Pero han señalado causas que incluyen:

· Los gastos militares de la Guerra de Vietnam y la Guerra Fría "sobrecalentaron"[1] la economía.

· Los boicoteos del petróleo árabe de 1973 y 1979 cuadruplicaron los precios del petróleo y luego los cuadruplicaron de nuevo. Esto desató un aumento drástico de todos los precios.

· Europa y Japón se habían recuperado completamente de la Segunda Guerra Mundial y competían con Estados Unidos a nivel mundial, lo cual presionaba a los mercados y las ganancias corporativas estadounidenses. La respuesta de las corporaciones estadounidenses fue reducir los costos, incluso por medio de despidos y la exportación de empleos estadounidenses.

· Las tormentas políticas y sociales de la década de 1960 impulsaron al gobierno a aumentar los gastos domésticos para mejorar las vidas de los estadounidenses con bajos ingresos.

Sin importar las causas precisas, por primera vez en la historia estadounidense vemos un alza tanto en el desempleo como en los precios —cosa que los keynesianos siempre habían dicho que era imposible. Los medios lo llamaron "estanflación".

Las antiguas políticas keynesianas que parecían haberle servido tan bien al mundo después de la Segunda Guerra Mundial estaban ahora bajo un ataque severo, especialmente por parte de los economistas conservadores. Argumentaban que mercados más libres podían curarnos de todos los males.

---

1. En la década de 1960, la economía estaba en pleno rendimiento, y casi todas las fábricas y los trabajadores iban a toda velocidad. Cuando el gobierno intentó aumentar la producción aún más para apoyar las operaciones militares, la economía se sobrecalentó y esto resulto en un aumento del costo de la mano de obra y los bienes.

Los legisladores y líderes corporativos deseaban algo nuevo y lo consiguieron. Lo llamamos el modelo del clima pro negocio (*Better Business Climate Model*)[2].

Receta del modelo del clima pro negocio para aumentar ganancias, inversiones, trabajos e ingresos

El modelo del clima pro negocio que Estados Unidos adoptó alrededor de 1980, tiene tres grandes recetas económicas:

1. *Bajar los impuestos, especialmente para los ricos y las corporaciones grandes.* Si bajamos los impuestos, los súper ricos y las corporaciones más grandes tendrán más dinero para invertir en nuevos proyectos empresariales y mejoras. Y esto resultará en industrias más fuertes y competitivas, más trabajos y salarios más altos. En la década de 1980, bajar los impuestos se convirtió en el mantra del nuevo orden económico. Aún lo es.

En ese entonces, había mucho que bajar: las tasas de impuestos para los súper ricos alcanzaban más del 70% (esto significaba que por cada dólar adicional más allá de $800.000 al año que ganaban los ricos, 70 centavos iban para los impuestos). Aun tomando en cuenta todas las deducciones y los tecnicismos que utilizaban los súper ricos para evadir esa alta tasa, su tasa de impuestos en sí todavía oscilaba entre 40 y 45%. Las tasas de impuestos para las corporaciones se mantenían en niveles semejantes. Pero pronto se derrumbarían.

2. *Reducir las regulaciones gubernamentales, especialmente para las altas finanzas.* En 1975, más del 11% de la economía estadounidense estaba regulada por las agencias guber-

---

2. Los académicos llaman neoliberalismo a la nueva filosofía económica. En este libro, nos referimos a esto como el modelo del clima pro negocio (Better Business Climate Model) para reflejar mejor los objetivos de esta fórmula. Agradecemos al economista Ken Peres quien primero elaboró esta frase y este modelo cuando trabajaba en asuntos de política en Montana a principios de la década de 1980. Después de reunirme con él para hacer varios programas educativos para el público, adopté su modelo y lo he usado desde entonces.

namentales. Los economistas conservadores argumentaban que estas regulaciones aumentaban el costo de hacer negocios y disminuían la eficiencia. También decían que deshacernos de esas regulaciones ineficientes promovería la competencia entre las compañías para desatar la innovación, la expansión y los precios más bajos. Y todo esto en conjunto reduciría la inflación. Nuestra economía no necesitaba la vigilancia del gobierno, argumentaban estos economistas. Los mercados libres con una competencia intensa podían vigilarse ellos mismos.

Para muchas corporaciones, las regulaciones laborales eran las más pesadas de todas, ya que los sindicatos y las reglas que los protegen limitan la capacidad de la gerencia para maximizar la producción y las ganancias. Entonces, el plan del clima pro negocio requería el debilitamiento de las reglas que gobiernan la negociación colectiva, el trabajo organizativo de los sindicatos y los derechos sindicales durante despidos masivos, cierres de plantas y bancarrotas. Le llamaban a esto "la flexibilidad de la mano de obra".

Las altas finanzas estaban particularmente interesadas en la desregulación. Desde la época de la Gran Depresión, el gobierno federal había limitado activamente las maniobras financieras con el objetivo de prevenir otra crisis en la bolsa de valores como la de 1929.

El New Deal frenó seriamente la especulación, la emisión de valores, la competencia entre los bancos, las tasas de interés y muchos otros aspectos de las altas finanzas. Wall Street desesperadamente deseaba escaparse de estas reglas para aumentar sus ganancias.

3. *Reducir los gastos sociales del gobierno y debilitar a los sindicatos.* El tercer pilar del plan era debilitar la red de protección social del gobierno. Reducir los programas sociales, como los cupones de alimentos y los pagos de asistencia pública, obligaría a más personas con bajos ingresos a entrar a la fuerza laboral, lo cual aumentaría la reserva de mano de obra de bajo costo para una creciente economía.

Y como el plan era bajar los impuestos de manera drástica, era obvio que había que reducir los gastos del gobierno, por lo menos algunos tipos de gastos gubernamentales. Quienes abogaban a favor del clima pro negocio estaban de acuerdo en que había que proteger y hasta aumentar los gastos militares porque pelear la Guerra Fría era imprescindible para el crecimiento económico mundial. Además, el establecimiento militar tenía un fuerte apoyo empresarial y político.

Así que, para resumir, el plan se veía así, por lo menos en teoría:

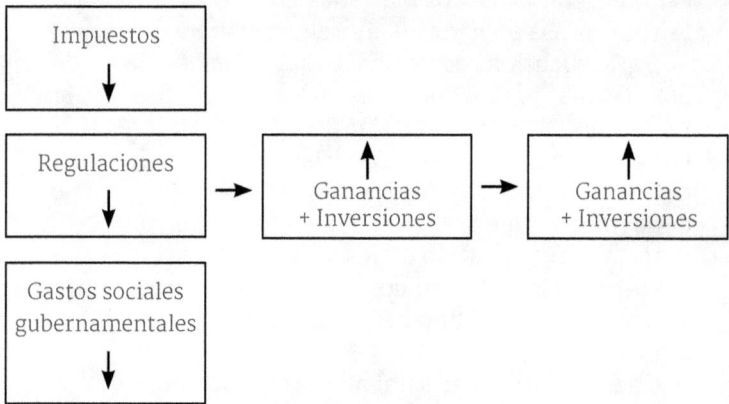

```
┌──────────────────┐
│ Impuestos        │
│        ↓         │
└──────────────────┘

┌──────────────────┐        ┌──────────────────┐        ┌──────────────────┐
│ Regulaciones     │        │        ↑         │        │        ↑         │
│        ↓         │  ───→  │ Ganancias        │  ───→  │ Ganancias        │
└──────────────────┘        │ + Inversiones    │        │ + Inversiones    │
                            └──────────────────┘        └──────────────────┘
┌──────────────────┐
│ Gastos sociales  │
│ gubernamentales  │
│        ↓         │
└──────────────────┘
```

¿Esta cura funciona?

El modelo del clima pro negocio fue mucho más que una idea académica. De hecho, se convirtió en la política operante de todas las administraciones republicanas y demócratas a partir de 1980, y aún lo es. Ahora tenemos una gran cantidad de información sobre cómo funcionó cada elemento del plan.

Reducir los impuestos

Estados Unidos promulgó de manera completa el componente de la reducción de impuestos del modelo del clima pro negocio. Las Gráficas 3.1 y 3.2 muestran de forma clara que nuestros líderes políticos bajaron las tasas de impuestos efectivos (en realidad, las tasas que se pagan después de todas las deducciones y los tecnicismos) para las corporaciones grandes y los súper ricos. Tengamos en cuenta que las tasas de impuestos efectivos para los estadounidenses más ricos ya bajaban desde el fin de la Segunda Guerra Mundial. Pero entre 1965 y 1980, estas tasas se mantuvieron alrededor de 40 a 45% después de todas las deducciones. Posteriormente, el modelo del clima pro negocio hizo que las tasas de impuestos cayeran de golpe.

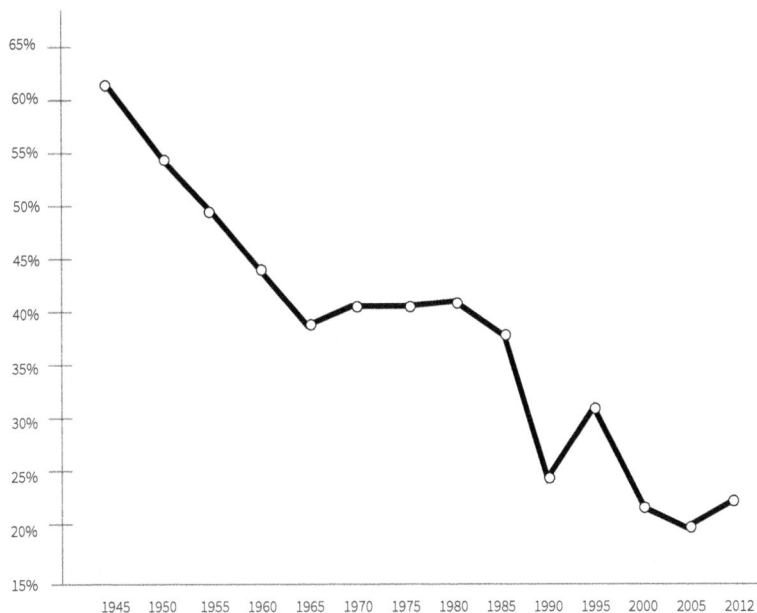

Gráfica 3.1: La tasa de impuestos promedio de los asalariados más altos (décima parte más alta del 1% más rico)
Fuente: Thomas L. Hungerford, "Taxes and the Economy: An Economic Analysis of the Top Tax Rates Since 1945 (Updated)", Servicio de Investigación del Congreso, 12 de diciembre de 2012, http://fas.org/sgp/crs/misc/R42729.pdf.

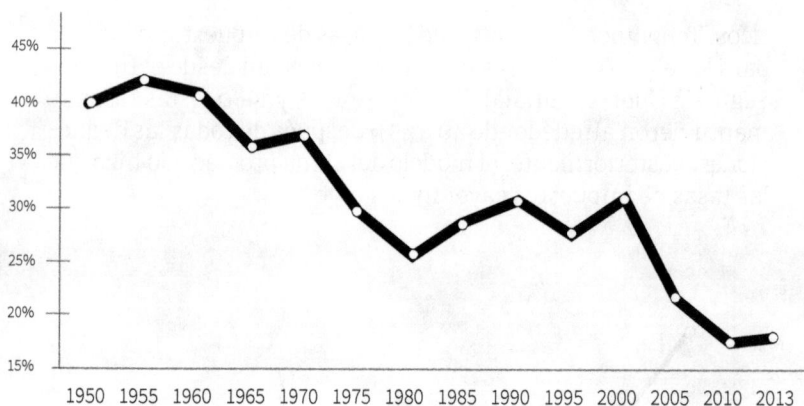

Gráfica 3.2: Los impuestos empresariales como porcentaje de
las ganancias corporativas, 1945-2013
Fuente: Banco de la Reserva Federal de St. Louis, Datos económicos de
FRED, http://research.stlouisfed.org/fred2/graph/?g=aWA.

La historia de las tasas de impuestos corporativos es casi la
misma, salvo que la caída importante empezó a finales de la
década de 1980. Las tasas de impuestos corporativos han ido
bajando desde entonces (como veremos en el Capítulo 7, las
corporaciones y los ricos han desarrollado nuevas estrategias
para evitar casi todos los impuestos, principalmente al almacenar su dinero en el extranjero).

Reducir las regulaciones

Otra vez, misión cumplida. Como muestra la Tabla 3.1, el
porcentaje de la economía estadounidense bajo regulación
disminuyó de 11,52% en 1975 a 2,96% en 2006.

Tomemos en cuenta que el sector financiero se desreguló
año tras año tras año. Los banqueros en Wall Street anhelaban
liberarse de los controles financieros de la era del New Deal para
poder expandir y fusionar sus instituciones y desarrollar nuevas
formas de inversión que fueran sumamente rentables (aunque
riesgosas). Los banqueros querían liberarse de Glass-Steagall,
una ley que les prohibía combinar la banca que tiene proteccio-

nes federales con las actividades inversionistas más riesgosas. El modelo del clima pro negocio llegó al rescate de Wall Street y abrió un camino hacia la libertad económica. Como veremos en futuros capítulos, esta desregulación fue la clave para llevarnos a la desigualdad sin límites. Aún lo es.

Tabla 3.1: Porcentaje regulado de la economía

	1975	2006	% regulado de la economía en 1975	% regulado de la economía en 2006
Extracción de petróleo y gas	Sí	No	0,89%	0%
Vías férreas	Sí	No	0,25%	0%
Aerolíneas	Sí	No	1,02%	0%
Camiones	Sí	Sí	1,25%	0%
Tuberías	Sí	Sí	0,07%	0,07%
Electricidad	Sí	Sí	1,19%	1,19%
Telecomunicaciones	Sí	Parcialmente	2,10%	0,70%
Radio y televisión	Sí	Parcialmente	0,70%	0,23%
Finanzas	Sí	Sí	3,28%	0%
Seguros	Sí	Sí	0,77%	0,77%
Totales			**11,52%**	**2,96%**
Porcentaje de descenso				**-74,0%**

Fuente: Robert W. Crandall, "Extending Deregulation: Make the U.S. Economy More Efficient", Brookings Institution, http://www.brookings. edu/~/media/research/files/papers/2007/2/28useconomics-crandall-oppo8/pb_deregulation_crandall.pdf.

Reducir los gastos sociales del gobierno

Esta parte del plan del clima pro negocio redujo la red de protecciones sociales que protegían a los trabajadores y las familias durante tiempos difíciles, especialmente en las recesiones. Una andrajosa red de protecciones obliga al pueblo a trabajar según los términos del empleador. Esta gráfica muestra que los gastos discrecionales, aparte de los de defensa, los cuales incluyen la red de protecciones sociales, disminuyeron desde 1980, con una sola excepción: los gastos para el seguro por desempleo y los cupones de alimentos que aumentaron repentinamente después de la crisis de Wall Street en 2008.

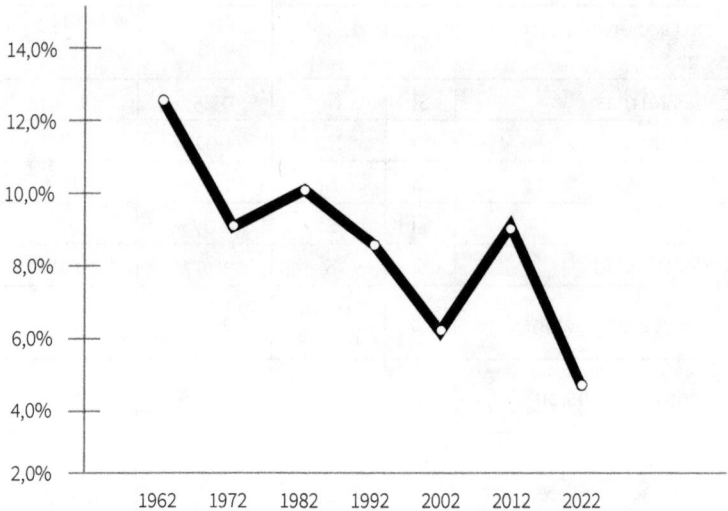

Gráfica 3.3: Gastos discrecionales y no de defensa, 1962-2022
Fuente: Comité por un Presupuesto Federal Responsable, "President's Budget Calls for Record Low Discretionary Spending, Record High Revenue", Blog, 19 de marzo de 2014, http://crfb.org/blogs/president-t%E2%80%99s-budget-calls-record-low-discretionary-spending-re-cord-high-revenue.

Los sindicatos y el clima pro negocio

El modelo del clima pro negocio busca debilitar el poder de los trabajadores organizados y aumentar la flexibilidad de la mano de obra. Después de todo, los sindicatos conforman la fuerza regulatoria más potente que enfrentan las corporaciones. Todos los días, en las instalaciones sindicalizadas, la gerencia tiene que seguir las reglas y regulaciones del contrato del sindicato, las cuales están respaldadas por las leyes laborales. La gerencia también enfrenta la amenaza de las huelgas y otras acciones colectivas.

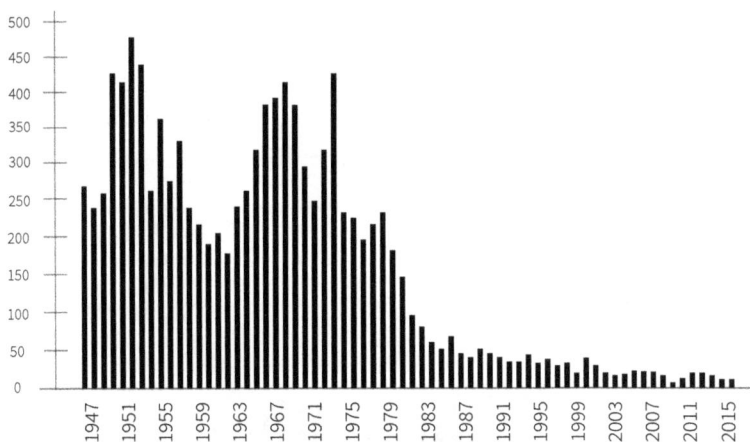

Gráfica 3.4: Número de huelgas importantes, 1947-2015 (1.000 trabajadores o más)
Fuente: Oficina de Estadísticas Laborales, comunicado de prensa, "Work Stopages Involving 1,000 or More Workers, 1947-2015", http://www.bls.gov/news.release/wkstp.t01.htm.

Cuando los sindicatos son fuertes, pueden negociar y lograr mejores salarios, beneficios y condiciones laborales. Y como el objetivo del clima pro negocio es poner el dinero en las manos de las corporaciones y los inversionistas ricos, debilitar a los sindicatos fue una prioridad principal de los defensores del plan en la década de 1980 y continúa siéndolo hasta el día de hoy.

Su plan está teniendo éxito.

Una manera de medir la fuerza de un sindicato es ver con qué frecuencia puede utilizar su mayor arma, la huelga. Históricamente, durante los períodos de mucha actividad de huelga, los niveles de los salarios y la sindicalización suben. Pero desde 1980, como muestra Gráfica 3.4, los paros laborales con participación de 1.000 trabajadores o más casi han desaparecido y esto ha dejado a los sindicatos sin dientes.

En sí, la Administración de Reagan le envió un mensaje claro al sector empresarial estadounidense cuando reemplazó a los 11.000 controladores aéreos huelguistas en 1982. Y el mensaje fue: "dale, rompe la huelga y envía trabajadores de reemplazo, hasta el mismo gobierno lo hace". Mientras tanto, los tribunales en todo el país se ocuparon de debilitar las leyes laborales con órdenes que les dificultaron a los trabajadores organizarse y ganar.

El resultado fue la disminución de la cantidad de miembros efectivos en los sindicatos y se vaciaron la fortaleza y los cofres de los sindicatos, mientras la fuerza laboral crecía (ver la Gráfica 3.5)[3].

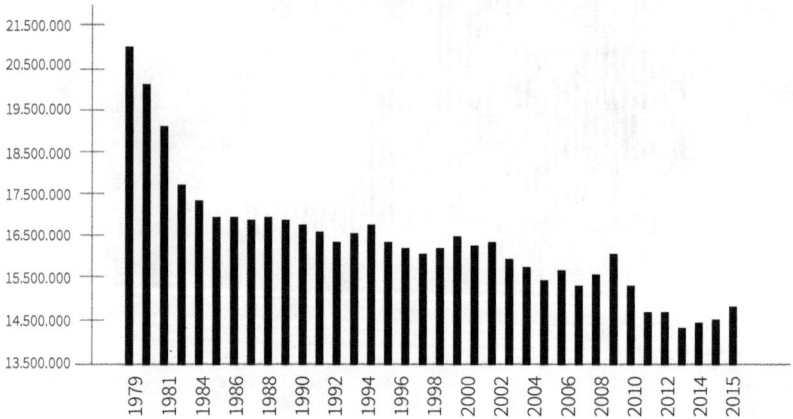

Gráfica 3.5: Número total de miembros sindicales en el sector público y privado, 1979-2015
Fuente: Barry Hirsch y David MacPherson, "Union Membership and Coverage Database", http://unionstats.com/.

---

3. Muchos se refieren a la "densidad sindical" —o sea, el porcentaje de todos los trabajadores que forman parte de los sindicatos— para medir el bienestar de los sindicatos. La densidad sindical ha disminuido desde un pico de 35% de todos los trabajadores en el sector privado en 1955 hasta menos de 7% hoy en día. Pensamos que el número más revelador es la disminución absoluta de miembros sindicales. Esto es lo que más toma en cuenta un sindicato y lo que más socava su efectividad.

¿Suben todos los barcos?

El modelo del clima pro negocio ha logrado sus objetivos cuando se ha tratado de impuestos, regulaciones, gastos gubernamentales para las redes de protección social, sindicalización y huelgas.

Pero, se suponía que todo esto nos llevara a algo: a que subieran los barcos de todo el mundo. Lo cierto fue que se crearon y zarparon los yates de los súper ricos. Pero nosotros, que somos la población activa, aún nos encontramos en nuestros botecitos que hacen agua. La Gráfica 3.6 muestra lo bien que les ha ido a los súper ricos bajo el modelo del clima pro negocio. La línea en la parte inferior representa los ingresos promedio de la parte baja que es el 99% de los estadounidenses durante el mismo período.

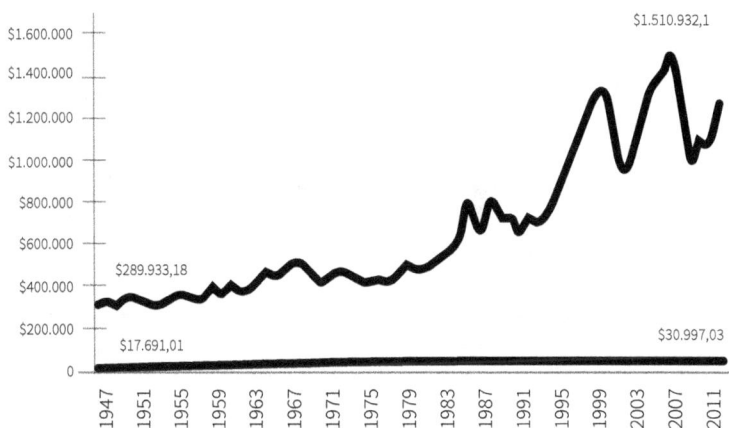

Gráfica 3.6: El ingreso promedio del 1% más rico en comparación con el 90% de abajo (ajustado a la inflación en dólares de 2012)
Fuente: Alvaredo, Facundo, et al., "The World Top Incomes Database", http://topincomes.g-mond.parisschoolofeconomics.eu/.

¿Cuál es la causa principal
de la desigualdad sin límites?

Ha quedado claro que el modelo del clima pro negocio resultó en la desigualdad sin límites. Pero un nuevo estudio sugiere que recae más responsabilidad sobre un elemento específico del modelo, que sobre todos los demás, por la desigualdad.

En su *Informe mundial de salarios 2012/13*[4], la Organización Internacional del Trabajo realizó un estudio revelador sobre 71 países que pusieron a prueba la significancia relativa de estas posibles causas de la desigualdad salarial: la globalización, las nuevas tecnologías y los recortes en el apoyo gubernamental para trabajadores y sindicatos. También añadieron a la lista otra posible explicación: la "financiarización", o sea, qué cantidad de la economía de un país se dedica a actividades financieras semejantes a las de Wall Street[5]. Todo se trata de la explotación financiera.

45%

19%

10%

25%

| Explotación financiera | Globalización | Tecnología | Recortes de programas gubernamentales y sindicatos |

Gráfica 3.7: Las causas subyacentes del estancamiento de salarios
Fuente: Organización Internacional del Trabajo, Informe mundial de salarios 2012/13: los salarios y la desigualdad de ingresos (Ginebra: OIT, 2014), http://www.ilo.org/global/publications/books/WCMS_324818/lang--es/index.htm.

---

4. Organización Internacional del Trabajo, *Informe mundial sobre salarios 2012/13: Salarios y desigualdad de ingresos* (Ginebra: OIT, 2013), Ilustración 38, p. 52, http://www.ilo.org/wcmsp5/groups/public/---dgreports/---dcomm/---publ/documents/publication/wcms_194843.pdf.
5. El profesor Gerald Epstein, uno de los primeros economistas en usar este término, escribió en 2001 que "la financiarización se refiere a la creciente importancia de los mercados financieros, los motivos financieros, las instituciones financieras y las élites financieras en la operación de la economía y sus instituciones gobernantes, tanto a niveles nacionales como internacionales". *Financialization, Rentier Interests, and Central Bank Policy*, ensayo que se presentó en la conferencia de PERI sobre la financiarización de la economía mundial, diciembre de 2001, http://www.peri.umass.edu/fileadmin/pdf/financial/fin_Epstein.pdf.

Se compararon los datos de diferentes países para evaluar qué factores contribuyeron más al estancamiento de salarios (y la desigualdad que resultó de esto). Por ejemplo, ¿los países que tienen más comercio mundial tienen más desigualdad o menos? ¿Los países con más tecnología avanzada experimentan un aumento en los salarios de los trabajadores o un descenso? ¿Los países con los movimientos laborales más robustos tienen salarios más altos que aquellos con movimientos laborales más pequeños?

La Gráfica 3.7 resume los sorprendentes resultados de la OIT para las economías desarrolladas.

Parece que Ocupa Wall Street (*Occupy Wall Street*) estaba en lo cierto: las actividades financieras conforman un factor importante, quizás hasta el factor más importante, en el aumento de la desigualdad sin límites.

La explotación financiera es un conductor oculto del modelo del clima pro negocio

El estudio sugiere que (al menos para nosotros) la desregulación de Wall Street, que empezó a finales de la década de 1970, es la principal culpable en nuestra historia.

En los próximos capítulos, tomaremos una mirada más cercana a la financiarización y la manera en que impulsa la desigualdad sin límites.

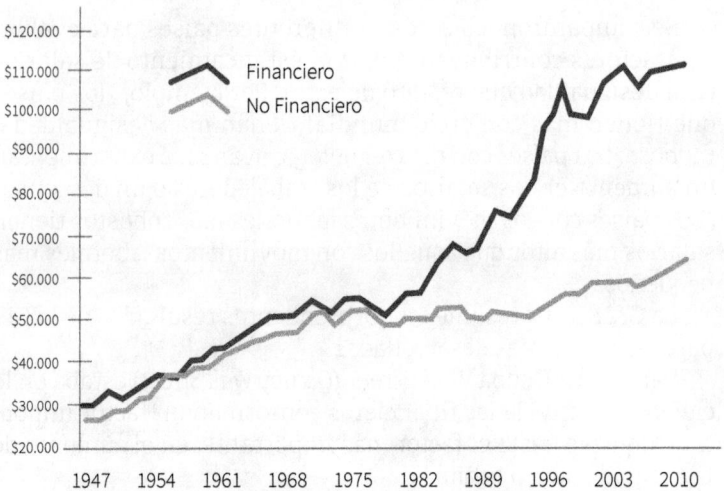

Gráfica 3.8: La compensación anual en el sector financiero en comparación con el sector no financiero, 1947-2014 (ajustado a la inflación en dólares de 2010)
Fuente: Datos recopilados por el autor en la Oficina de Análisis Económico, "National Income and Product Accounts Tables, Section 6 – Income and Employment by Industry", http://www.bea.gov/iTable/iTable. cfm?ReqID=9&step=1.

Pero primero observaremos algunas otras señas de lo que en realidad pasó en 1980.

La Gráfica 3.8 compara los ingresos en el sector financiero con los ingresos en todos los demás sectores de la economía. El ingreso promedio para el sector financiero[6] incluye a las personas que trabajan allí, desde los directores ejecutivos hasta los asistentes administrativos.

La tabla revela tres señas nuevas:

· Desde la Segunda Guerra Mundial hasta alrededor de 1980, no había nada de especial en un empleo en Wall Street. Según su experiencia, su educación y sus destrezas, su ingreso era el mismo si trabajaba para un banco grande o para una compañía grande de autos.

---

6. El sector financiero incluye a los bancos, los seguros y todo tipo de firmas de inversionistas.

· A partir de 1980, los ingresos financieros se dispararon mientras se nivelaron los ingresos no financieros. Algo importante debió haber cambiado en la economía para crear tal prima salarial para los empleados en el sector financiero.

· Tomemos en cuenta que esta gráfica tiene casi la misma forma para el mismo período de tiempo que tiene la tabla de la productividad y los salarios (Gráfica 2.1) en el Capítulo 2. Su notable similitud sugiere una relación entre la desregulación financiera y la separación de la productividad y los salarios de los trabajadores.

Esto ya lo sabemos. Algo profundo ocurrió alrededor de 1980: el modelo del clima pro negocio se apoderó de la política gubernamental. Fue seguido pronto por la desregulación, los recortes a los impuestos y los recortes a los gastos sociales. Reprimieron a los sindicatos y Wall Street tuvo rienda suelta. Y, según el estudio de la OIT, esto es lo que pudo haber tenido el mayor impacto.

Ahora veremos cómo Wall Street produce desigualdad sin límites en nuestros lugares de trabajo.

Preguntas de discusión

1. ¿Cuáles fueron los elementos básicos del modelo del clima pro negocio? ¿Qué se suponía que curaría?

2. ¿Cuán exitoso piensa usted que ha sido el modelo del clima pro negocio en recortar los impuestos, las regulaciones y los gastos sociales?

3. ¿Cómo se han visto impactados los sindicatos?

4. Según el informe de la OIT, ¿cuál es la causa principal del estancamiento de salarios?

Capítulo 4

La explotación financiera de Estados Unidos

Desde que nuestros líderes políticos empezaron a desregular la industria financiera a finales de la década de 1970, las personas en Wall Street se han enriquecido más mientras que los estadounidenses regulares se han quedado más y más atrás. Esto no es una coincidencia: de hecho, los ingresos y la riqueza están siendo traspasados de nosotros a Wall Street. ¿Cómo pudo haber brincado la diferencia salarial de 45 a uno en 1970 al abrumador 844 a uno de 2014? ¿Y qué tiene que ver la desregulación con esto?

De "retener y reinvertir" a "reajustar y distribuir"

El profesor de economía, William Lazonick de la Universidad de Massachusetts–Lowell, nos ofrece una brillante observación[1]. Él observa que el drástico aumento en la diferencia salarial entre directores ejecutivos y trabajadores coincide con un cambio drástico semejante dentro de la estructura y el comportamiento fundamental de la corporación moderna.

Cuando nos ponemos a pensar, tiene sentido mirar dentro de una corporación: si nuestros salarios han dejado de subir mientras que se han disparado la productividad y los ingresos

---

1. William Lazonick, *"Profits Without Prosperity"*, *Harvard Business Review*, septiembre de 2014, https://hbr.org/2014/09/profits-without-prosperity.

de los directores ejecutivos, la estructura fundamental del lugar donde trabajamos tiene algo que ver.

Hasta la década de 1980, la filosofía básica del sector empresarial en Estados Unidos era "retener y reinvertir". La supervivencia y la prosperidad corporativa dependían de la reinversión de ganancias en el aumento salarial de los trabajadores y la capacitación, la investigación y el desarrollo, así como nuevas plantas y equipo. Los bancos ofrecían préstamos para la expansión y las fusiones. Mientras tanto, las regulaciones severas del New Deal mantenían a las altas finanzas bien controladas. Entonces, como vimos en el último capítulo, trabajar en Wall Street no era más lucrativo que trabajar en cualquier otra parte.

Luego llegó la desregulación financiera, cuando Wall Street logró escaparse de los grilletes del New Deal. Una nueva especie de financieros surgió casi de inmediato para comprar las compañías. En lugar de crear valor dentro de la compañía, estos saqueadores de finanzas corporativas (quienes hoy se conocen como gerentes de capital privado y los fondos de cobertura) querían extraer el valor *fuera y lejos* de la corporación y hacia sus bolsillos.

Lo que hicieron fue revolucionario. *Debió* haber sido ilegal. Transformaron los valores empresariales de "retener y reinvertir" en "reajustar y distribuir".

Esto es lo que significa reajustar y distribuir:

Paso 1: Comprar una compañía con dinero prestado y luego usar las ganancias de la compañía para pagar los préstamos. Con el dinero que han recaudado de patrocinadores ricos, fondos de pensiones y bancos, los saqueadores compran una compañía que consideran estar "infravalorada" (o sea, piensan que pueden extraer más dinero de la compañía del que están extrayendo sus gerentes actuales).

La Gráfica 4.1 muestra que las fusiones y adquisiciones no eran comunes en el mundo a principios de la década de 1980. Pero, apenas Estados Unidos empezó a desregular los mercados financieros, estos tratos se convirtieron en algo muy popular y sus valores se dispararon hasta el cielo. El aumento se empareja con el salto drástico en los ingresos de las élites financieras.

Paso 2: Pagarse una suma considerable por lograr que se diera el trato. Los saqueadores corporativos usan parte del dinero prestado para pagarse, de buenas a primeras, unas cantidades enormes. Esto les da rentabilidad de inversión, pero no hace nada por mejorar la compañía que se adquirió.

Paso 3: Cambiar la forma en que se les paga a los directores ejecutivos. Esto cambia las reglas del juego. Los nuevos inversionistas contratan a un director ejecutivo, quien hará su voluntad. Esto requiere recompensar al director ejecutivo con una nueva forma de pago —participación accionaria o programas semejantes que unan su compensación al valor de las acciones de la compañía. Entre más aumente el precio de las acciones de la compañía, más dinero habrá para los saqueadores corporativos y el director ejecutivo.

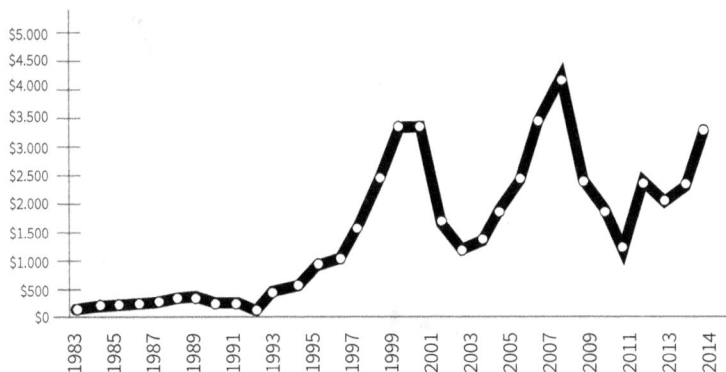

Gráfica 4.1: Las fusiones aumentan (en miles de millones de dólares estadounidenses)
Fuente: Oficina del Censo de Estados Unidos, *Statistical Abstract of the United States*, varios años, basado en Thomson Financial; y Thomson Reuters, *Mergers & Acquisitions Review*.

Paso 4: Subir el precio de las acciones con el uso de los ingresos empresariales para comprar de nuevo las propias acciones de la compañía. Si se puede reducir la cantidad de las acciones en una compañía, el valor de cada una de las restantes debe aumentar. Entonces, una de las maneras más rápidas de aumentar el precio de las propias acciones de una compañía es comprar de nuevo la mayor cantidad posible de acciones. Al sacar esas acciones de circulación, cada acción restante vale mucho más.

El nuevo incentivo para
los directores ejecutivos

La meta principal del director ejecutivo es aumentar el precio de las acciones, así que espera con ansias abrirse paso entre los ingresos de la firma para comprar todas las acciones propias de la compañía que pueda. Y si las ganancias son pocas, pide dinero prestado para comprar aún más acciones.

La Gráfica 4.2 muestra que comprar de nuevo las propias acciones de cada cual se convirtió en el nuevo estándar de la vida corporativa. (Agradecemos al Profesor Lazonick por compartir datos sin procesar).

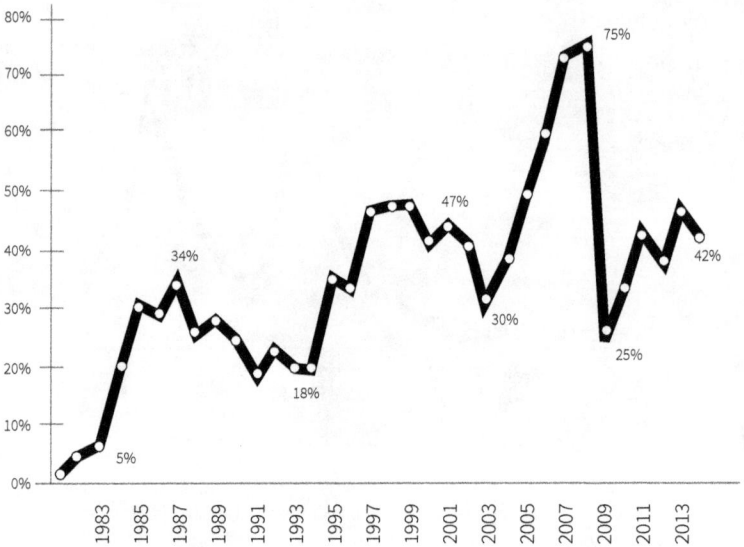

Gráfica 4.2: La recompra de acciones como porcentaje de las ganancias corporativas
Fuente: Basado en los datos que compartió William Lazonick, *The Academic-Industry Research Network*, www.theairnet.org.

Revisemos con cautela esta gráfica. Antes de la década de 1980, cuando Wall Street aún enfrentaba regulaciones estrictas, casi no había opciones de recompra. Las corporaciones no hacían ese tipo de cosas porque los directores ejecutivos no eran recompensados con participación accionaria. Dependían de sus salarios, muy buenos salarios, que pagaban entre 20 y 40 veces más que lo que ganaba el trabajador promedio. Por lo general, en lugar de recomprar acciones, los directores ejecutivos invertían las ganancias corporativas en las destrezas y los salarios de sus trabajadores, con la esperanza de retener una fuerza laboral productiva que hiciera prosperar al negocio a largo plazo.

Pero, a medida que se fue asentando la desregulación, los saqueadores corporativos empezaron a tomar las compañías y cambiar su cultura. No les importaba el largo plazo, solo querían aumentar el valor de sus compañías nuevas lo más rápidamente posible. Entre más recompensaban a los directores ejecutivos con participación accionaria, más ingresos empresariales se desviaban para recomprar acciones.

La gráfica muestra que cuando ocurrió la crisis de Wall Street en 2008, los directores ejecutivos usaban el 75% de los ingresos de sus compañías para recomprar sus propias acciones. A la misma vez, los directores ejecutivos acumulaban préstamos para recomprar aún más acciones. Después de comprar las acciones y pagar los préstamos, solo un chorrito de ingresos empresariales quedaba para reinvertir en la compañía (claro que los pagos de los préstamos iban a los bancos y las firmas de inversiones en Wall Street).

Entonces, ¿cómo logran dirigir los directores ejecutivos de hoy una compañía exitosa si usan la mayoría de los ingresos para la recompra de acciones?

Paso 5: De "retener e invertir" a "reajustar y distribuir". La respuesta es la explotación. Los directores ejecutivos hacen que sus compañías sean rentables al extraer el mayor valor posible. Reducen la capacitación, los salarios y los beneficios de los trabajadores, además de la investigación, el desarrollo, las nuevas plantas y el equipo, hasta dejarlo todo en los huesos. Eliminan las plantas más viejas. Subcontratan la producción a áreas con salarios bajos por todo el mundo. Reemplazan a empleados permanentes con empleados temporales. Socavan a los sindicatos y, a veces, utilizan la bancarrota para romper contratos, y así logran reducir los costos de plantilla aún más. Los cargos por toda esta "ingeniería financiera" van a Wall Street.

Estos directores ejecutivos, cargados de participación accionaria, se han convertido en una parte fundamental de Wall Street, son sus directores in situ de la explotación de riquezas. Casi todas las compañías, saqueadas o no, ahora siguen este modelo lucrativo. Llamémosle explotación corporativa.

En la década de 1950, el público se quedó asombrado cuando el director ejecutivo de GM, Charles E. Wilson, fue citado erróneamente diciendo, "Lo que es bueno para GM es bueno para el país". El público se preguntó, "¡Cómo se atreve a ser tan egocéntrico!" (las palabras reales de Wilson habían sido "...lo que es bueno para nuestro país es bueno para General Motors, y viceversa").

Pero, hoy en día, Wilson aparenta tener un espíritu comunitario cuando se le compara con los saqueadores de los fondos de cobertura y el capital privado. Quizás Wilson fue arrogante, pero por lo menos pensaba que su compañía era parte fundamental del bienestar de la sociedad. Aparentaba sentir orgullo por los salarios y los gastos que emprendía GM para enriquecer a los trabajadores y las comunidades locales.

El lema de los saqueadores corporativos es más bien, "Lo que me conviene a mí es lo único que importa". Los saqueadores no se atreverían a decir que sus políticas arrasadoras e ingresos de miles de millones de dólares son buenos para los miles de comunidades que perdieron sus instalaciones y trabajos.

¿Cómo surgió la idea de la recompra de acciones?

El modelo del clima pro negocio no requiere recompensar a los directores ejecutivos con participación accionaria o por ser saqueadores. No les dice a los directores ejecutivos que cambien de "retener y reinvertir" a "reajustar y distribuir". Entonces, ¿cómo exactamente ganan popularidad estas prácticas?

La historia de cómo se financió nuestra economía en realidad tiene dos corrientes entrelazadas. Una destaca al saqueador (sí, prácticamente son todos hombres) y su equipo de banqueros y directores ejecutivos que están deseosos por liberar "el valor escondido", un saqueo a la vez. La otra corriente destaca a otro tipo de director ejecutivo que desea hacer su propio trabajo sucio. Estos directores ejecutivos, como los saqueadores corporativos, quieren adelgazar y fortalecer a sus compañías para enriquecerse. En lugar de esperar a que un saqueador recorte y descuartice, estos gerentes quieren blandir la espada ellos mismos.

Nadie fue un mejor experto en blandir espadas que Jack Welch, el director ejecutivo de General Electric. En una presentación para analistas financieros en Nueva York en 1981, titulada *Crecer rápidamente en una economía de crecimiento lento*, Welch declaró que la única medida verdadera para el éxito de la corporación y el director ejecutivo era maximizar la rentabilidad de inversión para los accionistas. Muchos atribuyen el comienzo del movimiento del "valor de los accionistas" a esta charla. Welch argumentó que compañías como GE (la cual se había convertido en un gran conglomerado que producía muchos productos diferentes para muchos mercados diferentes) debían vender cualquier sucursal que no fuera número uno o dos en sus respectivos mercados. Abogó despiadadamente por la reducción de costos a través de despedir empleados y recortar la investigación y el desarrollo.

Welch fue fiel a su palabra. En solo cinco años (de 1980 a 1985) redujo la fuerza laboral de GE de 411.000 a 299.000 y recortó la investigación básica. Welch también desarrolló una sección financiera sumamente rentable (GE Finanzas) que logró generar más de un tercio de las ganancias de la compañía. El valor comercial de GE se disparó. Welch mostró que se podía ganar más dinero —mucho más dinero— produciendo menos bienes tangibles.

En 1979, antes de que Welch le diera con un hacha a su compañía, solo cuatro corporaciones estadounidenses tuvieron más ganancias que GE. La compañía estaba restringida, pero era exitosa. Pero eso no iba a generar los cientos de millones en opciones de acciones que deseaban Welch y sus directivos.

Se corrió la voz sobre la hipótesis de Welch entre altos niveles empresariales: los gerentes empresariales tienen que alinear sus intereses con los intereses de los accionistas a corto plazo, no con los de los trabajadores, no con los de los consumidores, no con el futuro de la compañía, ni con la sociedad. Los académicos se refirieron a esto como "la teoría de la agencia".

Esto significó un cambio enorme. Nada existía en la ley empresarial que dijera que la meta principal de una corporación debía ser maximizar el valor de accionistas a corto plazo. De hecho, el valor de accionistas a corto plazo es algo inestable. Se calcula por los precios de las acciones a corto plazo, los cuales suelen oscilar según las expectativas de lo que hará cada acción en el futuro, en lugar de lo que hace en realidad.

Ofrecemos una analogía: los precios de las acciones son para el valor real de una compañía lo que las líneas de apuestas en juegos de fútbol americano son para el marcador. Las personas apuestan en juegos de fútbol americano según sus expectativas. Pero esas apuestas no determinan el marcador real.

No obstante, si a usted le recompensan con participación accionaria, entonces las fluctuaciones a corto plazo (las líneas de apuestas) resultan ser mucho más importante para usted que el valor real de la compañía (el marcador real)[2].

Los gerentes empresariales más altos se convierten en explotadores financieros

Para lograr que esta nueva idea funcionara, los gerentes más altos tenían que convertirse en miembros de la clase inversionista. Fueron recompensados con participación accionaria, mega salarios y paracaídas de oro (lujosos paquetes de retiro) que solían emparejar o exceder las explosivas ganancias de las élites en Wall Street.

Los gerentes empresariales se obsesionaron con ganar dinero a través de esas opciones de acciones. Aumentar las ganancias por medio del crecimiento lento y paulatino —la vieja forma capitalista de hacer negocios— era muy lento e impredecible. En lugar de este método, los gerentes hacían que los precios de las acciones saltaran al bajar los salarios, reducir la fuerza laboral, saquear las pensiones, adelgazar la investigación y el desarrollo, subcontratar los trabajos, reducir los gastos de capital y utilizar el dinero prestado y las ganancias retenidas para recomprar las

---

2. Steve Denning, *"The Dumbest Idea in the World: Maximizing Shareholder Value"*, Forbes. com, 28 de noviembre de 2011, http://www.forbes.com/sites/stevedenning/ 2011/11/28/ maximizing-shareholder-value-the-dumbest-idea-in-the-world/.

existentes acciones con el propósito de subir sus precios a corto plazo. Y después recolectar sus masivas opciones de acciones.

Los dos economistas cuyo ensayo de 1976 sobre la "teoría de la agencia" sirvió como base para utilizar las opciones de acciones con el fin de recompensar a los ejecutivos, Michael Jensen y William Meckling, en realidad habían tenido una idea un poco diferente. Tenían una idea pintoresca de que los más altos gerentes tenían que sufrir las consecuencias de las pérdidas y los fallos de la empresa junto con los trabajadores, no solo ganarse el lado triunfante a través de la manipulación de acciones a corto plazo. Si a los directores ejecutivos se les pagara a través de su participación accionaria, razonaron Jenson y Meckling, entonces cuando a la compañía le fuera bien, el director ejecutivo ganaría un ingreso. Pero cuando le fuera mal a la compañía, bajaría la compensación del director ejecutivo. A los académicos, esto les parecía justo y práctico.

Pero los banqueros inversionistas y sus socios de la gerencia corporativa no son tontos. Crearon incentivos que aseguraron que los gerentes salieran adelante: si el valor de los accionistas subía, las opciones de acciones de la gerencia aumentaban en valor. Si la empresa se hundía, los gerentes buscaban la forma de protegerse contra la pérdida de ingresos. Y, si a los gerentes se les despedía durante un saqueo de finanzas, flotaban hacia el retiro con enormes paracaídas de oro, todo en nombre del valor de los accionistas. Para resumir, no existía un lado malo para los directores ejecutivos y otros altos gerentes. Es poco sorprendente que, hoy en día, los directores ejecutivos ganen 844 veces más que los trabajadores.

La gran recompensa para los invasores de empresas

En la década de 1980, los financieros en todas partes prestaron atención cuando hubo una impresionante compra de todas las acciones de una compañía que se pagó principalmente con dinero prestado, lo cual fue diseñado por William Simon. Simon fue el Ministro del Tesoro bajo Nixon, Ford y Carter. Algunas personas también lo recuerdan como el tipo que alabó el régimen asesino de Pinochet en Chile, convenció a Gerald Ford de que no salvara a la ciudad de Nueva York de su crisis fiscal en 1975 y luego presidió sobre la ultra conservadora Fundación Olin.

En 1982, Simon y sus dos socios dieron un millón de dólares y pidieron prestado otros $79 millones para comprar (y hacer privada)[3] a Gibson Greetings, la tercera compañía de tarjetas más grande en Estados Unidos. Este trato fue el equivalente a poner 1,3% para el pago inicial en la compra de una casa. Después de dieciséis meses, la vendieron por unos increíbles $290 millones y transformaron la inversión inicial de Simon de $333.000 en una fortuna de $66 millones.

Esta fue la recompensa más grande que Wall Street había conocido. ¿Qué hicieron Simon y sus amigos para ganar todo ese dinero? Algunos atribuyeron a la excelente reputación de Simon y sus muchos contactos importantes el que se les hubiera dado a él y a sus socios una oportunidad tan excepcional. Otros dijeron que ellos solo habían tenido suerte, compraron bajo durante una recesión y vendieron alto cuando la bolsa de valores había mejorado. De cualquier modo, el trato dejó a la compañía con una deuda enorme. Y dejó a Simon y a sus amigos con millones en ganancias extraídas.

Michael Milken, Ivan Boesky, Henry Kravis, T. Boone Pickens y otro tanto de saqueadores se quedaron maravillados. Quedó claro que miles de millones se podían ganar si se compraban compañías estadounidenses y luego se cargaban con montañas de deuda. En el nuevo ambiente de desregulación tenían la libertad de flotar bonos especulativos muy rentables (bonos chatarra) para financiar cientos de adquisiciones empresariales. Y lo más estupendo es que todo el interés de esa deuda era deducible de los impuestos.

Con cada adquisición grande, los saqueadores corporativos y sus compatriotas amasaban cientos de millones de dólares en costos. Había costos para los banqueros que aconsejaban a las varias partes, para Michael Milken quien creó (y manipuló de forma ilegal) el mercado de los bonos especulativos, para los arbitrajistas (como Boesky) que usaban información privilegiada con el fin de comprar acciones antes de los saqueos, para los gerentes empresariales que recibían participación accionaria

---

3. Hacer privado significa comprar todas las acciones de una compañía para que ya no se puedan vender al público en la bolsa de valores.

para quedarse a manejar la compañía comprada o paracaídas de oro para irse, y para los grandes inversionistas que entraban y compraban temprano. Hasta los accionistas existentes salían con ganancias, ya que sus acciones eran compradas al mejor precio. Las compañías que habían estado incapacitadas se convertían en fábricas de dinero —por lo menos por un instante. Nadie se preocupaba mucho por los trabajadores desplazados y las comunidades devastadas que quedaban una vez estas compañías se secaban por completo.

Mientras los saqueadores corporativos se enriquecían con la desindustrialización de Estados Unidos, sus defensores los proclamaban como los nuevos campeones del capitalismo moderno. Estos financieros no eran en realidad saqueadores, argumentaban los defensores. Eran agentes de cambio que traían una restructuración necesaria para aumentar la eficiencia empresarial. Lo que hacían era agitar la grasa y los gerentes vagos que se conformaban con sus beneficios y no hacían nada por sacarle más dinero a sus empresas. Los saqueadores creaban mercados y su impulso por el control empresarial era disciplinar a los gerentes y enseñarles la importancia de maximizar el valor de los accionistas. Sacaban los que consideraban incompetentes y creaban espacio para traer nuevos gerentes, productos y empleos.

Con el pasar del tiempo, las compañías objetivo crecieron en número y variedad. Y, en el proceso, se desvió al sector financiero lo sobrante de la producción de las compañías en la economía real, dinero que alguna vez se hubiera utilizado para hacer crecer a la empresa, mejorar las condiciones laborales y aumentar los salarios. Los impuestos empresariales y los impuestos sobre los ingresos de los empleados de estas compañías, que habían ayudado a financiar la educación pública y otras prioridades sociales, disminuyeron, mientras los pagos de intereses deducibles de impuestos para los financieros aumentaron.

Gracias a unas cuantas acusaciones y la película Wall Street, empezamos a culpar a la "avaricia" por todos estos males. Por supuesto, había muchos actores malos, algunos de los cuales sí terminaron en la cárcel. Pero muchas de las personas que le dieron legitimidad a la explotación financiera y nos colocaron en este camino hacia la desigualdad sin límites, no terminaron en la cárcel. Muchos hasta pensaron que estaban ayudando a crear una economía nueva.

Hasta después de la Gran Recesión que empezó en 2008, las personas siguieron pensando que nuestra economía era una serie de activos cuyos valores se podían liberar a través de la ingeniería financiera. El saqueo continúa hasta el día de hoy. Los "saqueadores corporativos" ahora tienen títulos que suenan más placenteros: son gerentes de fondos de cobertura y dirigen empresas de capital privado. Pero su meta es la misma: comprar compañías y desviar el mayor valor posible.

El saqueo se ha convertido en algo tan común que la mayoría de los escritores financieros suponen que comprar compañías y tomar el control de su flujo de efectivo crea un valor nuevo. Las enormes cantidades que se embolsan estos saqueadores nuevos son solo sus recompensas por su astuta administración de inversiones. Pocas personas se dan cuenta de que el dinero no le añade ninguna riqueza nueva a nuestra sociedad; simplemente se transfiere de la economía real a las élites financieras.

El colapso del modelo del clima pro negocio

Recuerde que la meta que se articuló para el modelo del clima pro negocio fue crear una inversión masiva y una explosión de ganancias para que subieran todos los barcos. Pero ahora empezamos a darnos cuenta de por qué no funcionó:

- Liberar a Wall Street de sus controles del New Deal (una meta del modelo del clima pro negocio) terminó facilitándoles a los saqueadores la compra de compañías para cargarlas con deudas y extraer sus ingresos con efectos económicamente devastadores.
- Pagarles a los directores ejecutivos con opciones de acciones creó una nueva cultura corporativa enfocada en aumentar el valor de los accionistas a corto plazo a través de la recompra de acciones, despidos y recortes en salarios y beneficios.
- La compensación a saqueadores corporativos, banqueros inversionistas y directores ejecutivos aumentó mientras que la paga de los trabajadores se quedó estancada.

· La explotación financiera eliminó millones de trabajos de manufactura estadounidense que eran bien pagados (ver la Gráfica 4.3), lo cual bajó los salarios promedio de los trabajadores.

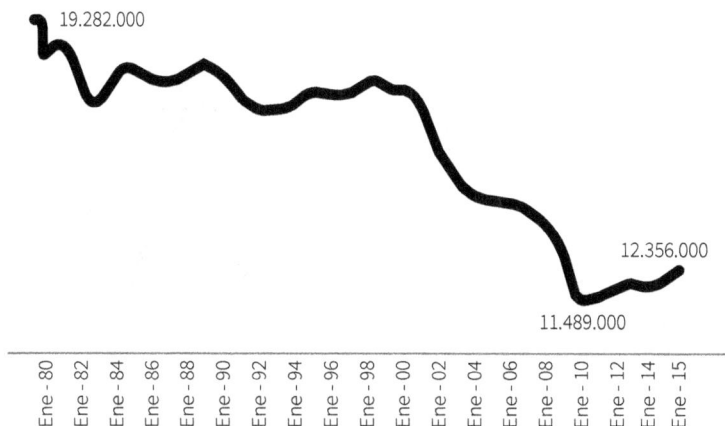

Gráfica 4.3: El declive de los empleos de manufactura en Estados Unidos
Fuente: Oficina de Estadísticas Laborales de EE.UU., Hires: Manufacturing, de FRED, Banco de Reserva Federal de St. Louis, https:// research.stlouisfed.org/fred2/series/JTU3000HIL/.

El modelo del clima pro negocio sí crea un auge de inversión y ganancias, pero la mejor porción de las ganancias proviene de la explotación financiera y va para Wall Street y los directores ejecutivos. Esto se conoce como la economía del derrame inverso (trickle-up economics): el dinero fluye de abajo hacia arriba.

La Gráfica 4.4 muestra que, desde 1980, el sector financiero ha estado devorando más y más de las ganancias corporativas, y alcanzó un pico de 42,5% en 2002. La crisis de 2008 acabó con las ganancias de Wall Street, pero estas habían subido hasta más de un cuarto de todas las ganancias corporativas para 2014.

Aún más increíble: en 1970 y 1980, el sector financiero componía alrededor del 10 al 15% de todas las ganancias corporativas, pero solo alrededor del 5% de todos los trabajos en Estados Unidos. Hoy en día, el sector financiero recoge los frutos de más del 25% de todas las ganancias. ¿Y qué pasa con los trabajos? Solo alrededor de 6% de los trabajos en Estados Unidos están en el sector financiero. No es sorprendente entonces que los ingresos financieros estén explotando.

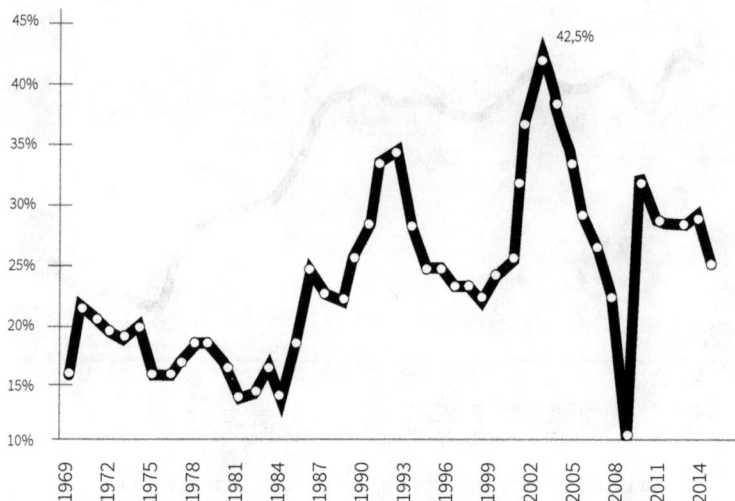

Gráfica 4.4: Las ganancias del sector financiero como porcentaje de todas las ganancias
Fuente: Los cálculos del autor están basados en la Oficina de Asuntos Económicos, Tablas del ingreso nacional y las cuentas de los productos, Tabla 6.16, Corporate Profits by Industry, http://bea.gov//national/nipaweb/ DownSS2.asp.

En el mejor de los casos, el modelo del clima pro negocio es ahora una fachada frágil para las políticas que, inevitablemente, resultan en una mayor compensación para los directores ejecutivos y Wall Street, y en el estancamiento de ingresos para el resto de nosotros. Oculta la explotación financiera.

Así que cuando usted escuche a un político o un economista decir que necesitamos "aumentar la confianza en los negocios" o crear un "clima pro negocio", piense: "la desigualdad sin límites".

Preguntas de discusión

1. ¿Por qué cambiaron las corporaciones de "retener y reinvertir" a "reajustar y distribuir"?

2. ¿Han vendido o comprado la compañía de usted en los últimos diez años?

3. ¿Su compañía recompra sus acciones?

4. ¿Qué ha pasado con su salario, sus beneficios y sus condiciones laborales en la última década?

Segunda parte

El declive del excepcionalismo estadounidense

Capítulo 5

¡Somos número uno!
(¿Será verdad?)

Los estadounidenses tienden a sobreestimar la posición de Estados Unidos en el mundo, en parte porque subestimamos la desigualdad sin límites. En los siguientes dos capítulos, exploraremos el impacto de la desigualdad sin límites con respecto a nuestra clasificación en comparación con otras naciones desarrolladas. Nuestra meta es entender cómo la desigualdad sin límites cambió a nuestro país, y ver los límites de lo que los historiadores llaman "el excepcionalismo estadounidense".

¿Quiénes somos?

El excepcionalismo estadounidense es el meollo de nuestra propia imagen nacional. La mayoría de nosotros cree que nuestro país hace casi todo mejor que el resto del mundo, que estamos bendecidos con enormes recursos, personas talentosas y más libertad política que cualquier otro país en la historia. Nos enseñan que nuestros antepasados construyeron una nación nueva mucho más avanzada que la orden feudal europea en descomposición; que construyeron una sociedad y un sistema político que hicieron de la meta de la movilidad social ascendente una realidad.

Nuestra democracia abierta y oportunidades amplias atrajeron a personas de todo el mundo y, con ellas, llegaron el talento y la vitalidad para construir una nación excepcional. Claro que los esclavos e indígenas no llegaron a participar en este progreso, y las mujeres eran ciudadanas de segunda clase. La segregación racial les negó el acceso al Sueño Americano a los afroamericanos hasta que por fin llegó el movimiento por los derechos civiles. Pero también usamos nuestras narrativas de la esclavitud y la libertad para validar nuestra grandeza como nación: ¿qué otra sociedad tiene tanta diversidad y oportunidad para sus minorías?

En el camino, rescatamos al mundo del fascismo y el comunismo e inundamos el universo con nuestras maravillas tecnológicas, así como también con nuestra música y nuestras películas. Somos las personas más ricas y productivas en el planeta y tenemos que aceptar nuestro rol excepcional en el mundo.

Los resultados de la encuesta de Gallup muestran con claridad en la Tabla 5.1 que esta creencia se engranó muy profundamente a partir de 2010.

Sin embargo, las encuestas más recientes muestran que menos estadounidenses están convencidos de esta idea. Al preguntarles si "Estados Unidos es mejor que todos los demás países", una encuesta de Pew en 2014 (Tabla 5.2) mostró un declive agudo en general entre quienes estaban de acuerdo.

Lo más interesante es cuánto varían las respuestas según la edad. Mientras más joven sea alguien, es menos probable que esté convencido de la idea del excepcionalismo estadounidense. Las personas mayores de 65 años son dos veces más probables de estar de acuerdo (40%) con el concepto de que "Estados Unidos es mejor que todos los demás países" que aquellas personas entre 19 y 29 años de edad (28%).

Hay muchas posibles razones para esta variación según la edad.

Una puede ser que las personas mayores de 65 años crecieron en una era en la que los salarios y la productividad subieron a la misma vez, y es probable que hubieran visto mejorar la calidad de vida de su propia familia (nosotros lo experimentamos como una familia de clase trabajadora). Cuando estas personas crecieron, la diferencia salarial entre los directores ejecutivos y los trabajadores no era más de 45 a uno. Es verdad que vivían en un país cuya calidad de vida y movilidad social ascendente eran la envidia de todo el mundo.

Sin embargo, la generación más joven se ha criado en la era de una desigualdad sin límites. Como veremos, la movilidad social ascendente ya no es una garantía. Se han congelado los salarios. Y los súper ricos se enriquecen cada vez más. No es sorprendente ver que los jóvenes tengan más dudas sobre el excepcionalismo estadounidense. No lo ven en su vida cotidiana.

Antes de continuar, compartimos una advertencia: gran parte de lo que sigue puede incomodar a algunos lectores (especialmente a personas mayores, como yo). Sin embargo, nuestra meta no es degradar a Estados Unidos, sino ayudar a convertirnos en una sociedad más compasiva y justa. Ojalá que podamos avanzar más allá del tema que frena las conversaciones: Estados Unidos: el país que amas u odias. Si en verdad amamos a nuestra nación y creemos que es excepcional, necesitamos ser excepcionalmente buenos en domesticar la desigualdad sin límites.

Tabla 5.1: Encuesta de opiniones de Gallup en 2010

"Debido a la historia y la Constitución de Estados Unidos, ¿piensa usted que EE.UU. tiene un carácter único que hace que sea el mejor país del mundo, o no?

	% Sí	% No
Todos los estadounidenses	80	18
Demócratas	73	23
Independientes	77	23
Republicanos	91	7

Fuente: Jeffrey M. Jones, Americans See U.S. as Exceptional: 37% Doubt Obama Does, Gallup, 22 de diciembre de 2010, http:// www.gallup.com/poll/145358/ Americans-Exceptional-Doubt-Obama.aspx

Tabla 5.2: Encuesta del Centro de Investigaciones Pew en 2014

Los jóvenes son los menos probables en decir que EE.UU. es el mejor país del mundo

% que dice que EE.UU. "es mejor que todos los demás países".

Edad	2011	2014	Cambio
18–29	27%	15%	–12%
30–49	38%	26%	–12%
50–64	40%	33%	–7%
65+	50%	40%	–10%

Fuente: Alec Tyson, Most Americans Think the U.S. Is Great, But Fewer Say It's the Greatest, Centro de Investigaciones Pew, 2 de julio de 2014, http://www.pewresearch.org/fact-tank/2014/07/02/most-americans-think-the-u-s-is-great-but-fewer-say-its-the-greatest/.

Somos los líderes de la desigualdad en el mundo

Este es un titular raro de escribir para alguien de mi generación. Yo crecí con una familia blanca de clase trabajadora en las décadas de 1950 y 1960. Crecimos con la idea de que Estados Unidos era una de las naciones más justas en toda la historia del mundo, no la más desigual. No, nunca fuimos una sociedad puramente igualitaria, ni tampoco lo profesamos. Pero parecíamos tener un compromiso con darles un trato justo a las personas que trabajaban. No nos podían comparar con la aristocracia europea. Creíamos que podíamos subir tan alto como nos pudieran llevar nuestros talentos y nuestro duro trabajo. No teníamos que ser ricos para alcanzar el éxito. (Claro, si hubiéramos sido parte de una familia negra de clase trabajadora durante el mismo período, nuestra perspectiva hubiera sido un poco menos optimista).

Los datos sugieren que en aquel entonces vivíamos en un país muy diferente al de hoy.

Por supuesto que Estados Unidos no es el único país en el mundo que enfrenta la desigualdad creciente. El proceso de financiarización que repasamos en el Capítulo 4 ha circundado el globo. En las últimas tres décadas, casi todos los países del mundo han aceptado alguna desregulación financiera y han sufrido las consecuencias. Pero la desregulación ha tenido un impacto más grande aquí, en el hogar de Wall Street, que en cualquier otro país. Y, como veremos en los siguientes capítulos, el creciente poder político de Wall Street ha profundizado el impacto de la desregulación aquí en Estados Unidos.

Por lo tanto, no nos puede sorprender que somos los primeros en cuanto a la diferencia salarial entre los directores ejecutivos y los trabajadores (ver Gráfica 5.1).

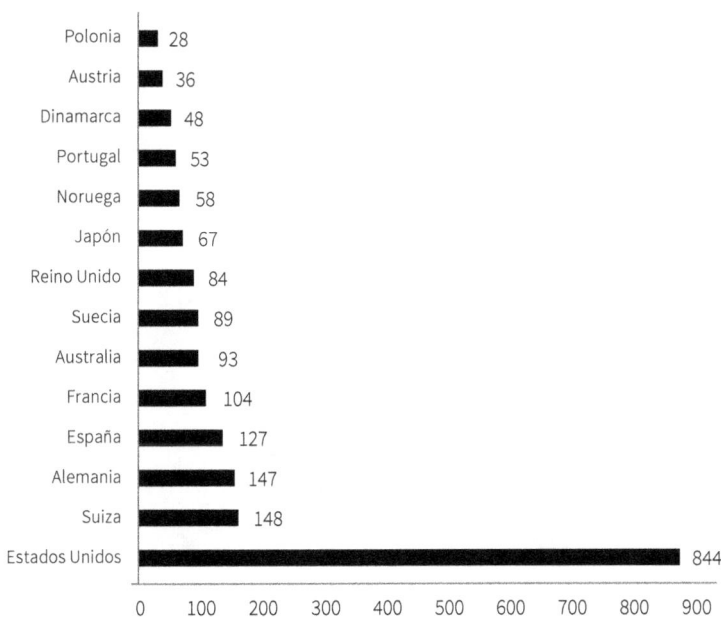

País	Valor
Polonia	28
Austria	36
Dinamarca	48
Portugal	53
Noruega	58
Japón	67
Reino Unido	84
Suecia	89
Australia	93
Francia	104
España	127
Alemania	147
Suiza	148
Estados Unidos	844

Gráfica 5.1: La diferencia salarial entre directores ejecutivos y trabajadores promedio: Comparaciones internacionales
Fuente: Datos de Sorapop Kiatpongsan y Michael I. Norton, "How Much (More) Should CEOs Make?", Perspectives on Psychological Science, Vol. 9 (2014) y las investigaciones que emprendió el autor sobre la diferencia en Estados Unidos.

¿Más pobre que Taiwán?

Ya sabemos que los salarios de los trabajadores en Estados Unidos se han estancado. Entonces, ¿cómo le va hoy en día al trabajador regular estadounidense en comparación con los trabajadores en otros países? Le sorprenderá la respuesta.

La primera estadística que asombra es la riqueza; o sea, de cuántas cosas somos dueños (casas, automóviles, cuentas de banco, activos, bonos, etc.) menos la cantidad que debemos (deuda de tarjetas de crédito, préstamos, hipotecas, etc.). Aquí vemos al "típico" estadounidense, la persona mediana que cae justo en el medio de la distribución de la riqueza, con el 50% de la población arriba, y el 50% abajo. Como estadística, la media nos cuenta más que el promedio, porque el promedio incluye a los muy, muy ricos, lo cual hace que el número suba. Si el 1% más rico tiene la mayoría de la riqueza de la nación, entonces el promedio está por encima de la media.

La Gráfica 5.2 muestra que la riqueza media para el "típico" estadounidense es de $53.352. El estadounidense medio es aún más pobre que su equivalente en Taiwán. El australiano medio es cuatro veces más rico. El suizo es dos veces más rico.

País	Riqueza mediana
Australia	$225,337
Bélgica	$172,947
Islandia	$164,193
Luxemburgo	$156,267
Italia	$142,296
Francia	$140,638
Reino Unido	$130,590
Japón	$112,998
Singapur	$109,250
Suiza	$106,250
Canadá	$98,756
Países Bajos	$93,116
Finlandia	$88,130
Noruega	$86,953
Nueva Zelanda	$82,610
Irlanda	$79,346
España	$66,752
Taiwán	$65,375
Austria	$63,741
Suecia	$63,376
Qatar	$56,969
Alemania	$54,090
Estados Unidos	**$53,352**

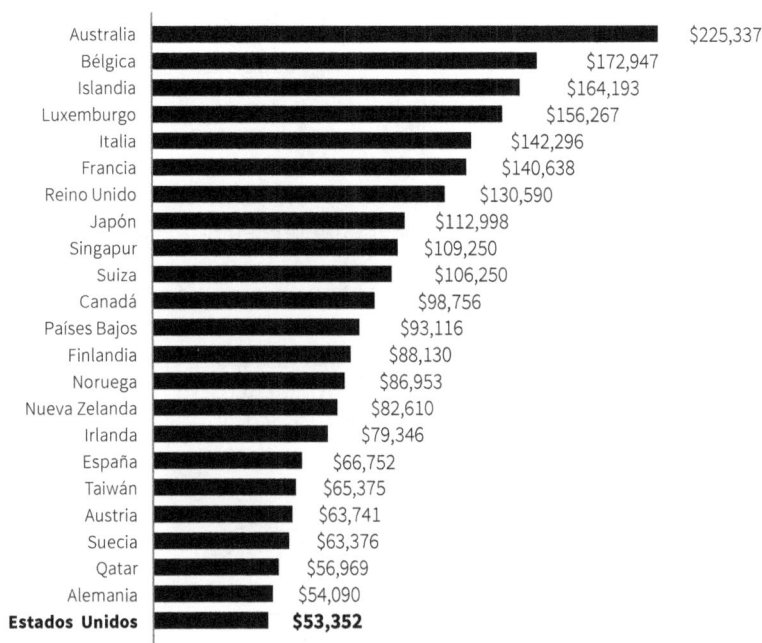

Gráfica 5.2: Somos el número 23: Riqueza mediana por país, 2014
Fuente: Credit Suise, Global Wealth Data Book, 2014, http://economics.
uwo.ca/people/davies_docs/global-wealth-databook-2014-v2.pdf

Después de 30 años de una desigualdad sin límites en Estados Unidos, figuramos número 23 entre los países en cuanto a la riqueza media.

Mientras tanto, somos los líderes del mundo en cuanto a multimillonarios: marcamos 571 multimillonarios en 2014. China llegó en un distante segundo lugar, con 190 multimillonarios.

Además, somos los líderes del mundo en cuanto a supermillonarios, también conocidos como los individuos con "el coste total sumamente alto". Para ser parte de esta lista, hay tener más de $50 millones en riqueza (activos menos pasivos). De los 128.220 supermillonarios en el mundo, 49% son estadounidenses. El siguiente país es China, con el 6%.

El 1% más rico y su porción
de todos los ingresos

Otra manera de calificar la desigualdad según cada nación es descifrar qué cantidad del ingreso total es del 1% más rico. Entre más reciba el más alto 1%, menos hay para distribuir entre el 99% de abajo. En una sociedad perfectamente igualitaria, el 1% más rico recibiría 1% del ingreso del país.

Según esta medida, la Tabla 5.3 muestra que los Países Bajos y Dinamarca son los países más igualitarios: ahí, el 1% más rico recibe menos del 6,5% del ingreso nacional. Nuevamente, somos los líderes del mundo, en el sentido de que nuestro 1% recibe casi el 20% de todos los ingresos en Estados Unidos. Somos mucho más desiguales que el Reino Unido, el cual es número 2 en esta lista.

Tabla 5.3: La porción de todos los ingresos del 1%

Estados Unidos	19,34	Australia	9,17
Reino Unido	12,93	España	8,20
Alemania	12,71	Nueva Zelanda	8,13
Corea del Sur	12, 23	Francia	8,08
Canadá	12,22	Noruega	7,80
Irlanda	10,50	Finlandia	7,46
Portugal	9,73	Suecia	7,13
Japón	9,51	Dinamarca	6,41
Italia	9,38	Países Bajos	6,33

Fuente: Facundo Alvaredo, et al., The World's Top Income Database, Escuela de Economía de París, http://topincomes.parisschoolofeconomics.eu/.

¿Deshacernos del Gini?

La medida favorita de los economistas se llama el coeficiente de Gini, nombrado por el estadístico y demógrafo italiano Corrado Gini (1884-1965). Una calificación de 0 para el coeficiente de Gini significa que todo el mundo en el país tiene exactamente el mismo ingreso. Una calificación de 100 significa que una persona tiene todo el ingreso. Es obvio que cada nación cae en algún lugar del medio. Sin embargo, nuevamente, somos número 1 en cuanto la calificación de Gini de la desigualdad (ver la Tabla 5.4).

Tabla 5.4: Las calificaciones de la desigualdad: El coeficiente de Gini

Estados Unidos	45,0	Korea del Sur	30,2
Israel	42,8	Francia	30,1
Japón	37,9	Suiza	28,7
Nueva Zelanda	36,2	Alemani	27,0
España	35,9	Finlandia	26,8
Portugal	34,2	Noruega	26,8
Irlanda	33,9	Austria	26,3
Reino Unido	32,4	Países Bajos	25,1
Canadá	32,1	Suecia	24,9
Italia	31,9	Dinamarca	24,8
Australia	30,3		

Fuente: Agencia Central de Inteligencia, Country Comparison: Distribution of Family Income, GINI Index, Los más recientes datos disponibles, The World Factbook, https://www.cia.gov/library/publications/the-world-factbook/rankorder/2172rank.html, accedido el 1 de marzo de 2016.

¿El velocista más rápido del mundo en la carrera de la desigualdad sin límites?

Aquellas personas que creen que el mercado libre puede curar todos los males quizás esperan que la desigualdad sin límites en Estados Unidos reduzca la velocidad mientras las fuerzas naturales de la competencia económica reducen la diferencia en los ingresos. Quizás pronto no seamos el país más desigual del planeta y nos puedan alcanzar otros países. O quizás la desigualdad oscila como un péndulo y pronto oscile de nuevo hacia una menor desigualdad en comparación con otros países.

Entonces queremos averiguar cuales países han experimentado, en estos últimos años, los mayores aumentos en la desigualdad. Podríamos anticipar que la desigualdad ha aumentado no solo en Estados Unidos sino en todo el mundo, dado el poder global de las altas finanzas y la propagación de la desregulación financiera en todo el mundo. ¿Será que ahora escala más rápido en aquellos otros países?

Para encontrar las respuestas, miramos el reporte para 2011 de la Organización para la Cooperación y el Desarrollo Económico (OCDE), Divided We Stand: Why Inequality Keeps Rising.

Repasemos cautelosamente la gráfica de la OCDE (Gráfica 5.3). Esta mide la porción de todos los ingresos en un país que le toca al 1% más rico —así como lo acabamos de ver en la Tabla 5.3. Pero, esta vez, se toma la medida en dos momentos históricos separados, en 1990, cuando la financiarización recién empezaba en Estados Unidos e Inglaterra, y en 2007, justo antes de la crisis de Wall Street, cuando la financiarización estaba en pleno esplendor alrededor del mundo.

Si la línea es pequeña, o no existe, entonces la desigualdad no cambió mucho entre 1990 y 2007.

Observe cómo los Países Bajos experimentaron un declive en la porción del 1% más rico. Alemania, Bélgica, Dinamarca, Francia y España cambiaron muy poco. Entonces, sería razonable decir que estos países no experimentan una desigualdad sin límites. El país con el aumento más significativamente drástico en cuanto a la porción del 1% más rico fue Estados Unidos.

Nuevamente, Estados Unidos está en primer lugar no solo por el tamaño absoluto de la desigualdad, sino también por el aumento de esta. Para 1990, Estados Unidos ya era el país más desigual en esta lista. Se fue tornando aún más desigual, y de forma más rápida, que todas las demás naciones.

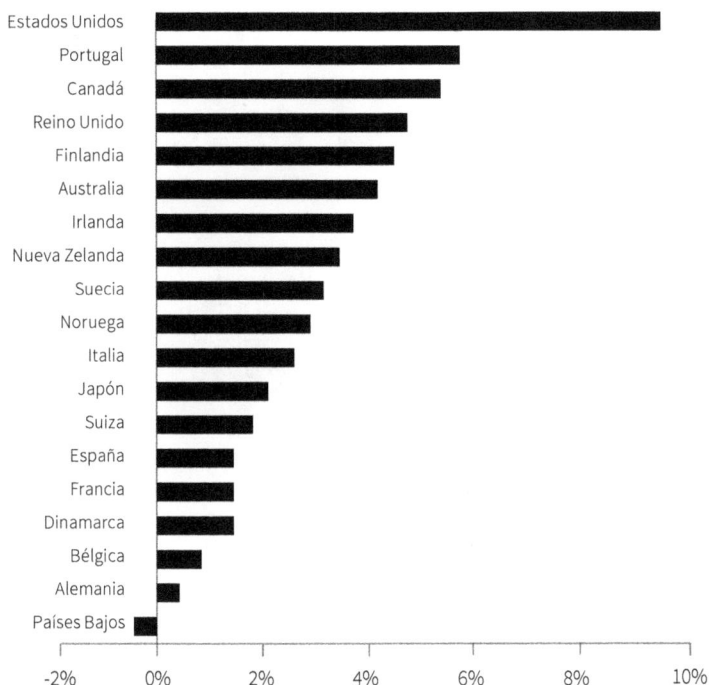

Gráfica 5.3: La clasificación de países según los aumentos más grandes en la porción de ingresos del 1% más rico
Fuente: OCDE, Divided We Stand: Why Inequality Keeps Rising (OECD Publishing, 2011), https://dx.doi.org/10.1787/9789 264119536-en.

Es obvio que somos verdaderamente excepcionales en cuanto la desigualdad sin límites. En el siguiente capítulo, veremos si este excepcionalismo se extiende a nuestra calidad de vida.

Preguntas de discusión

1. ¿Piensa usted que Estados Unidos es el mejor país del mundo? ¿Por qué sí o por qué no?

2. ¿Por qué los jóvenes están menos convencidos del excepcionalismo estadounidense?

3. ¿Por qué piensa usted que la desigualdad económica es mucho más alta en Estados Unidos que en otras naciones desarrolladas?

4. ¿Cuál cree usted que sea la mejor medida de la desigualdad económica?

Capítulo 6

Ya no somos el número uno

Es obvio que somos los líderes del mundo en casi todas las medidas principales de la desigualdad. Pero, ¿qué tiene que ver eso con la manera en que vivimos nuestras vidas?

Los economistas que promueven el clima pro negocio argumentarían que exageramos en cuanto a la desigualdad; después de todo, la creciente desigualdad es lo que crea una economía más rica, lo cual nos ayuda a todos. Las personas trabajan más duro y se van enriqueciendo, y esto hace que nuestra economía crezca. La desigualdad nos impulsa hacia una mejor calidad de vida para nosotros y para nuestros hijos por generaciones.

Si ese es el caso, entonces Estados Unidos debería ser el líder mundial en cuanto a salud, felicidad, bienestar, medio ambiente, movilidad social ascendente, educación y otras medidas de nuestra calidad de vida.

Ahora, miremos los datos: ¿somos número uno en algo más, aparte de la desigualdad?

Longevidad y felicidad

Podríamos decir que una de las mejores medidas de la grandeza de un país es qué tan largas y plenas son las vidas de sus habitantes. Entonces, ¿cómo figuramos en cuanto longevidad? Desafortunadamente, somos número veinte cuando se trata de expectativa de vida promedio entre las veintidós naciones más desarrolladas (ver la Tabla 6.1). Pero el pronóstico para los estadounidenses con bajos ingresos es peor aún. Un estudio del Profesor Justin Denney de la Universidad de Rice concluyó que, en Estados Unidos, los ricos viven un promedio de cinco años más que los pobres.

Tabla 6.1: Expectativa de vida promedio

Japón	84,74	Países Bajos	81,23
Suiza	82,50	Nueva Zelanda	81,05
Israel	82,27	Bélgica	80,88
Australia	82,15	Finlandia	80,77
Italia	82,12	Irlanda	80,68
Suecia	81,98	Alemania	80,57
Canadá	81,76	Reino Unido	80,54
Francia	81,75	Corea del Sur	80,04
Noruega	81,70	Estados Unidos	79,68
España	81,57	Dinamarca	79,25
Austria	81,39	Portugal	79,16

Fuente: Agencia Central de Inteligencia, Country Comparison: Life Expectancy at Birth, Los más recientes datos disponibles, The World Factbook, https://www.cia.gov/library/publications/the-world-factbook/rankorder/2102rank.html, accedido el 1 de marzo de 2016.

Sus investigaciones también muestran que, cuando aumenta la desigualdad, también aumenta la brecha en la expectativa de vida[1]. ¿Y qué se puede decir de la felicidad? Un campo de investigación académica, que cada día crece más, mide cómo los habitantes de varias naciones perciben su propia felicidad y bienestar. Cada año, el Earth Institute de la Universidad de Columbia utiliza

---

1. Justin T. Denney, *"Stagnating Life Expectancies and Future Prospects in an Age of Uncertainty",* *Social Science Quarterly,* 94(2), (junio 2013): 445–461, http:// www.ncbi.nlm.nih.gov/pmc/articles/PMC4264628/.

estas medidas para producir el Reporte mundial de la felicidad, que califica a las naciones según su felicidad. El reporte informa que el sentido de la felicidad entre los estadounidenses se ha estancado en las últimas décadas de la desigualdad sin límites. Estados Unidos ahora figura como número 15 después de Suiza, Islandia, Dinamarca, Noruega, Canadá, Finlandia, los Países Bajos, Suecia, Nueva Zelanda, Australia, Israel, Costa Rica, Austria y México[2].

Atención médica

El acceso a la atención médica asequible es ciertamente la clave de nuestro bienestar. A primera vista, Estados Unidos parece estar en la delantera en cuanto a esto, ya que en verdad somos número uno en cuanto a los gastos generales para la atención médica. Representa más de una sexta parte de nuestro Producto Interno Bruto o PIB (17,1% en 2013). La segunda nación más alta en esta categoría es los Países Bajos, con 12,9% de su PIB. Todas las demás naciones desarrolladas gastan entre 8 y 11,7% de su PIB en atención médica[3].

Sin embargo, como hemos visto, todo ese dinero no nos extiende la vida. Parece entonces que no sacamos provecho de la atención médica en estos tiempos de la desigualdad sin límites.

Nuestra factura enorme de gastos para la atención médica tampoco mantiene vivos a nuestros bebés. La probabilidad de que fallezca un bebé es casi tres veces más alta en Estados Unidos que en Japón[4].

De nuevo, estas cifras agregadas esconden la desigualdad extrema que hay en Estados Unidos. Según múltiples estudios, entre más pobre la madre, mayor la probabilidad que tiene de sufrir embarazos con problemas y fallecimientos. Por ejemplo,

---

2. John Helliwell, et al., eds., Reporte Mundial de la Felicidad 2015, Sustainable Development Solutions Network, http://worldhappiness.report/wp-content/uploads/ sites/2/2015/04/ WHR15-Apr29-update.pdf.

3. Organización Mundial de la Salud, "Gasto en salud, total (% del PIB)", en Banco Mundial, Banco mundial de datos, http://data.worldbank.org/indicator/SH.XPD.TOTL.ZS/ countries/1W?order.

4. Agencia Central de Inteligencia, "Country Comparison: Infant Mortality Rate", The World Factbook, https://www.cia.gov/library/publications/the-world-factbook/ rankor-der/2091rank.html.

los Centros para el Control y la Prevención de Enfermedades de Estados Unidos encontraron que, para mujeres que viven por debajo del nivel de pobreza, "el índice de mortalidad infantil fue 60% más alto y el índice de mortalidad post neonatal fue dos veces más alto que para aquellas mujeres que viven por encima del nivel de pobreza"[5].

Movilidad social ascendiente

Si la longevidad, la salud y el bienestar varían según el ingreso, entonces un antídoto obvio es la movilidad social ascendente. ¿Acaso Estados Unidos no es la tierra de las oportunidades? ¿Acaso no tenemos una mejor oportunidad que nadie de ascender la escalera de los ingresos? Nuestra gente siempre ha estado dispuesta a afrontar las dificultades y la flagrante desigualdad de riqueza e ingresos con tal de poder ver con claridad el camino hacia la movilidad social ascendente.

La mayoría de los estadounidenses aún confían en que sus hijos tendrán un mejor estatus económico que ellos. La mayoría de nosotros piensa que se puede ir tan lejos como nos pueda llevar el talento[6]. Si usted trabaja duro, puede llegar hasta la cima sin importar si desciende de esclavos, inmigrantes o trabajadores de fábricas. Dado que el Sueño Americano es una parte tan grande de nuestra cultura popular, deberíamos ser número uno en cuanto a la movilidad social ascendente, ¿o no?

No. En realidad, somos casi el primero en cuanto a la falta de movilidad social ascendente. La gráfica 6.1 muestra que la probabilidad de que usted supere la posición económica de su padre es del 50% en Estados Unidos. En Dinamarca, usted tiene una probabilidad de casi siete a uno.

5. "Poverty and Infant Mortality – United States, 1988", Morbidity and Mortality Weekly Report, Vol. 44, No. 49, pp. 923-927 (15 de diciembre de 1995), Centros para el Control y la Prevención de Enfermedades, http://www.cdc.gov/mmwr/preview/mmwrhtml/00039818.htm.
6. Where Do We Stand in the Wake of the Great Recession? Economic Mobility and the American Dream, Reporte de investigación y análisis, Pew Charitable Trusts, 19 de mayo de 2011, http://www.pewtrusts.org/en/research-and-analysis/reports/2011 /05/19/economic-mobility-and-the-american-dream-where-do-we-stand-in-the-wake-of-the-great-recession.

No obstante, si usted es rico, la gráfica 6.1 tiene muy buenas noticias. Porque, para usted, "estancarse en la misma clase que sus padres" significa que es muy probable que permanecerá rico. Usted será parte de la nueva aristocracia estadounidense de la riqueza.

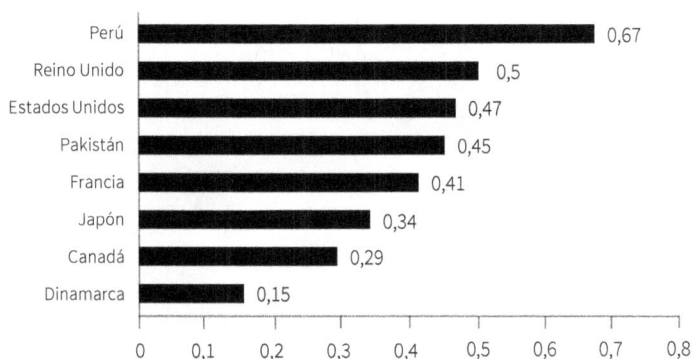

Gráfica 6.1: Probabilidad de que usted se estanque en la misma clase que sus padres
Fuente: CNN Money, "Here's the Likelihood You'll Be Stuck in the Same Economic Class as Your Parents", https://twitter.com/ cnnmoney/ status/410198127736406016.

Inmigración

Pero algo nos confunde aquí. Si nuestro camino hacia la movilidad social ascendente está bloqueado, fallecemos temprano y no somos felices, ¿por qué todo el mundo quiere venir aquí? ¿El pueblo no vota con sus pies? ¿Es que no hay otros millones de personas que quieren venir aquí desesperadamente? Solo eso debe significar que Estados Unidos es el país más excepcional del planeta.

Y quizás Estados Unidos no figure tan bien en aquellas otras medidas porque somos demasiado políglotas. Con todos nuestros inmigrantes recientes, claro que tenemos desigualdades en cuanto a la salud y el bienestar. No es sorprendente que personas en países de una sola cultura, como Suecia o Japón, viven más tiempo y tienen una menor mortalidad infantil: casi no tienen inmigrantes. Y, ahora que esos países permiten unos cuantos más inmigrantes, lo que ven es una ola de reacciones negativas contra ellos.

Por eso es que Estados Unidos tiene que ser el número uno cuando se trata de inmigración y diversidad, ¿no?

Bueno, esta historia es compleja. Es verdad que Estados Unidos tiene la cantidad más alta de inmigrantes nacidos en el extranjero (40 millones, los cuales incluyen entre 11 y 12 millones que son indocumentados). Pero cuando miramos el porcentaje de inmigrantes, Estados Unidos figura como número 9 entre las naciones, con 14,3% (ver la Tabla 6.2)[7].

Tabla 6.2: Países según el porcentaje de inmigrantes, 2013

Suiza	28,9	Reino Unido	12,4
Australia	27,7	Alemania	11,9
Israel	26,5	Países Bajos	11,7
Nueva Zelanda	25,1	Francia	11,6
Canadá	20,7	Dinamarca	9,9
Irlanda	15,9	Italia	9,4
Suecia	15,9	Portugal	8,4
Austria	15,7	Bélgica	6,9
Estados Unidos	14,3	Finlandia	5,4
España	13,8	Corea	2,9
Noruega	13,8	Japón	1,9

Fuente: Naciones Unidas, Departamento de Asuntos Económicos y Sociales, Trends in International Migrant Stock: The 2013 Revision, http://www.un.org/en/ development/desa/population/migration/data/estimates2/estimatestotal.shtml

---

7. Naciones Unidas, Departamento de Asuntos Económicos y Sociales, *Trends in International Migrant Stock: The 2013 Revision,* 2013, http://www.un.org/en/ development/desa/population/migration/data/estimates2/estimatestotal.shtml.

Quizás a los estadounidenses les sorprenderá saber que solo estamos en el punto medio del grupo entre los países desarrollados en cuanto a nuestro porcentaje de habitantes nacidos en el extranjero. Israel otorga automáticamente la ciudadanía a todas las personas judías en el mundo, entonces claro que tiene un alto porcentaje de inmigrantes. Pero Alemania y Suecia tienen casi el mismo porcentaje de habitantes nacidos en el extranjero que nosotros. Sin embargo, esos países figuran mejor en las medidas de longevidad, salud y bienestar.

Entonces, ¿qué justifica que estemos casi convencidos de que somos el país más diverso del mundo? Tenemos que ser el país más diverso cuando se toma en cuenta tanto la inmigración como lo que conocemos como antecedentes "raciales". ¿O es que acaso no lo somos?

Los investigadores han estudiado de manera detallada la diversidad étnica y cultural en varios países. Un estudio particularmente riguroso, realizado por James D. Fearon, concluyó que Estados Unidos es la nación número 85 del mundo en cuanto a diversidad. Entre las naciones desarrolladas, somos número cinco, después de Canadá, Suiza, Bélgica, Israel y España[8].

Vacaciones pagas, permiso pago y horarios de trabajo

Imagínese esto: usted trabaja para McDonald's y por fin ha acumulado dos semanas de vacaciones pagas. Usted emprende un fabuloso viaje en bicicleta. El primer día, mientras va montado en su bicicleta, se topa con un bache y choca, fracturándose la clavícula. Se sienta en su sofá el resto de las vacaciones, viendo el Tour de Francia. Mala suerte.

Bueno, cambiemos de escena. Ahora usted trabaja para McDonald's en Europa. Recibe cuatro semanas de vacaciones y, cuando choca su bicicleta, no hay ninguna preocupación. Usted tiene derecho a retomarlas con paga completa. Según una orden

---

8. James Fearon, "Ethnic and Cultural Diversity by Country", *Journal of Economic Growth*, Vol. 8, pp. 195–222, http://www.jstor.org/stable/40215943?seq=1#page_scan_tab_contents.

del Tribunal de Justicia de la Unión Europea, el tribunal más alto de Europa, después de un accidente durante unas vacaciones, todos los trabajadores europeos tienen derecho a recibir sus vacaciones completas, ya una vez se hayan recuperado:

> Un trabajador que se incapacita durante sus vacaciones anuales pagas tiene derecho a un período de licencia en otro momento, de la misma duración que su licencia por enfermedad[9].

Esto significa que los trabajadores europeos pueden tomar licencias por enfermedad durante sus vacaciones pagas y luego tomar sus vacaciones de nuevo. Y las corporaciones estadounidenses que hacen negocio en Europa —como McDonald's— ¡tienen que pagarlo allá también!

A las corporaciones estadounidenses que no ofrecen vacaciones, u ofrecen pocas vacaciones para sus empleados en este país, las mantienen a raya en Europa: están requeridas por ley que les den vacaciones pagas, de un mes o más, a sus empleados europeos.

Tabla 6.3: Licencia y días feriados pagos anuales, por país

País	Mínimo legal de licencia anual	Días feriados
Australia	4 semanas (5 para trabajadores por turnos)	8
Austria	30 días calendarios (22 días laborales); 36 días calendarios después de 6 años	13
Bélgica	20 días laborales	10
Canadá	2 semanas (3 con antigüedad)	9
Dinamarca	25 días laborales	0

9. Tribunal de Justicia de la Unión Europea, comunicado de prensa, no. 87/12 Luxemburgo, 21 de junio de 2012, "Prensa e información sobre el fallo en el Caso Case C-78/11 Asociación Nacional de Grandes Empresas de Distribución (ANGED) y Federación de Asociaciones Sindicales (FASGA) y otros", http://curia.europa.eu/jcms/ upload/docs/application/pdf/2012-06/cp120087en.pdf.

Finlandia	25 días laborales (30 después de un año)	0
Francia	30 días laborales	1
Alemania	20 días laborales (hasta 30 para trabajadores jóvenes)	10
Grecia	4 semanas (más 1 días laboral después del 2do. y el 3er. año)	6
Irlanda	4 semanas	9
Italia	4 semanas	10
Japón	10 días laborales (más un día laboral después del 2do. al 10mo. año)	0
Países Bajos	4 semanas	0
Nueva Zelanda	4 semanas	10
Noruega	25 días laborales	2
Portugal	22 días laborales (20 en el primer año)	13
España	30 días calendarios	12
Suecia	25 días laborales	0
Suiza	4 semanas (5 para trabajadores jóvenes)	0
Reino Unido	28 días laborales	0
Estados Unidos	0	0

Fuente: Rebecca Ray, et al., No-vacation Nation Revisited, Centro para la Investigación Económica y de Políticas, mayo de 2013, http://www.cepr.net/documents/publications/no-vacation-update-2013-¬05pdf.

En Estados Unidos, la explotación financiera incita a las corporaciones a exprimirles más tiempo laboral a sus trabajadores que en cualquier país europeo. Entonces, no tenemos leyes que requieran vacaciones y licencias pagas. Si usted recibe vacaciones pagas, esto es debido a que la compañía se las "dio" o porque las recibió a través de una negociación colectiva. No se consideran un derecho como tal. La Tabla 6.3 compara a las naciones desarrolladas en cuanto al mínimo legal de licencia anual y días feriados con paga.

Tabla 6.4: Promedio de horas trabajadas anualmente por trabajador, 2014

Alemania	1.371	Canadá	1.604
Países Bajos	1.425	Japón	1.729
Noruega	1.427	Italia	1.734
Dinamarca	1.436	Nueva Zelanda	1.762
Francia	1.473	República Checa	1.776
Eslovenia	1.561	Estados Unidos	1.789
Suiza	1.568	Irlanda	1.821
Bélgica	1.576	Turquía	1.832
Suecia	1.609	Israel	1.853
Austria	1.629	Portugal	1.857
Luxemburgo	1.643	Estonia	1.859
Finlandia	1.645	Hungría	1.858
Australia	1.664	Islandia	1.864
Reino Unido	1.677	Polonia	1.923
España	1.689		

Fuente: Organización para la Cooperación y el Desarrollo Económico, OECD. StatExtracts, http://stats.oecd.org/.

Entonces, si usted trabaja para McDonald's en Viena, Austria, por ley recibe un mes entero libre (22 días laborales) en su primer año más 13 días feriados pagos, para un total de 35 días. Y, después de seis años de cocinar hamburguesas, usted recibe 36 días de vacaciones pagas más 13 días feriados pagos, para un total de 49 días de vacaciones pagas y días feriados. Eso es más de dos meses libres, ¡pagos! (esto es aparte de su licencia por enfermedad paga, licencia por maternidad y paternidad paga, y licencia paga para cuidar a un familiar enfermo).

En Estados Unidos, McDonald's les "da" a sus trabajadores de tiempo completo un total de 20 días pagos de vacaciones y días feriados. La misma compañía, el mismo producto, pero los trabajadores estadounidenses reciben un trato inferior. Y usted se puede imaginar lo que un gerente de McDonald's diría si le pidiera empezar sus vacaciones de nuevo porque se enfermó apenas estas habían empezado ("¿Tomarlas de nuevo? ¿Está usted bromeando?").

Usted también tiene mala suerte si es un trabajador a tiempo parcial en Estados Unidos. En Europa, los trabajadores a tiempo parcial tienen derecho, por ley, a las mismas vacaciones pagas que los trabajadores a tiempo completo. Pero, en Estados Unidos, solo el 36% de los trabajadores a tiempo parcial reciben vacaciones pagas, y solo el 37% recibe días feriados. Entonces, cuando combinamos a los trabajadores a tiempo completo y a tiempo parcial en Estados Unidos, obtenemos un promedio de nueve días de licencia anual con paga (vacaciones y días por enfermedad) y seis días feriados. Es una vida laboral difícil en la tierra de la desigualdad sin límites.

Esas horas extra que trabajamos contribuyen de forma significativa a que seamos el país más desigual del planeta.

Los gastos y resultados de la educación

La educación es la clave del Sueño Americano, ¿no? Se supone que brinda oportunidades enormes para todas las personas de todo tipo que estén en disposición de estudiar lo suficiente. Durante los 25 años posteriores a la Segunda Guerra Mundial, la educación era ciertamente el camino del éxito, primero por medio de la Carta de Derechos de los Veteranos de Guerra (conocida en inglés como GI Bill) y luego por medio de enormes inversiones en la educación pública en todos los niveles.

Desafortunadamente, la desigualdad sin límites ha destruido nuestro sistema educativo. Obviamente, las élites tienen acceso a las mejores escuelas y universidades privadas. Pero el resto de nosotros luchamos en nuestros precarios sistemas de educación pública, los cuales no se ven muy bien cuando los comparamos con los de otras naciones.

Un informe de la Organización para la Cooperación y el Desarrollo Económico (OCDE) compara los sistemas educativos de más de 30 naciones desarrolladas[10]. De nuevo se reitera que no somos muy excepcionales, salvo por nuestras fallas.

En primer lugar, el informe confirma la idea de que la desigualdad sin límites ha socavado la capacidad de nuestro sistema educativo para poder servir como conductor de una movilidad social ascendente. Según el informe de la OCDE, "la probabilidad de que una persona joven en Estados Unidos entre a la educación superior, si sus padres no tuvieron ningún tipo de educación superior, es solo de 29% – uno de los niveles más bajos entre los países de la OCDE". Cuando se trata de esta clase de movilidad educativa, figuramos antepenúltimo entre los 28 países en la lista.

El informe también refuta la idea actual de que nuestros maestros están infrautilizados y son pagados de más. En realidad, lo que están es demasiado cargados y mal pagados. "Los maestros en Estados Unidos se pasan entre 1050 y 1100 horas enseñando al año —mucho más que en cualquier otro país", según el informe. De los 38 países encuestados, solo dos tenían maestros que trabajaban más horas —Argentina y Chile. Y nuestros maestros de escuela primaria trabajan más horas que sus contrapartes en cualquier otro país encuestado.

Es más, no les pagamos bien a los maestros. El informe dice que, aunque invertimos mucho en la educación en general, "los salarios de los maestros en Estados Unidos figuran muy pobres. Mientras que, en la mayoría de los países de la OCDE, el promedio de los salarios de los maestros suele ser más bajo que los salarios que ganan otros trabajadores con educación superior, la diferencia en Estados Unidos es significativa, especialmente para los maestros con las cualificaciones mínimas".

A pesar de toda la conversación acerca de la educación infantil, nos quedamos atrás en esa categoría también. Cegados por la ideología antigobierno del modelo del clima pro negocio, no nos hemos dado cuenta de que el resto del mundo invierte mucho más en sus jóvenes, especialmente los más jóvenes: "Por lo general, en los países de la OCDE, 84% del estudiantado infantil asiste a programas en escuelas públicas o instituciones

---

10. Organización para la Cooperación y el Desarrollo Económico, "Education at a Glance: OECD Indicators 2012, United States", http://www.oecd.org/united states/CN%20-%20 United%20States.pdf.

privadas que dependen del gobierno", según el informe. Pero en Estados Unidos, solo 55% del estudiantado infantil asiste a programas de escuela pública; y 45% está en programas privados. Es más, en Estados Unidos, la edad típica para comenzar la educación infantil es de cuatro años de edad, mientras que en 21 otros países, los niños ingresan al jardín de infantes a la edad de tres años o menos.

Aún más revelador es que aquí, en Estados Unidos, los maestros de educación infantil suelen tener una capacitación y un salario pobres. Por el contrario, como pone de forma delicada el informe: "Los programas de educación infantil en otros países normalmente los implementa un maestro cualificado y tienen un currículo formal, mientras que, en Estados Unidos, la situación puede variar". En fin, variar y variar.

Entonces, ¿en qué posiciones quedamos?

· Niños de 3 años de edad (en educación infantil): posición 25 de 36 países
· Niños de 4 años de edad (en educación infantil y primaria): posición 28 de 38 países
· Niños de 5 a 14 años de edad (en todos los niveles): posición 29 de 39 países

Y ahora consideremos la educación superior, donde Estados Unidos enfrenta varias dificultades. En primer lugar, obligamos a los estudiantes y a sus familias a pagar más por la educación superior que los estudiantes en cualquier otro país de la OCDE, aunque por lo general el gobierno estadounidense gasta mucho dinero en la educación superior. "En Estados Unidos, 38% de los gastos para la educación superior provienen de fuentes públicas y 62% de fuentes privadas. En todos los países de la OCDE, 70% de los gastos para la educación superior provienen de fuentes públicas y 30% de fuentes privadas". No es sorprendente que Estados Unidos sea el líder mundial en cuanto a la deuda estudiantil.

El alto costo de la universidad podría explicar la razón por la cual Estados Unidos "figura número 14 en el mundo en el porcentaje de personas de 25 a 34 años de edad con educación superior (42%)". El país más rico en el planeta tierra toma una decisión, definitivamente no excepcional, en cuanto a nuestros jóvenes y nuestro futuro.

Nuestra deficiente figuración en cuanto la educación superior representa un cambio marcado: después de la Segunda Guerra Mundial, Estados Unidos tenía un porcentaje más alto de egresados de escuela secundaria que cualquier otro país. Por eso, Estados Unidos aún sigue siendo número uno entre las naciones en el porcentaje de personas de 55 a 64 años de edad que terminaron la secundaria. Nosotros, los de la era de "los boomers" (las personas que nacimos en la explosión de natalidad posterior a la Segunda Guerra Mundial) —por lo menos el 90% de nosotros— terminamos la secundaria, en comparación con el promedio de 65% entre los países de la OCDE.

Esa última estadística sobre "los baby boomers" revela mucho. Muestra un cambio radical que figura como tema consistente en este libro. Por un lado, está la era después de la Segunda Guerra Mundial, cuando Estados Unidos invirtió de manera generosa en el bien común, poniéndole freno a la desigualdad. Por otro lado, está la era después de 1980 de la desigualdad sin límites, cuando empezamos a complacer a nuestras élites más ricas. No es accidental que en las estadísticas educativas exista una división por edad.

Durante la era posterior a la Segunda Guerra Mundial, Estados Unidos invirtió mucho en la educación pública y garantizó la educación superior gratuita a más de 3 millones de veteranos por medio de la Carta de Derechos de los Veteranos de Guerra. Las enormes inversiones ayudaron a que Estados Unidos eclipsara a los rusos después de Sputnik y llegara primero a la luna, ganando así la carrera simbólica de la Guerra Fría. Los altos impuestos para los súper ricos ayudaron a pagar la educación, un sistema nacional de autopistas y grandes presupuestos militares. Los sindicatos, apoyados por el gobierno federal y los tribunales, aumentaron los salarios en todos los sectores tanto para los miembros sindicales como para las personas no sindicalizadas, expandiendo así la clase media. Y el creciente movimiento por los derechos civiles ayudó a abrir la promesa de Estados Unidos para los afroamericanos. Estados Unidos tenía entonces la distribución de ingresos más justa de nuestra historia.

Pero después llegó la desigualdad sin límites.

Los derechos laborales

El modelo del clima pro negocio argumenta que los negocios necesitan una máxima "flexibilidad laboral". Las restricciones legales a las relaciones entre empleador y empleado son un impedimento para los negocios. Mientras haya más flexibilidad, habrá más eficiencia económica y más crecimiento económico. Supuestamente, ese crecimiento significa que el pastel es más grande y todo el mundo recibe una porción más grande. Claro que ya sabemos que esa última parte no ha ocurrido como tal.

Por lo tanto, restringir los derechos laborales es un ingrediente clave de la desigualdad sin límites. Y, ¿cómo nos va con eso?

La Organización para la Cooperación y el Desarrollo Económico califica a 43 países según lo bien que cada gobierno protege a los trabajadores. Para hacerlo, la OCDE considera 21 medidas, incluso las leyes de cada país que gobiernan los despidos injustos, las protecciones durante despidos masivos, el uso y el abuso de trabajadores temporales, y si los trabajadores reciben indemnización por despido o cesantía según la antigüedad. Luego, la OCDE califica a los países en una escala de cero a seis: seis es para los que proveen la mayor cantidad de protecciones legales para los trabajadores, y cero es para los que tienen la menor cantidad. La Tabla 6.5 revela que somos el penúltimo en esta lista, lo cual significa que estamos entre los que tienen la menor cantidad de regulaciones para proteger a los empleados, incluyendo a trabajadores sindicalizados, trabajadores no sindicalizados, gerentes, trabajadores a tiempo completo y trabajadores a tiempo parcial.

Tabla 6.5: La OCDE califica países según el grado de protección a empleados (0 es la calificación más baja)

Turquía	3,19	Islandia	2,32
Luxemburgo	3,18	Brasil	2,29
Bélgica	3,14	Hungría	2,29
Francia	3,14	Dinamarca	2,27
Argentina	3,06	India	2,27
Italia	2,92	Corea	2,22
China	2,85	Suecia	2,18
México	2,80	Suiza	2,15
Alemania	2,77	Irlanda	2,07
Letonia	2,75	Japón	2,05
Eslovenia	2,73	Rusia	2,02
Grecia	2,66	Finlandia	2,01
España	2,63	Israel	2,01
Noruega	2,61	Australia	1,86
Países Bajos	2,53	Chile	1,69
Indonesia	2,51	Sudáfrica	1,63
Austria	2,49	Arabia Saudita	1,55
Portugal	2,48	Reino Unido	1,54
Eslovaquia	2,46	Canadá	1,40
Polonia	2,45	**Estados Unidos**	**1,22**
República Checa	2,45	Nueva Zelandia	0,83
Estonia	2,43		

Fuente: Cálculos del autor basados en datos de la Organización para la Cooperación y el Desarrollo Económico, "OECD Indicators of Employment Protection", http://www.oecd.org/employment/emp/oecdindicatorsofemploymentprotection.htm#data.

El medio ambiente

Al modelo del clima pro negocio tampoco le gustan las regulaciones estrictas con respecto al medio ambiente. Y, bajo el modelo, no tenemos de todas maneras el dinero para aplicar las regulaciones ambientales, o para invertir en otras metas ambientales. No con nuestros ingresos tributarios reducidos.

Tabla 6.6: El índice de desempeño ambiental de Yale, 2016

Finlandia	90,68	Suiza	86,93
Islandia	90,51	Noruega	86,9
Suecia	90,43	Austria	86,64
Dinamarca	89,21	Irlanda	86,60
Eslovenia	88,98	Luxemburgo	86,68
España	88,91	Grecia	85,81
Portugal	88,63	Letonia	85,71
Estonia	88,59	Lituania	85,49
Malta	88,48	Eslovaquia	85,42
Francia	88,2	Canadá	85,06
Nueva Zelanda	88,0	**Estados Unidos**	**84,72**
Reino Unido	87,38	República Checa	84,67
Australia	87,22	Hungría	84,60
Singapur	87,04	Italia	84,48
Croacia	86,98		

Fuente: Yale Environmental Performance Index, 2016, http://epi.yale.edu/country-rankings.

Entonces anticiparíamos que Estados Unidos no figuraría bien en cuanto el bienestar ambiental.

La calificación más abarcadora de naciones en esta área proviene del índice de desempeño ambiental de la Universidad de Yale, el cual mira una variedad de indicadores de salud ambiental y pública, así como de vitalidad del ecosistema.

Y, como nos lo supusimos, nos encontramos casi al final de la lista (ver la Tabla 6.6).

La pobreza infantil

Nada refleja mejor los valores de un país que la manera en la que trata a sus niños. Y nada es más doloroso e imperdonable que tener niños viviendo en la pobreza.

Los países del norte de Europa —Islandia, Finlandia, Holanda, Noruega, Dinamarca y Suecia— casi han erradicado la pobreza infantil. Como vimos en el último capítulo, estos también son los países con los más bajos niveles de desigualdad. Estos países han decidido conscientemente tener menos desigualdad y menos pobreza infantil.

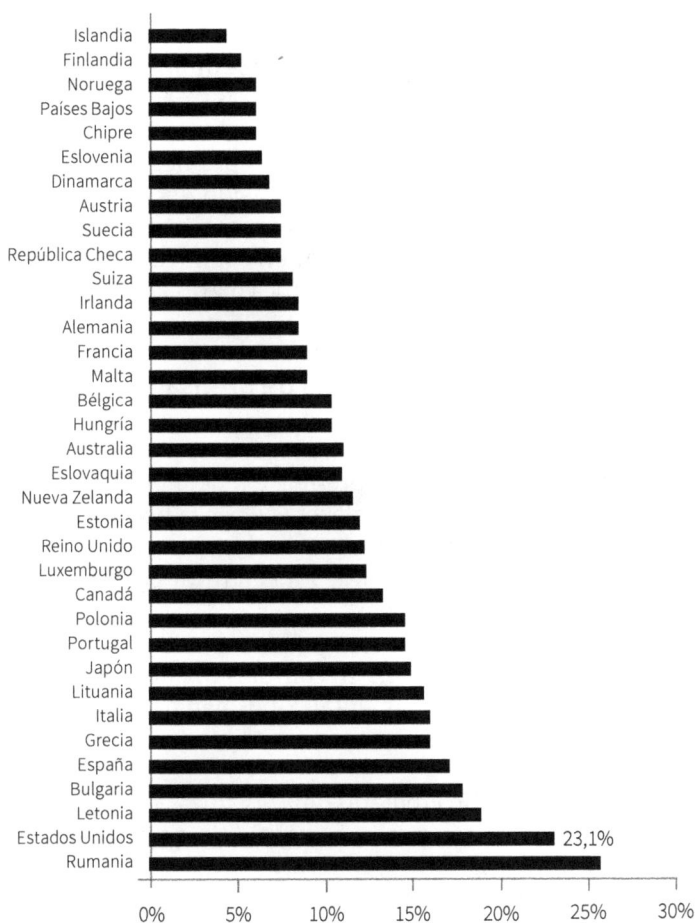

Gráfica 6.2: Porcentaje de niños que viven en la pobreza relativa*
Fuente: UNICEF Innocenti Research Centre, Measuring Child Poverty,
2012, http://www.oecd.org/employment/emp/oecdindicatorsofemploy-
mentprotection.htm#data.

*Los datos son para niños menores de 18 años de edad que viven en hogares
con ingresos por debajo del 50% del ingreso mediano de los hogares del país.

Pero en un país como el nuestro, que está comprometido con la desigualdad sin límites, la pobreza infantil se convierte en la responsabilidad de los pobres. En otras palabras, si sus niños son pobres, es culpa suya. No espere que la sociedad los alimente.

Al adoptar el modelo del clima pro negocio y promover la desigualdad sin límites, hemos sido decisivos en cuanto a nuestros niños, y es notable en nuestra lamentable calificación. Casi ocupamos el primer lugar en cuanto a la pobreza infantil en un país avanzado (ver la Gráfica 6.2).

Libertad de prensa

El Congreso no legislará respecto al establecimiento de una religión o a la prohibición del libre ejercicio de la misma; ni le impondrá obstáculos a la libertad de expresión o de la prensa; ni coartará el derecho del pueblo a reunirse pacíficamente y a acudir al gobierno para la reparación de agravios.

Somos el primer país en consagrar la libertad de prensa en nuestra ley más fundamental. Y nos han halagado en el mundo entero por nuestra prensa, que es libre y abierta. Excepto hoy en día.

Reporteros Sin Fronteras, una organización internacional que protege a los periodistas, ha calificado a 170 países según sus libertad de prensa desde 2002, utilizando los siguientes criterios: el pluralismo (opiniones diferentes), la independencia mediática, el ambiente y la autocensura, el marco legislativo (impacto del marco legislativo en actividades noticieras e informativas), la transparencia, la infraestructura (apoyo para la producción de noticias) y los abusos (violencia y acoso de los medios)[11].

Es posible que nuestra imagen propia con respecto a la libertad de prensa necesite un poco de modificación. En 2015, Estados Unidos figuró número 41[12]. Es interesante que

---

11. Reporteros Sin Fronteras, 2016 World Press Freedom Index: Detailed Methodology", https://rsf.org/en/detailed-methodology.
12. Reporteros Sin Fronteras, 2016 World Press Freedom Index: Detailed Methodology", https://rsf.org/en/ranking_table.

los primeros cuatro países en cuanto a la libertad de prensa (Finlandia, Holanda, Noruega y Dinamarca) también tienen la menor diferencia entre los ricos y los pobres.

Para explicar las bajas calificaciones del año anterior, cuando Estados Unidos figuró número 49 en general, Reporteros Sin Fronteras citó la persecución a manos del gobierno estadounidense del reportero del New York Times Jim Risen (por rehusarse a nombrar sus fuentes para un libro sobre la CIA), las acciones agresivas de Estados Unidos contra WikiLeaks y los arrestos de los periodistas que cubrieron las protestas en Ferguson, Missouri (incluyendo a Ryan Devereaux de The Intercept, quien fue expuesto a gas lacrimógeno y sufrió el disparo de una bala de goma antes de su arresto)[13].

Penetrar el velo de la desigualdad sin límites

Hace una generación, Estados Unidos estuvo en el primer lugar del mundo por su alto estándar de vida y sus excelentes sistemas de educación y salud. Luego, lo tiramos todo por la borda en nombre de la desregulación, los recortes de impuestos y la búsqueda salvaje de ganancias. Nos olvidamos rápidamente de las lecciones de la Gran Depresión, así como también nos olvidamos del sentido de colectividad que desarrollamos durante la Segunda Guerra Mundial. Más bien, lo que hicimos fue seguir el modelo del clima pro negocio y desregular a los ricos, desatando así la desigualdad sin límites.

Como resultado, los ricos no tienen experiencia con las estadísticas y las clasificaciones que acabamos de repasar. Sus hijos reciben mucha educación infantil de alta calidad. Nunca les faltará comida, ropa o vivienda. No asisten a escuelas en la precariedad. No se recargan con deudas para asistir a la universidad. Reciben la mejor atención médica del mundo y tienen todos los derechos laborales y las vacaciones que desean.

---

13. Glenn Greenwald, "U.S. Drops to 49th in World Press Freedom Rankings, Worst Since Obama Became President", *The Intercept*, 12 de febrero de 2015, https://first look.org/theintercept/2015/02/12/u-s-drops-49th-world-press-freedom-rankings-second-lowest-ever/.

Francamente, les importan poco las clasificaciones internacionales, aunque quizás preferirían que no nos enfocáramos en ellas. Les gustaría que nos tragáramos el mito del excepcionalismo estadounidense, aún cuando los hechos muestren lo excepcionalmente malos que somos a la hora de asegurar el bienestar de nuestra gente.

En el próximo capítulo revisaremos algo más que los ultra ricos quizás preferirían que no examináramos muy de cerca: cómo la evasión de impuestos les facilita la buena fortuna.

Preguntas de discusión

1. Si usted fuera a elegir un indicador para comparar a Estados Unidos con otros países, ¿cuál sería? (¿La longevidad? ¿La felicidad? ¿La desigualdad?, etc.)

2. De las comparaciones que cubrimos en este capítulo, ¿cuál fue la más inesperada o asombrosa para usted? ¿Por qué?

3. ¿Por qué piensa usted que nos hemos quedado atrás en tiempo libre del trabajo?

4. ¿Piensa usted que sería útil para la organización del pueblo estadounidense saber cómo figuramos en comparación con otros países? ¿Por qué sí o por qué no

Tercera Parte
Asuntos separados, una causa común

Capítulo 7

Los impuestos descontrolados y una desigualdad sin límite

Estados Unidos es el país con la mayor desigualdad entre los países desarrollados. También pagamos los impuestos más bajos de los países desarrollados (ver Gráfica 7.1). ¿Están relacionadas estas dos cosas?

Recordemos que, en la década de 1970, después de los boicots de petróleo, de la tasa alta de desempleo y la todavía más alta tasa de inflación, la clase dirigente buscaba con ansias un nuevo plan que pudiera regresarnos a la prosperidad.

Apareció el modelo del clima pro negocio, que promete la salvación con una simple fórmula:

1. Recortar impuestos a las corporaciones y las personas súper ricas
2. Reducir las regulaciones, sobre todo en Wall Street
3. Recortar los servicios sociales del gobierno

La idea era animar a la gente rica a invertir, lo cual generaría más empleos y aumentaría los salarios para todo el mundo. Resultaría en un auge económico masivo que levantaría todos los barcos.

Pero, como aprendimos dolorosamente, los recortes de impuestos y el desencadenamiento de Wall Street resultó en yates de lujo para unos pocos y en botecitos que hacen agua para todos los demás.

El ilusionismo de los recortes de impuestos

Los recortes de impuestos que introdujo el modelo pro
negocio a principios de la década de 1980 cambiaron nuestra
percepción del gobierno y cómo pensamos los impuestos. Como
a nadie le gusta pagar impuestos, a muchos nos sedujo la idea
de que los recortes de impuestos pudieran ser realmente buenos
para la economía.

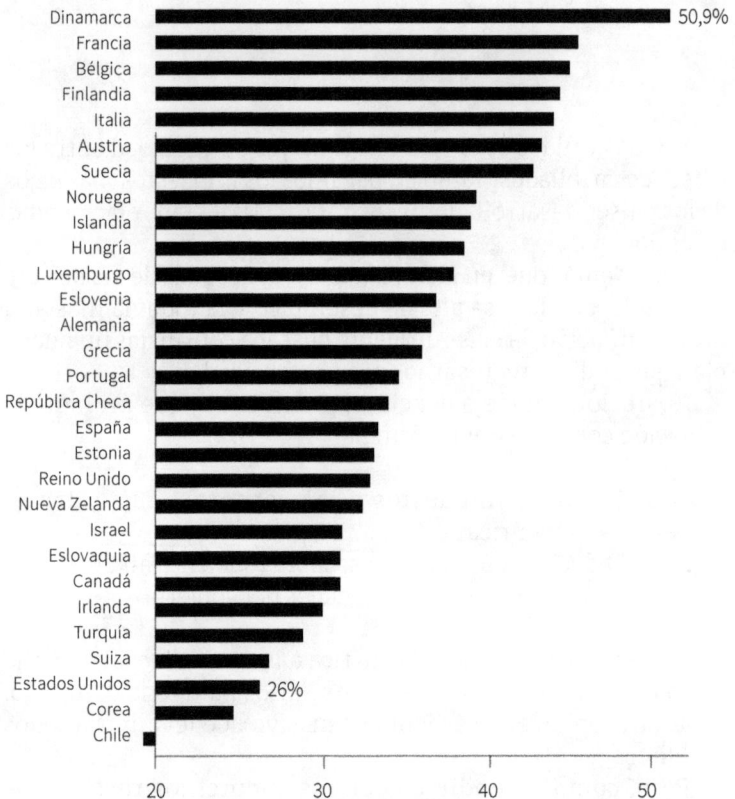

Gráfica 7.1: Los impuestos como porcentaje del PIB por país, 2014
Fuente: Organización para la Cooperación y el Desarrollo Económicos,
"Ingresos tributarios totales por país" ("Total Tax Revenue by Country")
http://www.oecd.org/tax/tax-policy/table-a.

Es fácil olvidar que, antes de que el modelo del clima pro negocio hiciera recortes tan drásticos, teníamos un nivel de consenso nacional según el cual la gente súper rica y las corporaciones debían cargar con una parte desproporcionada del cargo tributario. Por lo general, se entendía que, si la gente rica tenía demasiado dinero, acabarían apostándolo todo en Wall Street, creando burbujas que nos pondrían a todos en riesgo de un derrumbe de la bolsa de valores, como el que causó la Gran Depresión.

Usamos el dinero de los impuestos de los ricos para luchar la Segunda Guerra Mundial y la Guerra Fría, y para construir el "Sueño Americano". Con los impuestos de las corporaciones más grandes y de los estadounidenses más ricos, pagamos por un nuevo sistema nacional de carreteras, una educación superior pública casi gratuita, vivienda asequible, Y TAMBIÉN financiamos la infraestructura militar más grande de la historia del mundo... Todo esto creó trabajos y resultó en lo que los economistas llaman "pleno empleo".

La sombra que arrojaron la Gran Depresión y una guerra mundial monumental enfrió mucho los ánimos y dejó a casi todo Estados Unidos con deseos de estabilidad económica, aunque esto significara altos impuestos. Nunca más permitiríamos el desempleo masivo. Nunca más permitiríamos que la especulación financiera obscena e ilegal derribara la economía (o al menos eso pensábamos).

Nuestra mentalidad nacional a favor de recaudar impuestos de los ricos estaba tan aceptada que tanto las administraciones demócratas como las republicanas, de Roosevelt a Nixon, apoyaron los impuestos altos a la gente rica.

Por ejemplo, durante la Segunda Guerra Mundial, todos los ingresos de más de $2,6 millones (valor en dólares actuales) se tasaban al 94% (por lo menos oficialmente). Piénselo bien. Básicamente, le estábamos poniendo un límite a la compensación de la élite y, una vez los ejecutivos de Wall Street alcanzaban ingresos de $2,6 millones, solo se quedaban con 6 centavos de cada dólar por encima de ese límite.

En 1956, durante la presidencia de Eisenhower, que se consideraba conservadora para esos tiempos, la tasa tributaria seguía siendo del 91% sobre todos los ingresos por encima de $3,4 millones. En 1976, 70 centavos de cada dólar de ingresos por encima de $807.000 se destinaban a impuestos federales sobre la renta.

Claro que, tras desgravaciones y lagunas fiscales, las tasas de impuestos de los súper ricos eran más bajas en realidad. Pero, como vimos en la Gráfica 3.1, las tasas promedio reales de los súper ricos (el 1/100 del 1%) seguían estando muy por encima de las de hoy día. La caída de los impuestos a los súper ricos fue extremadamente abrupta a partir de 1980, cuando entró en efecto el modelo del clima pro negocio.

Al mismo tiempo, Estados Unidos recortaba los impuestos a las corporaciones. Esto tuvo un impacto marcado en las finanzas estatales y locales. Como muestra la Gráfica 7.2, los impuestos corporativos como porcentaje de recaudaciones estatales y locales se redujeron casi a la mitad a medida que las políticas del clima pro negocio entraron en efecto en la década de 1980.

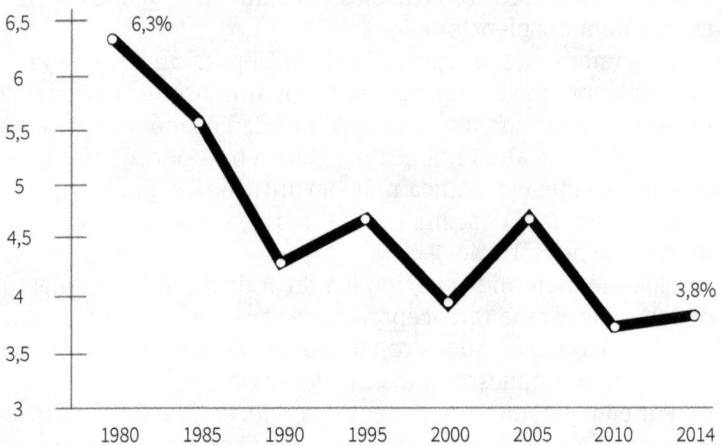

Gráfica 7.2: Impuestos corporativos como porcentaje de recaudaciones estatales y locales
Fuente: Bureau of Economic Affairs, National Income and Product Accounts, Tabla 3.3, "State and Local Government Current Receipts and

Expenditures", http://www.bea.gov/iTable/iTable.cfm?ReqID=9&step=1#reqid=9&step=3&i-suri=1&904=1945&903=88&906 =a&905=2014&910=x&911=0.

En resumen, en el cuarto de siglo que siguió a la Segunda Guerra Mundial, tuvimos un consenso nacional de que las altas tasas de impuestos eran tanto necesarias como apropiadas. Compartíamos un sentido de la justicia: para promover el bien general, teníamos que poner un límite a lo que los ricos podían ganar.

Hoy día, a algunas élites les parece bien que la gente rica manipule el código fiscal para poder pagar tasas menores a las que pagamos los demás. En aquellos días de la posguerra, eso habría sido impensable y repugnante. Y una estupidez absoluta, ya que la desigualdad sin límites acaba en la calamidad.

Actualmente, el promedio de la tasa efectiva de impuestos es de un 20% (e incluso esa tasa solo le aplica al dinero que la gente rica no haya escondido en el extranjero). Para muchos de los súper ricos, la tasa es mucho menor. De hecho, un estudio del Servicio de Rentas Internas (IRS, por sus siglas en inglés) descubrió que hay casi 1.500 millonarios que no pagaron nada de impuestos en 2009[1].

La espiral descendiente de los recortes de impuestos y servicios públicos

Estados Unidos alcanzó su auge de justicia en ese período de la posguerra de altas tasas de impuestos, como demuestran Thomas Piketty, et al. en sus excelentes gráficas sobre la distribución de riquezas e ingresos en Estados Unidos[2]. Sí, aun así había muchas personas ricas y vivían muy bien. Pero la mayoría de los estadounidenses gozaban de mejoras año tras año en su nivel de vida.

---

1. Amy Bingham, "Almost 1,500 Millionaires Do Not Pay Income Tax", ABC News, Agosto 6, 2011, http://abcnews.go.com/Politics/1500-millionaires-pay-income-tax/story?id=14242254.
2. Facundo Alvaredo, et al., "The World Top Incomes Database", http://topincomes.parisschoolofeconomics.eu/.

Sin embargo, en cuanto disminuyeron las tasas de impuestos de los súper ricos y las corporaciones, aumentó de nuevo la desigualdad.

La desigualdad sin límites y la democracia en fuga

Todos los países tienen largas y sórdidas historias de cómo el dinero compra el poder político. Pero, al aumentar la desigualdad, se crea una espiral de corrupción que pone en peligro a la democracia en sí.

Muchos de nosotros sabemos por intuición cómo las élites convierten su riqueza creciente en poder político, que a su vez les procura más descuentos fiscales, más dinero y todavía más poder político.

A medida que los recortes de impuestos relacionados con el modelo del clima pro negocio empezaron a apilar más dinero en las cuentas bancarias de los extremadamente ricos, ambos partidos políticos vieron una oportunidad para recaudar fondos. Por eso tenemos ahora las "primarias del dinero", el período antes de las elecciones primarias reales, en el que los candidatos políticos andan corriendo para recaudar contribuciones de los súper ricos. Hoy día, aceptamos que esta descarada manera de perseguir el dinero sea el curso normal de la política.

Las primarias del dinero pueden determinar quién gana una elección. Pero no es este el único resultado de este proceso corrupto: estamos permitiendo que los ricos compren a los políticos con el dinero que deberían haber contribuido en impuestos, impuestos que necesitamos para apoyar servicios públicos esenciales (Ver una discusión más a fondo en el Capítulo 14).

La suma cero de los impuestos

Cuando pocos pueden comprar el poder político, el resultado es más dificultades para muchos. Según la proporción de recaudaciones de impuestos federales que venían de corporaciones, que disminuyó de 32% en 1952 a solo 9% en 2013, los contribuyentes individuales tuvieron que cubrir la diferencia. Los súper ricos hicieron todo lo posible para evitar tener que pagar esa cuenta, dejándosela por pagar a la gente trabajadora.

Una manera subversiva en la que las corporaciones y las personas ricas han reducido su proporción de la carga fiscal ha sido moviendo su dinero al extranjero. Esta práctica, que hubiese estado mal vista después de la Segunda Guerra Mundial, es común en el presente. Las grandes corporaciones simplemente mantienen sus beneficios mundiales en filiales extranjeras. Puede ser tan simple como cambiar de cuentas en un banco de Wall Street. Como indica la Gráfica 7.3, esta práctica está creciendo con rapidez.

No cabe duda de que los defensores del modelo del clima pro negocio quisieran hacernos creer que recortarles impuestos a los ricos nos beneficia a los demás. Pero, por desgracia, no es así: cuanto menos pagan los ricos, más aumenta la carga de impuestos para las personas trabajadoras.

Claro, la gente trabajadora no quiere pagar impuestos más altos, especialmente durante un período de salarios estancados y de beneficios decrecientes. Así caen en los engaños de políticos que dicen que no hay recursos para servicios públicos. Los primeros que caen bajo el hacha son los servicios para las personas pobres, pero esa hacha nos ataca a todos a medida que desaparecen los empleos del sector público y se deterioran los servicios. Así funciona la espiral:

· Cuando las personas sienten que están recibiendo cada vez menos rendimiento por sus impuestos (cosa que es cierta, ya que los ricos y las corporaciones no están pagando lo que les corresponde), se vuelven más y más en contra del gobierno.

· Cuando la gente sufre por el empeoramiento de servicios, sucumbe a las demandas de nuevos recortes de impuestos, que a su vez socavan más los servicios públicos.

· Cuando las personas que trabajan en el sector privado ven que sus salarios quedan estancados y sus beneficios se deterioran, a veces se vuelven en contra de las que trabajan en el sector público, a quienes parece que les va mejor.

· Acto seguido, las corporaciones se lanzan a privatizar los servicios públicos. Muy a menudo estos servicios

$2.1

$1.4

$1.1

$0.6

| 2006 | 2008 | 2010 | 2013 |

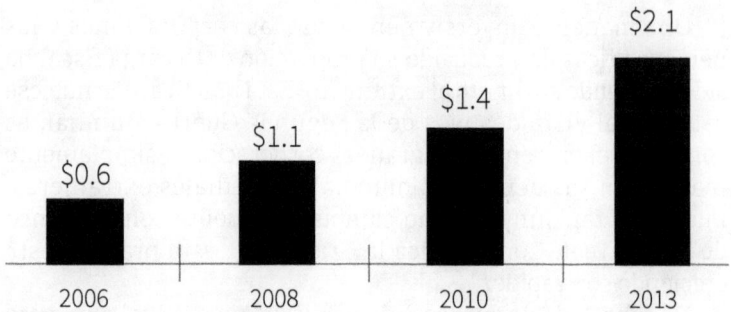

privatizados nos cuestan más, pero brindan peores servicios.

Gráfica 7.3: Ganancias estadounidenses protegidas en paraísos fiscales (en miles de millones de dólares estadounidenses)
Fuentes: Tim Dickinson, "The Biggest Tax Scam Ever", *Rolling Stone*, 27 de agosto de 2014, http://www.rollingstone.com/politics/news/ the-biggest-tax-scam-ever-20140827; y Audit Analytics, blog, http://www.auditanalytics.com/blog/overseas-earnings-of-russell-1000-tops-2-trillion-in-2013/#.U0b0Psfn1T4.

El resultado neto son cantidades de dinero cada vez mayores para las personas de arriba y servicios cada vez peores para las demás.

El agujero negro de los dólares de impuestos fugados

Tal vez el peor delito fiscal contra la gente trabajadora en Estados Unidos es el que comete la gente rica que mantiene sus riquezas en el extranjero. Ahora se considera una práctica normal que la gente agarre el dinero que gana en Estados Unidos y lo esconda en otro país donde el IRS no lo pueda alcanzar. Las cifras, recopiladas por la Red de Justicia Fiscal, son devastadoras:

Una fracción importante de la riqueza financiera privada fue invertida —según nuestros cálculos, desde el año 2010 de al menos entre $21 billones y $32 billones— virtualmente libre de impuestos por medio del agujero negro mundial, aún en proceso de expansión, de más de 80 "paraísos" en jurisdicciones donde se aplica el secreto bancario. Estimamos que estas cantidades son conservadoras...[3]

No sabemos con precisión qué proporción de esta riqueza global protegida pertenece a estadounidenses. Pero podemos presumir que la mayoría es de Estados Unidos, porque tenemos casi la mitad de los individuos con patrimonio neto extremadamente alto (UHNW, por sus siglas en inglés), personas con bienes de más de $50 millones.

Es todavía más repugnante que nosotros, las personas que cotizamos impuestos, estemos ayudando a estas personas UHNW a esconder su dinero. Según la Red de Justicia Fiscal, "los 10 actores principales en las operaciones bancarias privadas globales... recibieron todos inyecciones sustantivas de préstamos y capital estatales durante el período de 2008-2012. En efecto, los cotizantes comunes han estado subvencionando a los bancos más grandes del mundo para mantenerlos a flote, a la vez que los bancos ayudan a sus clientes a recortar impuestos" al ayudarles a esconder su dinero en paraísos fiscales. Y, es más, dice la Red de Justicia Fiscal:

Muchos de estos líderes del mercado de piratería banquera global —la práctica de esconder y manejar activos en paraísos fiscales para la élite mundial— también han sido identificados recientemente como líderes en mercados de otras actividades cuestionables, desde el prestamismo hipotecario irresponsable y la titularización de alto riesgo que produjo la crisis financiera de 2008, hasta los vergonzosos escándalos más

3. James S. Henry, "The Price of Offshore Revisited", Red de Justicia Fiscal, julio de 2012, http://www.taxjustice.net/cms/upload/pdf/Price_of_Offshore_Revisited_120722.pdf.
4. Ibid.

recientes relacionados con la manipulación de tasas LIBOR y el lavado de dinero del cartel mexicano.[4]

El Grupo de Investigación por el Interés Público de Estados Unidos (PIRG, por sus siglas en inglés) reporta que estamos perdiendo unos $184 mil millones al año debido a la evasión de impuestos al extranjero de corporaciones e individuos[5]. Esto es suficiente dinero para cubrir los costos de matrícula de todos los estudiantes en universidades públicas y colegios comunitarios en todo el país.

¿La laguna fiscal más indignante del mundo?

Bajo las condiciones de la desigualdad sin límites, los más ricos de los ricos se sirven de lagunas fiscales y cuentan con todo el dinero y poder necesarios para prevenir que los políticos cierren esos huecos. El ejemplo más indignante es la trampa del "interés devengado". Esto permite que los fondos de cobertura billonarios y los gerentes de capital privado puedan evitar pagar miles de millones en impuestos, al permitirles declarar sus ingresos comunes como si fueran ganancias de capital (cap gains). De este modo, rebajan su tasa del 39,6% al 20%. Estamos hablando de grandes sumas de dinero.

Funciona así, los 25 gerentes de fondos de cobertura más grandes de 2013 tuvieron un ingreso colectivo de $24,3 mil millones de dólares. Por favor, tenga en cuenta que esto significa que estas personas reciben un promedio de $467.000 por hora. ¡Ganan tanto en una hora como lo que una persona típica en Estados Unidos gana en nueve años!

La laguna fiscal del interés devengado les reduce sus impuestos anuales por unos $4,8 mil millones. Eso sería suficiente dinero como para contratar a 175.000 maestros de preescolar o 76.000 enfermeros. Pero, tal como es, acaba en los bolsillos

---

5. Grupo de Investigación por el Interés Público de EE.UU., "Offshore Tax Havens Cost Average Taxpayer $1,259 a Year, Small Businesses $3,923", comunicado de prensa, 15 de abril de 2014, http://www.uspirg.org/news/usp/offshore-tax-ha-vens-cost-average-taxpayer-1259 -year-small-businesses-3923.

de tan solo 25 multimillonarios, sin razón alguna, menos esta: piensan que se lo merecen. Si se eliminara esta laguna, no habría ningún efecto ni en la economía ni en estos individuos súper ricos. Entre 2008 y 2010, cuando los demócratas controlaban el Congreso y la Casa Blanca, se negaron a eliminar esta laguna. Por supuesto que los republicanos también se negaron a tocarla. Es lógico: ambos partidos compiten por las donaciones de los multimillonarios que protegen.

La hipocresía fiscal o el modelo del clima pro negocio

Recuerde que la idea fundamental del modelo del clima pro negocio era retirar al gobierno de la economía, reducir sus gastos y recortar impuestos. Pero, bajo este modelo, las empresas quieren más ayuda del gobierno. Así que comenzaron a exigir incentivos para construir nuevas instalaciones. Si un estado o una localidad se negaba a entregarles los incentivos fiscales, las subvenciones y los fondos del gobierno que deseaban las empresas, amenazaban con irse a otro estado o país. Esto resultó pronto en una "guerra entre los estados" para ver cuál estado ofrecía los mayores beneficios fiscales.

Como resultado, los estados proveen cantidades exorbitantes de fondos en regalos fiscales para las corporaciones —mucho más de lo que dedican a pensiones públicas, según los datos publicados por Good Jobs First en 2014. La Tabla 7.1 compara la cantidad de dinero que ciertos estados gastan en exenciones fiscales corporativas con el valor total de las pensiones públicas en esos estados. Es una comparación esclarecedora, ya que los estados dan su falta de recursos como excusa a la hora de recortar las pensiones para empleados públicos. Está claro que es cuestión de prioridades, ya que estos gobiernos estatales gastan entre 110% y 520% más en regalos fiscales a corporaciones que en pensiones para empleados públicos.

Tabla 7.1: Exenciones fiscales/subsidios estatales mucho más costosos que las pensiones públicas estatales

	Costos normales anuales del empleador para pensiones	Costos anuales de subsidios corporativos/ exenciones/ lagunas	Regalos fiscales como porcentaje de pensiones públicas
Arizona	$474.524.688	$522.108.211	110%
California	$6.822.294.460	$9.701.00.000	142%
Colorado	$179.560.282	$593.109.000	330%
Florida	$905.581.094	$3.810.902.291	421%
Illinois	$1.855.100.000	$2.400.796.000	129%
Luisiana	$348.471.694	$1.813.729.079	520%
Michigan	$586.592.328	$1.860.600.000	317%
Missouri	$427.300.226	$840.231.523	197%
Oklahoma	$221.501.696	$479.033.081	216%
Pensilvania	$1.395.509.900	$3.888.000.000	279%

Fuente: Good Jobs First, "Putting State Pension Costs in Context", enero de 2014, http://www.taxjustice.net/cms/upload/pdf/Price_of_Offshore_Revisited_120722.pdf.

Los pobres pagan más que los ricos en impuestos estatales y locales

Los impuestos progresivos significan que la gente rica paga un porcentaje más alto de sus ingresos que la gente pobre. Así fue la política fiscal estadounidense desde el New Deal hasta alrededor de 1980. Un impuesto regresivo significa que la gente pobre paga un porcentaje más alto de sus ingresos que la gente rica. Entonces, ¿qué tipo de sistema fiscal es el que tenemos hoy día a nivel estatal y local?

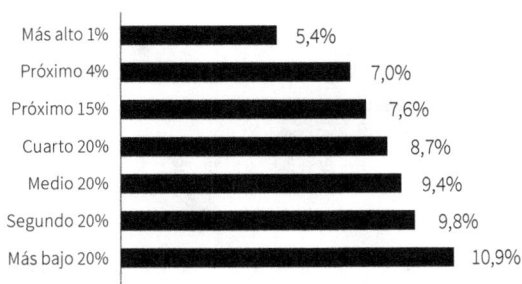

Más alto 1%	5,4%
Próximo 4%	7,0%
Próximo 15%	7,6%
Cuarto 20%	8,7%
Medio 20%	9,4%
Segundo 20%	9,8%
Más bajo 20%	10,9%

Según un informe de enero de 2015, realizado por el Instituto de Impuestos y Políticas Económicas (ITEP, por sus siglas en inglés), la gente

pobre paga aproximadamente una tasa de impuestos del doble de la que paga la gente súper rica (ver Gráfica 7.4). Esto significa que las políticas fiscales estatales y locales en efecto están acelerando la desigualdad sin límites. No es tan sorprendente, dada la influencia que la gente súper rica ejerce en el proceso político.

Tabla 7.4: Los ricos pagan tasas más bajas de impuestos estatales
Fuente: Instituto de Impuestos y Políticas Económicas, Who Pays: A Distributional Analysis of the Tax Sistemas in All Fifty States, 2015, http://www.itep.org/whopays/executive_summary.php.

El impacto en los servicios públicos

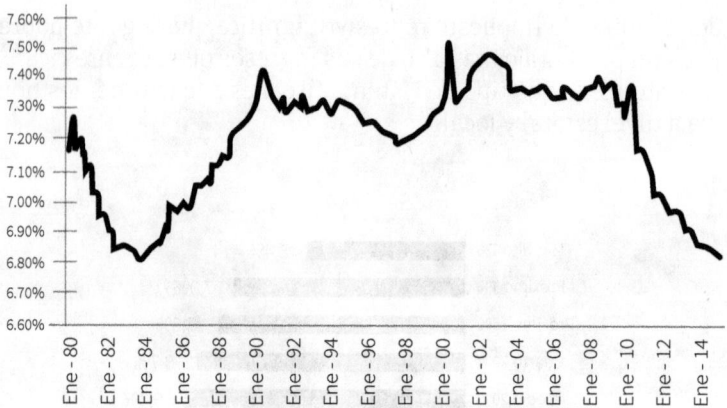

A medida que la gente rica y las grandes corporaciones contribuyen cada vez menos a la carga tributaria, disminuyen los servicios del gobierno y contamos con menos empleados públicos que puedan proveer estos servicios necesarios. La

Tabla 7.5 muestra la disminución drástica de empleados públicos como proporción de la población total. Tome nota de cómo la proporción de empleados públicos (incluido el personal militar) disminuyó al establecerse el modelo del clima pro negocio a principios de la década de 1980 y volvió a caer tras el derrumbe de Wall Street.

Gráfica 7.5: Los empleos públicos como porcentaje de la población de EE.UU.*
Fuente: Cálculos del autor basados en la Oficina de Estadísticas Laborales, Empleo, Horas e Ingresos de la Encuesta de estadísticas actuales de empleo, http://data.bls.gov/pdq/querytool. jsp?survey=ce.

Sin representación no hay cotización:
¿Potencial revolucionario?

Nuestro sistema fiscal está hecho un gran lío. La desigualdad sin límites le negará al gobierno el sustento de fondos a medida que la carga tributaria siga o a candidatos que apoyaran políticas

---

*Población civil, no institucional

de impuestos más justas. Pero eso no es tan fácil en una era en la que los ricos dominan demasiado el proceso político.

Los servicios públicos en deterioro, la evasión de impuestos por los ricos, y los funcionarios electos que no responden al público forman una mezcla combustible. Pero no queda muy claro qué tipo de explosión podría resultar de todo esto. Esperemos que logremos crear un nuevo movimiento que reemplace completamente el modelo del clima pro negocio y pueda domesticar la desigualdad sin límites. Si no, es probable que la desigualdad siga aumentando por ahora, mientras los apretados cotizantes de impuestos piden recortes fiscales todavía más profundos.

Preguntas de discusión

1. ¿Usted cree que recortar impuestos mejora nuestro nivel de vida? ¿Por qué sí o por qué no?

2. ¿Usted cree que el sistema de impuestos es justo? ¿Por qué sí o por qué no?

3. ¿Por qué tenemos las tasas de impuestos más bajas de todos los países desarrollados?

4. ¿Qué métodos usan los ricos para evadir impuestos?

Capítulo 8

Cómo Wall Street ocupa Estados Unidos: La deuda creciente y la desigualdad sin imites

La deuda creciente y la desigualdad sin límites van de la mano. Eso sucede porque la deuda, con intereses de tipo compuesto, puede transferir enormes sumas de dinero del prestatario al prestamista, dándole un poder enorme al prestamista.

Acepte un pequeño préstamo hoy y, con el tiempo, podría acabar en la pobreza. Para tener una idea de cómo se acumula la deuda, imagínese que usted haya pedido prestado tan solo 5 centavos a 5% de interés cuando nació Cristo. Actualmente debería la bonita suma de $225.438.991.066.856.000.000.000.000.000.000.000.000; más dinero del que jamás haya existido en la historia del mundo. Es decir que los acreedores —como los grandes empresarios financieros— tienen un gran poder económico.

En nuestra sociedad, les hemos dado ese poder a las corporaciones financieras privadas, las cuales han hecho un trabajo magistral de obligarnos a aceptar situaciones de peonaje por deudas. Nuestros hogares, escuelas, calles, puentes, carreteras, servicios básicos de suministro, corporaciones y prácticamente todos los productos y bienes que se producen y venden, dependen de la deuda. Según algunas de las estimaciones disponibles, puede ser que hasta 30 centavos de cada dólar que gastamos se destine a cubrir el interés de la deuda acumulada para producir lo que compramos. Por ejemplo, de los $6,5 billones de ingresos que las empresas privadas ganaron en 2012, 36,8% se destinó a pagar intereses[1].

Como nuestro sistema bancario está en manos privadas, cada aumento de la deuda acelera la desigualdad sin límites. Así que una medida clave para controlar la desigualdad sin límites es controlar las altas finanzas.

Pero, por el contrario, lo que nuestra sociedad hizo fue aflojar las riendas. Durante casi medio siglo, desde el New Deal y la década de 1970, cuando Wall Street estaba bajo un control estricto, los niveles de deuda de consumidores, compañías y gobierno se mantuvieron bajos. Tras la desregulación financiera (alrededor de 1980), las deudas privada y pública estallaron y, como ya vimos, los sueldos se estancaron, los impuestos a los ricos disminuyeron y la desigualdad se disparó.

El financierismo transforma la corporación moderna

Hasta alrededor de 1980, las corporaciones contraían muy pocas deudas (ver Gráfica 8.1). Sus ganancias eran más que suficientes para cubrir sus inversiones en equipo e instalaciones nuevas, investigación y desarrollo, aumentos de salarios y beneficios para sus empleados. Las regulaciones estrictas que gobernaban las altas finanzas durante esa época fomentaban esta ética empresarial de "retener y reinvertir". Existían limitaciones sobre el tamaño, la geografía y la función de los bancos. La especulación se mantenía al mínimo. E igual sucedía con la compra y venta de corporaciones por parte de lo que hoy en día llamamos empresas de capital privado y fondos de cobertura.

Pero a partir de 1980, estos controles se desmantelaron de forma radical gracias a una alianza nefasta de académicos, élites financieras y políticos pro Wall Street. Y a medida que las finanzas se desregularon más y más, la deuda corporativa creció y creció.

Si ese dinero prestado se hubiese reinvertido en trabajadores y productos, esto habría ayudado a prosperar tanto a las corpo-

---

1. Cálculos del autor basados en los datos de la Oficina de Análisis Económico de EE.UU., tablas del Resumen de la cuenta nacional de ingresos y producto, "Private Enterprise Income Account", 2012, https://www.bea.gov/scb/pdf/2013/09%20September/0913_summary_nipa_accounts.pdf

raciones como a sus empleados. Pero a los nuevos ingenieros financieros no les interesaba "retener y reinvertir". Al contrario, lo que querían era "reducir y distribuir". A menudo usaban la nueva deuda que contraían para comprar corporaciones. Y, como vimos antes, forzaban a estas corporaciones recién adquiridas, ahora cargadas con esas deudas, a pagar los préstamos. Los directores ejecutivos también usaban los ingresos de las compañías adquiridas para comprar sus acciones, haciendo subir así el precio (o la cotización) para enriquecerse a sí mismos.

Para pagar sus préstamos crecientes, las corporaciones exprimían a sus propios trabajadores. Reducían planta, se mudaban al extranjero, recortaban sueldos y beneficios y reemplazaban trabajadores a tiempo completo por trabajos temporales. Los ejecutivos se convirtieron en ingenieros financieros que buscaban ganar dinero a través de la deuda, haciendo que sus compañías y trabajadores tuvieran que pagar la cuenta. Y así el capitalismo corporativo se convirtió en una explotación financiera a tajo abierto.

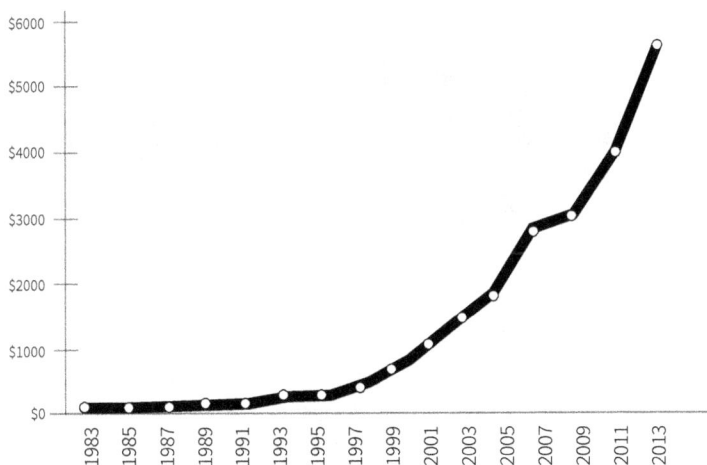

Gráfica 8.1: Total de la deuda corporativa (sector no financiero en miles de millones de dólares estadounidenses)
Fuente: Banco de Reserva Federal de St. Louis, "Nonfinancier Corporate Business; Debt Securities; Liability, Level", http://research. stlouisfed.org/fred2/series/NCBDB1A027N#.

La invención del consumidor endeudado

A lo largo de la historia, las sociedades han tratado de mediar la relación entre prestamista y prestatario con reglas dirigidas a limitar el poder del acreedor. De hecho, las primeras leyes escritas, el Código de Hammurabi (1780 AC), fijaba las tasas máximas de interés para varias transacciones[2]. Para proteger su estabilidad, casi todas las civilizaciones también desarrollaron fuertes costumbres y códigos morales informales en contra de tener deuda personal. Durante la mayor parte de la historia estadounidense, tener deudas se consideraba malsano, algo típico de apostadores, delincuentes y negocios fracasados.

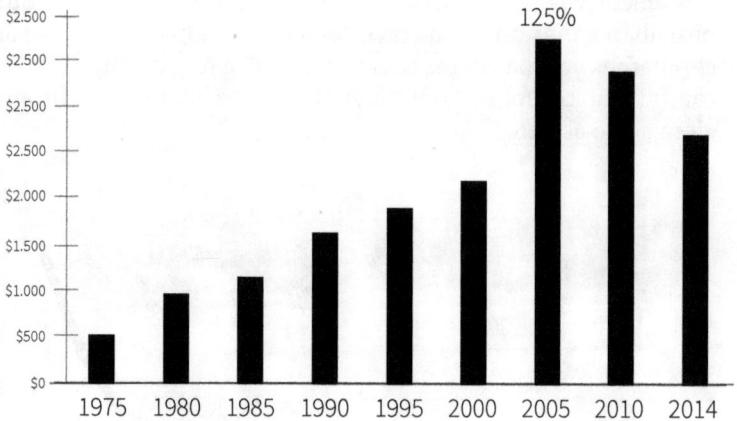

Gráfica 8.2: La deuda familiar como porcentaje de los ingresos disponibles
Fuente: Oficina de Análisis Económico, tablas de cuentas nacionales de ingresos y producto, http://bea.gov//national/nipaweb/DownSS2.a.

Pero nuestras actitudes estrictas sobre la deuda, a la larga, chocaron con las demandas de la producción en masa. La creciente abundancia de bienes producidos por empresas capitalistas modernas requería también la producción en masa de

2. James M. Ackerman, "Interest Rates and the Law: A History of Usury", *Arizona State Law Journal*, Vol. 61 (1981).

"consumidores" que pudieran comprar la inundación de productos (y por esto se desarrolló también la publicidad masiva). A partir de 1920, se exhorta a los consumidores a que compren a crédito, aumentando así la demanda para mantenerla al nivel de la enorme nueva oferta de bienes. Y, más adelante, durante el período del New Deal, los préstamos hipotecarios garantizados por el gobierno animaban al consumidor a recibir préstamos para comprar viviendas.

A pesar de todo esto, la deuda familiar se mantuvo a un nivel muy moderado hasta ese fatídico período de desregulación. Antes de 1990, cuando los últimos vestigios del control financiero se evaporaron, el promedio de deuda familiar del consumidor era de aproximadamente 60% de la renta disponible (o sea, ingresos que podemos gastar después de pagar nuestros impuestos). Pero una vez la ingeniería financiera moderna invadió los mercados de la vivienda y el crédito, la deuda familiar se disparó hasta casi 125% del ingreso familiar. Desgraciadamente, esto incluye decenas de miles de millones de dólares en préstamos de hipotecas fraudulentas, según el FBI[3].

Cuanto más pagaban las familias para amortizar sus deudas crecientes, más dinero entraba en el sector financiero. Y a eso le siguió un aumento en la desigualdad.

Peonaje por deudas para estudiantes

La deuda estudiantil se convirtió en el siguiente territorio que ocupó Wall Street. Una vez más, fue necesario desarmar prácticas establecidas que en realidad habían funcionado bien. Desde la Segunda Guerra Mundial hasta mediados de la década de 1970, la gente joven no solía adquirir mucha deuda para pagar sus estudios. De hecho, la educación superior pública era prácticamente gratuita, primero por medio de la Carta de Derechos de los Veteranos de Guerra (conocida en inglés como G.I. Bill) y después a través de robustos sistemas de educación pública. California y Nueva York proveían educación superior gratuita. La Gráfica 8.3 muestra cómo, hasta finales de la década de 1980,

---

3. Oficina Federal de Investigación, "Mortgage Fraud Report 2010", http://www.fbi.gov/stats-services/públicoations/mortgage-fraud-2010.

la deuda de préstamos estudiantiles era mínima. Pero, a medida que el dinero del sector público se secaba (mayormente debido a la evasión fiscal de los ricos, con la ayuda de Wall Street, como se describió en el Capítulo 7), el apoyo financiero público a la educación superior quedó por detrás de los costos de matrícula. Wall Street entró en esa brecha y la deuda estudiantil se multiplicó.

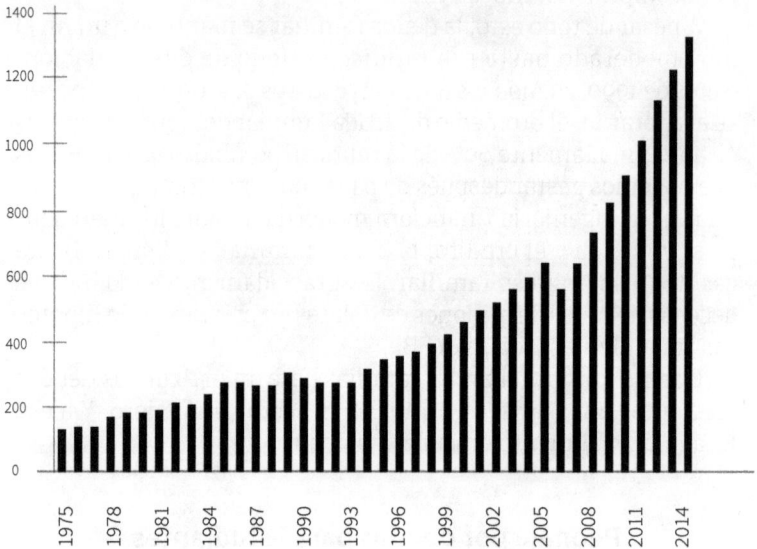

Gráfica 8.3: Préstamos estudiantiles (en miles de millones de dólares estadounidenses)
Nota: No había datos disponibles sobre la deuda estudiantil antes de 2006. Los datos anteriores a 2006 son para "Otras deudas/crédito del consumidor" e incluyen los préstamos estudiantiles.
Fuente: Reserva Federal, comunicado de estadísticas, "Financier Accounts of the United States, Historical Tables", Tabla L.222, varios años, disponible en: http://www.federalreserve.gov/releases/z1/current/annuals/a2005-2014.pdf.

¿La deuda pública es mala para quién?

Finalmente, examinamos la deuda del gobierno o deuda pública, que siempre es un tema de fervor ideológico. Pero, sin importar su opinión personal sobre el papel del gobierno y cómo debe financiarse, tenemos que reconocer un hecho fundamental: en cualquier momento dado, la gente rica prefiere prestarle dinero al gobierno que pagar impuestos. La razón es simple: tienen una buena probabilidad de ganar más dinero a cambio. En contraste, si financiamos al gobierno, no a base de dinero prestado por los ricos sino de impuestos cotizados por ellos, no hay ninguna rentabilidad para ellos (a no ser que tomemos en cuenta los enormes beneficios para toda la gente que vive en un país en buen funcionamiento y con una fuerza laboral bien educada y formada).

Y este hecho aplica aún más hoy en día, ya que es muy frecuente que el interés recibido de los instrumentos de deuda pública se pueda desgravar. Así que la gente rica se beneficia doblemente al prestarle dinero al gobierno (y al conseguir que los demás se lo paguemos con nuestros impuestos): No solo cobran interés sobre sus préstamos, sino que pueden desgravar ese interés de sus impuestos.

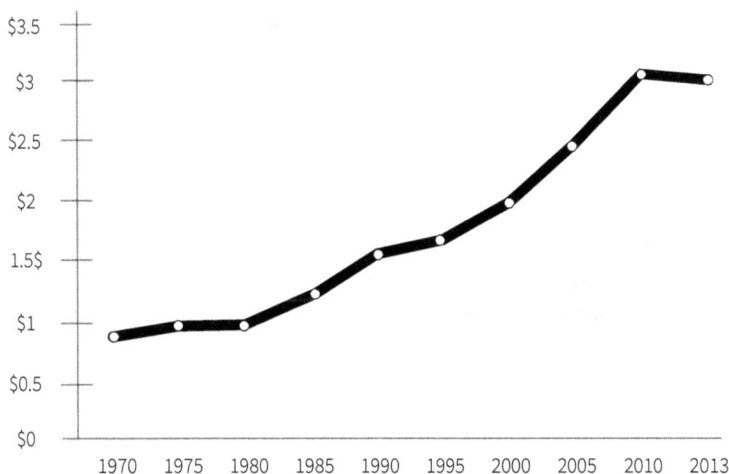

Gráfica 8.4: La deuda pública estatal y local (ajustada a la inflación en billones de dólares de 2015)
Fuentes: Oficina del Censo de EE.UU., "State and Local Government Finances", http://www.census.gov/govs/local/; y Statistical Abstract of the United States, varios números, "State and Local Government Finances".

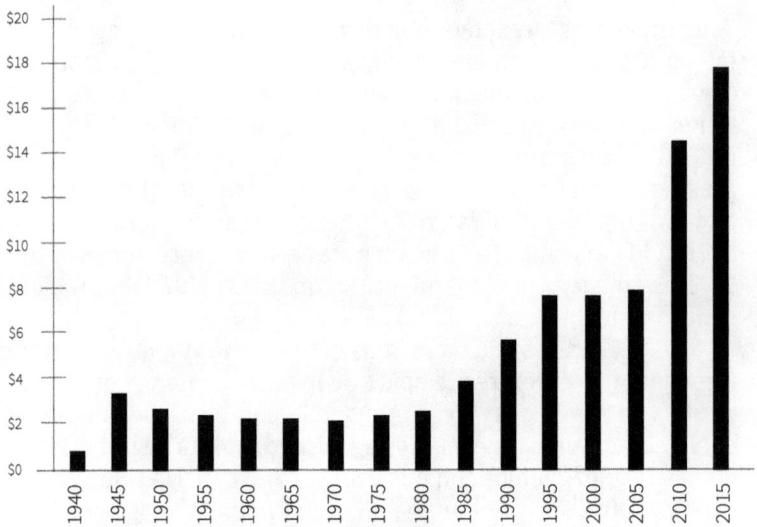

Gráfica 8.5: La deuda federal, 1940-2015 (ajustada a la inflación en billones de dólares de 2015)
Fuente: Cálculos del autor basados en la Oficina de Administración y Presupuesto, tablas históricas, https://www.whitehouse.gov/omb/ budget/ Historicals/.

De este modo, a medida que los intereses financieros y los ricos aumentan su dominio de la economía y la política, vemos también el aumento de la deuda pública federal, estatal y local.

En esto también vemos un cambio notable desde el período posterior a la Segunda Guerra Mundial, cuando Wall Street estaba muy controlada. En aquel entonces, los impuestos de la gente rica eran altos y los niveles de deuda pública estaban bajos. Pero tras la desregulación de Wall Street, la deuda pública se multiplicó, al igual que la deuda corporativa, familiar y estudiantil.

La Gráfica 8.4 muestra el aumento rápido de la deuda estatal y local. Note cómo se dispara a partir de 1980. La Gráfica 8.5 muestra cómo la deuda nacional también se disparó después de 1980.

La explotación financiera a tajo abierto del gobierno estatal y local

Los gobiernos estatales y locales, necesitados de fondos, deben recurrir a Wall Street para financiar carreteras, escuelas y otra infraestructura (excepto Dakota del Norte, que tiene su propio banco estatal público). Con frecuencia, estos préstamos dejan al público contribuyente cargado con grandes tasas que engordan a los financieros de Wall Street mientras socavan las finanzas estatales y locales.

¿Cómo funciona? Presentamos el caso ejemplar de Los Ángeles. Se podrían escribir informes similares acerca de casi cualquier gran ciudad del país.

¿Cómo Wall Street empobrece a Los Ángeles?

La ciudad de Los Ángeles pagó al menos $204 millones en comisiones a Wall Street en 2013, según el informe "No Small Fees: LA Spends More on Wall Street than Our Streets" ("No son cargos pequeños: Los Ángeles gasta más en la Wall Street que en nuestras calles")[4]. Este estudio, publicado por una coalición de sindicatos y organizaciones comunitarias, muestra que, debido a la pérdida de ingresos por la Gran Recesión, Los Ángeles "prácticamente dejó de reparar aceras, limpiar callejones e instalar reductores de velocidad. Dejó de inspeccionar alcantarillado, lo cual resultó en el doble de desbordamientos de alcantarillas".

Sorprendentemente, Los Ángeles gasta al menos $51 millones más en cargos de Wall Street que en su presupuesto entero para el Bureau of Street Services (para el mantenimiento de las calles).

Los investigadores advierten que la cifra de $204 millones probablemente queda por debajo de la cantidad real, ya que las reglas de divulgación no requieren que la ciudad haga públicos sus tratos con compañías de capital privado o fondos de cobertura. Además, ya que el Municipio no produce un reporte centralizado de todos estos gastos, es necesario revisar cientos de

---

4. Fix LA Coalition, "No Small Fees: LA Spends More on Wall St. Than Our Streets", agosto de 2014, http://fixla.org/wp-content/uploads/2014/07/No-Small-Fees-A-Report-by-the-Fix-LA-Coalition-2014-08-05.pdf.

documentos para recopilar estos datos. Como una de las investigadoras de este informe declaró,

Esta es la primera vez que se han contabilizado y expuesto los cargos de una entidad pública específica, y no creemos que hayamos logrado captarlo todo. Así que, si se hace esto para todas las entidades públicas, municipios, condados, distritos escolares, estados y universidades, agencias de transporte y otras entidades públicas, podríamos estar contemplando una suma increíble de dinero para educación y servicios comunitarios que se está extrayendo del sistema.

La coalición ofrece las siguientes reformas pragmáticas para enfrentarse a esta enorme asignación indebida de recursos públicos:

• **Ofrecer una transparencia total:** Cada año Los Ángeles, no esta coalición comunitaria investigadora, debería recopilar y publicar en un informe único todos los cargos y comisiones que paga a empresas financieras.
• **Negociar:** El Municipio tiene más de $100 mil millones en efectivo, activos líquidos y deudas con compañías financieras. Eso le da a Los Ángeles una capacidad enorme de negociar comisiones más bajas. A no ser que haya colusión ilegal entre estas instituciones financieras privadas (cosa que es posible), la competencia para conseguir los $100 mil millones de Los Ángeles debería poder reducir las tasas.
• **Demandar a empresas financieras negligentes:** Los Ángeles, al igual que otros cientos de gobiernos estatales y locales, compraron contratos de permutas de tasas de interés de Wall Street antes de 2008 para rebajar sus pagos de interés sobre la deuda pública[5]. Pero, una vez que los juegos de Wall Street habían hundido nuestra economía,

---

5. Para ver más sobre estas complejas permutas de tasas de interés, ver Ellen Brown, "Wall Street Confidence Trick: How Interest Rate Swaps Are Bankrupting Local Governments", 20 de marzo de 2012, http://www.webofdebt.com/articles/interestrateswap.php.

las tasas de interés se hundieron y estas permutas resultaron ser malas apuestas para ciudades como Los Ángeles y, vaya sorpresa, grandes ganancias para Wall Street. Más increíble todavía, estos mismos contratos estaban vinculados a la tasa de interés de referencia LIBOR, que ahora sabemos que era manipulada de modo ilegal por los bancos mundiales más grandes. Así que Los Ángeles también tiene bases legales para demandar a las instituciones financieras por vender contratos de permutas predatorios en primer lugar y por manipular las tasas LIBOR. La justicia simple exige que no se permita que Wall Street se beneficie como resultado de una debacle económica que haya causado ni como resultado de la manipulación ilegal de tasas.

El círculo vicioso de Wall Street

El reporte plantea la pregunta: ¿en principio, por qué van los municipios y estados a buscar financiación en Wall Street? La respuesta es circular. Necesitan recaudar capital privado a través de Wall Street porque las bases tributarias estatales y locales se están encogiendo y hay escasez de fondos. Pero la base tributaria se encoge debido a la explotación financiera a tajo abierto que Wall Street practica en la economía entera. Efectivamente, Wall Street crea las condiciones económicas que obligan a las ciudades y los estados a convertirse en sus presas.

¿Vamos hacia el peonaje por deudas?

Todavía tenemos obligaciones con las financieras de Wall Street, aunque casi destruyeron nuestra economía y ya hayamos pagado billones para rescatarlas. En 2006, el 40% —más de $1 billón— de todos los beneficios corporativos de Estados Unidos se los llevó Wall Street —un aumento de 7% desde 1980. Wall Street ayudó a ocultar más de $21 billones en paraísos fiscales extranjeros. El sistema depende —todavía— de Wall Street y, más específicamente, de los cuatro bancos (JP Morgan Chase, Bank of America, Wells Fargo y Citigroup) que dominan el sistema financiero entero. Estos oligopolistas se lo han dejado muy claro a todo el mundo: son demasiado grandes como para quebrar, encarcelar y controlar.

¿Qué pasará cuando esta pirámide de deuda se vuelva a derrumbar? Como indica la experta financiera Ellen Brown, cuando ocurra el próximo colapso, es probable que veamos un nuevo tipo de rescate[6]. Se llama capitalización de deuda (o bail-in) y ya fue adoptado por los planificadores europeos. En vez de darles miles de millones a los bancos, el gobierno les dirá a los bancos que los tomen de sus depositantes —es decir, nosotros.

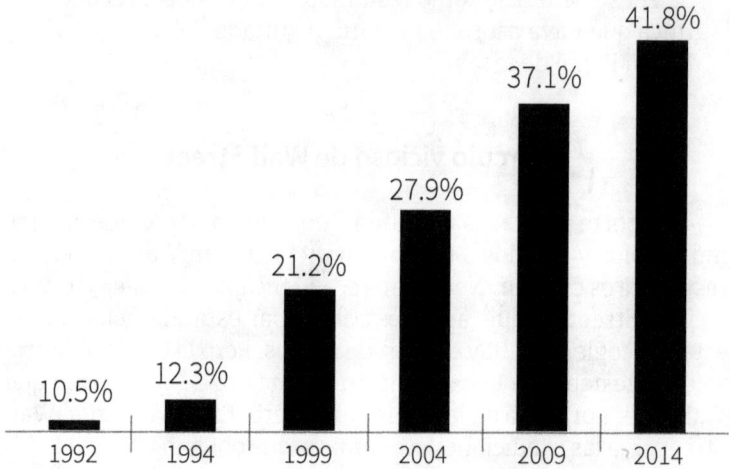

Gráfica 8.6: Porcentaje del total de activos bancarios pertenecientes a los cuatro bancos mayores
Fuente: Cálculos del autor basados en estadísticas de FDIC sobre instituciones depositarias para cada año, en https://www2.fdic.gov/sdi/main.asp.

---

6. Ellen Brown, "Banking Union Time Bomb: Eurocrats Authorize Bailouts AND Bail-Ins", 29 de marzo de 2014, http://ellenbrown.com/2014/03/29/banking-union -time-bomb-eurocrats-authorize-bailouts-and-bail-ins/.

¿Escape de la prisión de deudores?

Con el crecimiento constante de la deuda pública y la deuda privada, parece que estamos atrapados. Después de todo, el pago de las deudas es una piedra angular de la civilización. (La bancarrota, la otra opción, no merece consideración para los países como el nuestro que imprimen su propio dinero). Según crece la economía, es probable que se reduzca la deuda federal como porcentaje del presupuesto total federal —como ha estado sucediendo para la fecha de este escrito. Pero las familias privadas no tienen la misma suerte: Con sus ingresos personales estancados, puede que no lleguen al fin de sus dificultades con sus deudas. Pero existe otra salida.

Comience por reconocer que la raíz del problema no es solo la cantidad de la deuda, sino quién la controla y quién se beneficia de ella. Los bancos privados no tienen por qué ser los dueños del universo económico. En vez de esto, podemos modelar nuestro sistema financiero en los bancos públicos, como el Banco de Dakota del Norte (que estudiaremos más adelante en el Capítulo 20). Si tuviésemos 50 bancos estatales, en vez de solamente uno, podríamos limitar la capacidad de distorsión de ingresos que ejerce la deuda creciente. Y se repondría nuestro tesoro público. En Dakota del Norte, el banco estatal tuvo beneficios sin precedentes por nueve años consecutivos, con $94 millones de ingresos en los cofres del estado en 2013. Este banco público respalda proyectos de infraestructura. Insiste en que cuando presta dinero a negocios, estos deben crear empleos en Dakota del Norte. Ayuda a aliviar la carga de los préstamos estudiantiles... y no se juega el dinero en las apuestas de los mercados financieros.

Y, aparte de esto, está la parte que Wall Street detesta realmente: ¡el director ejecutivo del Banco de Dakota del Norte gana cada año lo que un gran banquero de Wall Street gana en una hora! ¡Qué horror! Imagínese: banqueros públicos que están dispuestos a trabajar por $250.000 al año en vez de $50 millones.

Estamos aprendiendo dolorosamente, día por día, lo difícil que es volver a regular a Wall Street. A pesar del horrible choque del colapso financiero, solo hemos logrado articular las reformas más débiles. Multamos a los bancos una y otra vez por cada pecado financiero imaginable: por lavado de dinero para mafias y estados delincuentes, por estafar a mujeres y hombres que sirven en las fuerzas armadas a través de financiar a extorsionistas de préstamos de avance de paga, por colusión para manipular las tasas de interés, por tráfico de información privilegiada, por manipulación de mercados de productos básicos y por actividades financieras ilegales. Pero los mismos ejecutivos y las mismas instituciones siguen en su sitio, intactos, ni siquiera avergonzados, mientras hay gente que se encoge de hombros y acepta la conclusión de que los delitos que cometen deben ser simplemente el costo de participar en el mundo de los negocios.

Pero, ¿y si transformáramos cada discusión sobre la deuda en un debate sobre la creación de bancos públicos para reemplazar el dominio financiero de Wall Street?

Preguntas de discusión

1. ¿Cuál es la relación entre el estancamiento de los salarios y el aumento de la deuda del consumidor?

2. ¿Por qué tenemos tanta deuda estudiantil?

3. ¿Por qué van los gobiernos estatales y locales a Wall Street a buscar préstamos?

4. ¿Qué habrá que hacer para lograr sacar al país de la gran deuda en la que está?

Capítulo 9

La nación del encarcelamiento

A medida que la deuda pública aumenta, el modelo del clima pro negocio requiere recortes cada vez más profundos en los gastos de programas sociales. Como vimos en el Capítulo 3, el gobierno recortó los gastos no militares a partir de 1980. Aunque hubo un breve período en el que aumentaron los gastos, con los estímulos y rescates que siguieron el hundimiento de Wall Street, ahora los gastos sociales del gobierno se están reduciendo de nuevo.

Pero el modelo del clima pro negocio le ha perdonado la vida a un tipo de gastos sociales públicos. De hecho, la inversión en esta área ha acelerado a un paso nunca antes visto en toda la historia estadounidense: las prisiones.

Como muestra la Gráfica 9.1, nuestro nivel de población presa se disparó precisamente en el momento en que el gobierno adoptó el modelo del clima pro negocio. De hecho, subió hasta tal nivel que actualmente hay 11 estados que tienen más gastos correccionales que de educación[1].

¿Esto es una coincidencia, o es que el encarcelamiento está conectado de alguna manera a las políticas del clima pro negocio? ¿Por qué llevarían estas políticas a un aumento colosal de nuestra población presa?

---

1. Michael Mitchell y Michael Leachman, "Changing Priorities: State Criminal Justice Reforms and Investments in Education", Center for Budget and Policy Priorities, octubre 28 de 2014, http://www.cbpp.org/cms/?fa=view&id=4220.

Somos el número uno en presos

No importa cómo se mida, Estados Unidos es el líder mundial en personas presas, con 2,2 millones de personas encarceladas y más de 4,7 millones en libertad condicional. Ningún otro país nos supera en eso, ni China con 1,7 millones, ni Rusia con 670.000[2]. La Gráfica 9.1 muestra el drástico aumento de la población presa estatal y federal y también de las personas en cárceles locales desde que entró en efecto el modelo del clima pro negocio.

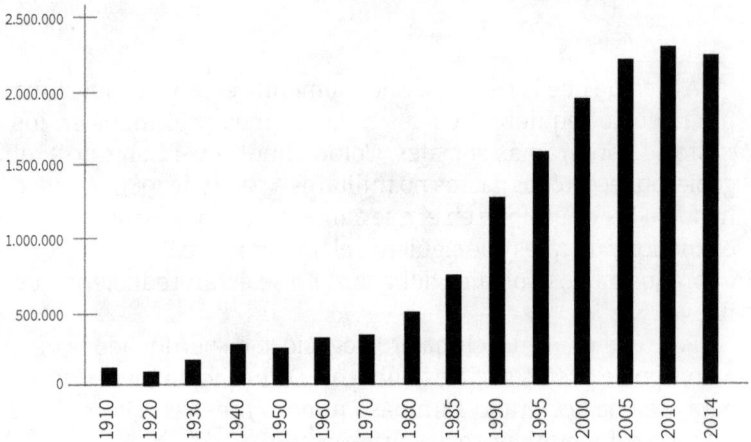

Gráfica 9.1: Cantidad de personas en cárceles y prisiones en Estados Unidos, 1910–2014
Fuentes: Oficina de Estadísticas de Justicia, "Correctional Populations of the United States", varios años; y Oficina del Censo de Estados Unidos, Statistical Abstract of the United States, varios años.

2. International Centre for Prison Studies, "Highest to Lowest – Prison Population Total", http://www.prisonstudies.org/highest-to-lowest/prison-population-total?field_region_taxonomy_tid=All.

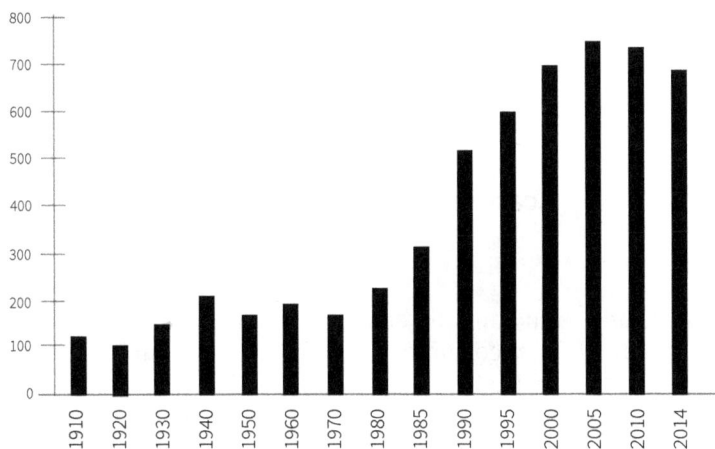

Gráfica 9.2: Cantidad de presos federales y estatales por 100.000
habitantes, 1923–2014
Fuentes: Oficina de Estadísticas de Justicia, Serie sobre prisioneros,
varios años, disponible en: http://www.bjs.gov/; población de la Oficina
del Censo

No solo tenemos la mayor cantidad de presos, tenemos el mayor
porcentaje de personas en la prisión o en la cárcel. En Estados
Unidos, 690 de cada 100.000 personas estaban encarceladas
en 2014. Cuba tiene a 510 personas presas por cada 100.000 de
población. Rusia tiene 467 e Irán tiene 290.

Los estadounidenses negros y latinos han sufrido un efecto
particularmente fuerte: representan más del 39% de la población presa. Se espera que uno de cada tres hombres negros sirva
alguna condena durante su vida (al menos bajo el sistema actual
de justicia penal)[3]. Aproximadamente la mitad de las personas
presas lo están por violar leyes de prohibición de drogas[4].

3. Heather C. West, "Prison Inmates at Midyear 2009 – Statistical Tables",
Oficina de Estadísticas de Justicia, 23 de junio de 2010, http://www.bjs.gov/
index.cfm?ty=pbdetail &iid=2200.
4. Departamento de Justicia de Estados Unidos, Oficina de Estadísticas de
Justicia, Prisoners in 2009, diciembre de 2010, p. 30, Tabla 16c; p. 33, Tabla 18,
http://bjs.ojp.usdoj.gov/content/pub/pdf/p09.pdf.

¿Cómo puede ser que Estados Unidos, supuestamente el ideal de la libertad y democracia para el resto del mundo, tenga más presos que cualquier estado policíaco?

¿Acaso la delincuencia se apoderó del país en 1980?

Quienes estudian este tema dicen que hay cuatro factores que explican el drástico aumento del encarcelamiento en Estados Unidos: 1) el racismo destapado; 2) la maltrecha Guerra Contra las Drogas de Nixon; 3) las leyes punitivas, como la legislación de tres "strikes" sobre la reincidencia del gobernador Nelson Rockefeller del estado de Nueva York; y 4) la Ley de Reforma de Sentencias de 1984, que forzó a los jueces a dictar severas sentencias mínimas.

Pero estas explicaciones no cuentan la realidad completa. Después de todo, el racismo era mucho más virulento en otras épocas anteriores de la historia estadounidense. Antes de que emergiera el movimiento por los derechos civiles, a la gente negra se le negaban, como cuestión de rutina, hasta los derechos civiles más básicos. Pero, no obstante, la población presa se mantuvo estable (y baja, si se compara con la de ahora) durante las décadas de 1940 y 1950, y los turbulentos años 60.

¿Por qué se aplican con tanto rigor estas leyes draconianas? ¿Por qué hemos visto un aumento tan drástico en los gastos en justicia penal para policía, juzgados y prisiones? (Ver Gráfica 9.3). ¿Y por qué hay tantas personas participando en actividades laborales ilícitas que las ponen en riesgo de encarcelamiento? Las cuatro explicaciones citadas anteriormente no responden estas preguntas.

375%

313%

273%

| Policía | Corrección | Judicial |

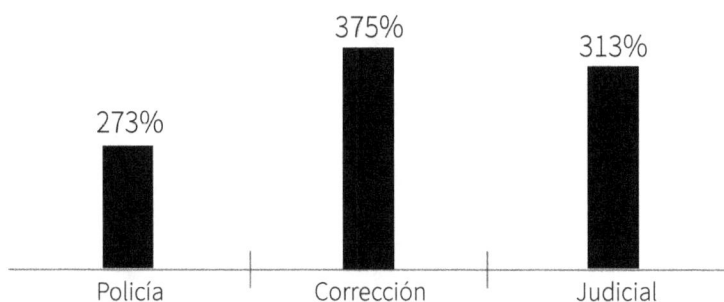

Gráfica 9.3: Porcentaje de crecimiento en gastos de justicia penal, 1982 – 2012 (ajustado a la inflación)
Fuente: Cálculos del autor basados en estadísticas de la Oficina de Justicia, "Justice Expenditures and Employment", varios años, http://www. bjs.gov/index.cfm?ty=tp&tid=5.

¿Déjà vu otra vez?

En este libro hemos visto muchas gráficas que sugieren que algo importante sucedió en 1980. De hecho, muchas de estas gráficas tienen una forma similar: todas tienen una elevación muy inclinada en el lado derecho, después de 1980. Ya hemos observado que todas estas cosas cambiaron de drásticamente alrededor de 1980:

- Los aumentos de salario dejan de subir a la par de la productividad. (Capítulo 2, Gráfica 2.1)
- La diferencia salarial entre director ejecutivo y empleado se dispara. (Capítulo 2, Gráficas 2.2 y 2.3)
- Los sueldos de Wall Street se disparan mientras los ingresos no financieros se estancan. (Capítulo 3, Gráfica 3.8)
- Los beneficios en Wall Street se salen de órbita. (Capítulo 4, Gráfica 4.5)
- La diferencia salarial entre los súper ricos y el resto de nosotros aumenta rápidamente. (Capítulo 5, Gráfica 5.3)
- Los impuestos a los súper ricos caen en picada. (Capítulo 3, Gráfica 3.1)

· La deuda corporativa, del consumidor, estudiantil y
pública se disparan todas hacia arriba. (Capítulo 8,
Gráficas 8.1, 8.2, 8.3 y 8.4)
· La población presa estalla. (Capítulo 9, Gráfica 9.1)

¿Cómo encajan entre sí todas estas tendencias?

Sin controles, Wall Street destruye la producción, las áreas urbanas más viejas y el nivel de vida en Estados Unidos

Como ya sabemos, a finales de la década de 1970, los economistas conservadores persuadieron a los líderes de Estados
Unidos a experimentar con un nuevo tipo de terapia de choque
con la intención de acabar con la estanflación (la combinación
devastadora de desempleo alto e inflación alta): de modo simul-
táneo, desregulamos Wall Street, recortamos profundamente
los servicios sociales y recortamos también los impuestos a los
ricos. Esto, en teoría, se supone que impulsaría una nueva ola
de actividad empresarial que acabaría filtrándose hacia el resto
de nosotros.

La actividad emprendedora sí aumentó (al menos en Wall
Street), pero con resultados nefastos para las personas trabajadoras de salarios medios y bajos. En vez de crear nuevos trabajos
e industrias que promovieran una prosperidad común, la nueva
Wall Street revitalizada comenzó a extraer a tajos abiertos el
valor de las manufacturas estadounidenses. Su objetivo principal
nunca fue producir bienes y servicios tangibles, sino extraer más
dinero del dinero.

Como vimos en el Capítulo 8, el producto estadounidense
central de Wall Street es la deuda. Los beneficios de Wall Street
dependen de cargar al país de deudas y luego cobrar comisiones,
tasas e intereses compuestos sobre sus préstamos.

Entre los grandes deudores: gobiernos estatales y locales.
Y estos tienen una importancia especial en la historia del
encarcelamiento.

Un repaso de la historia hasta ahora: después de la desregulación, cayeron al asalto oleadas de saqueadores corporati-

vos de finanzas (a quienes hoy en día, con mucha más delicadeza, se les conoce como gerentes de firmas de capital privado y fondos de cobertura) para extraer toda la liquidez de fondos de lo que habían sido operaciones de manufactura en buen funcionamiento. Lograron hacer esto a base de comprar compañías, cargarlas de deudas y entonces recortar sus gastos para poder pagar los préstamos y enriquecerse ellos mismos.

Bajo esta política de "reducir y distribuir", los saqueadores corporativos recortaron inversión en I&D, se apoderaron de los fondos de pensiones e hicieron grandes recortes en salarios y beneficios, decimando los empleos bien pagos en Estados Unidos y exportando muchos de ellos al extranjero. Casi la mitad de las empresas saqueadas quebraron y, en unos cuantos años, la zona del corazón estadounidense se convirtió en el Cinturón de Óxido[5]. Como muestra la Gráfica 4.4 en el Capítulo 4, declinaron los empleos de manufactura con mejores salarios.

Pero Wall Street siguió prosperando más que nunca: sus beneficios aumentaron hasta representar un 43% de todos los beneficios corporativos en 2002[6], que es más alto que el promedio de 12% entre 1947 y 1980.

El impacto del modelo del clima pro negocio sobre la gente de ingresos bajos

El catastrófico colapso en los empleos de manufactura fue particularmente trágico para los afroamericanos. Quienes, en los años de la posguerra, habían visto cómo mejoraban sus niveles de vida a medida que conseguían trabajos con mejores salarios, a menudo trabajos industriales con protección sindical. Pero

---

5. La mayoría de los estudios muestran que la actividad de fusiones y adquisiciones de empresas tiene un promedio de éxito de 50% – es, básicamente, como apostar con una moneda al aire. Robert Sher, "Why Half of All M & A Deals Fail and What You Can Do About It", Forbes, 19 de marzo de 2012, http://www.forbes.com/sites/forbesleadershipforum/2012/03/19/why-half-of-all-ma-deals-fail-and-what-you-can-do-about-it/.

6. Cálculos del autor basados en La Oficina de Asuntos Económicos, tablas de cuentas nacionales de ingresos y producto, Tabla 6.16, "Corporate Profits by Industry", disponible en: http://bea.gov//national/nipaweb/DownSS2.asp.

gracias a los saqueos de Wall Street, desaparecieron millones de estos empleos industriales. Quedaron todavía algunos trabajos en el sector del servicio, pero pagaban la mitad de lo que una vez pagaba un trabajo en la manufactura.

Los hombres y las mujeres más afortunados entre negros y latinos consiguieron trabajo en el sector público, que a menudo tenía sindicatos y pagaba un salario decente. Pero muchas más personas tuvieron que tomar trabajos en cadenas de comida rápida, en grandes tiendas de cadena, en almacenes y en los niveles más bajos del sistema de atención médica. Por lo general, el modelo del clima pro negocio trajo grandes aumentos de desempleo para la juventud, sobre todo para jóvenes no blancos (o de color, como se dice comúnmente en Estados Unidos).

Muchas de las personas trabajadoras afectadas por estos golpes —personas de todas las etnias y razas— se encontraron en situaciones desesperadas y algunas se vieron obligadas a depender de la economía subterránea para sobrevivir.

La trampa de Ferguson: Usar los juzgados con el fin de recaudar ingresos de la gente pobre para el gobierno local

Sabemos muy bien que nuestro sistema judicial discrimina contra la gente negra en particular y la gente no blanca (de color) en general. El Sentencing Project reporta que[7]:

· Los jóvenes negros y latinos (sobre todo si están desempleados) reciben sentencias mucho más severas que los ofensores de otras poblaciones;
· Los acusados negros y latinos están en desventaja en comparación con los blancos en factores relacionados con el proceso legal, como la "penalización por ir a juicio", las reducciones de sentencia por prestar asistencia sustan-

7. Tushar Kansal, "Racial Disparity in Sentencing: A Review of the Literature", The Sentencing Project, enero de 2005, http://www.sentencingproject.org/doc/publications/rd_sentencing_review.pdf.

cial, historial criminal, detención antes del juicio y tipo de abogado;

· Los acusados negros condenados por causar daño a una víctima blanca sufren penas más severas que los acusados negros que cometen delitos contra otras personas negras o que los acusados blancos que cometen delitos contra otros blancos;

· Los acusados negros y latinos tienden a recibir sentencias más severas que los acusados blancos comparables, aunque hayan cometido delitos más leves, especialmente por delitos relacionados con drogas y propiedad.

De manera similar, la Unión Estadounidense por las Libertades Civiles (ACLU, por sus siglas en inglés) halló que "las personas negras tienen una probabilidad 3,7 veces mayor de ser arrestadas por posesión de marihuana que las personas blancas, a pesar de que los niveles de uso son similares"[8].

¿Por qué es que las personas de color son objeto de más arrestos y encarcelamiento? Normalmente, la explicación es simplemente el racismo. Pero el informe del Departamento de Justicia sobre los sucesos en Ferguson, Missouri muestra el gran efecto de la mano invisible del modelo del clima pro negocio. A medida que los salarios estancados y los recortes de impuestos para los ricos restringen los ingresos de los gobiernos locales y estatales, estas jurisdicciones buscan nuevas maneras de recaudar dinero. Una solución es extraérselo a la gente pobre por medio de aumentar arrestos y multas. ¿Por qué? Porque los pobres tienen menos recursos para defenderse. Como lo explica el Departamento de Justicia:

> Ferguson ha permitido que su enfoque en la generación de ingresos comprometa de manera fundamental su sistema judicial. El juzgado municipal no actúa como árbitro neutral sobre la ley o como un control para evitar la conducta policíaca ilegal. Al contrario, el juzgado usa su

---

8. Unión Estadounidense por las Libertades Civiles, "Groundbreaking Analysis Finds Marijuana Arrests Comprise Nearly Half of All Drug Arrests", boletín de prensa, ACLU, 4 de junio de 2013, https://www.aclu.org/criminal-law-reform/new-aclu-report-finds-overwhelming-racial-bias-marijuana-arrests.

autoridad legal sobre todo para forzar el pago de multas y cargos que benefician los intereses económicos municipales. Esto ha resultado en prácticas judiciales que violan los requisitos de la Decimocuarta Enmienda de proceso debido y protección equitativa. Las prácticas del juzgado también causan daño innecesario, desmesuradamente así a las personas afroamericanas, y son contrarias a la seguridad pública.[9]

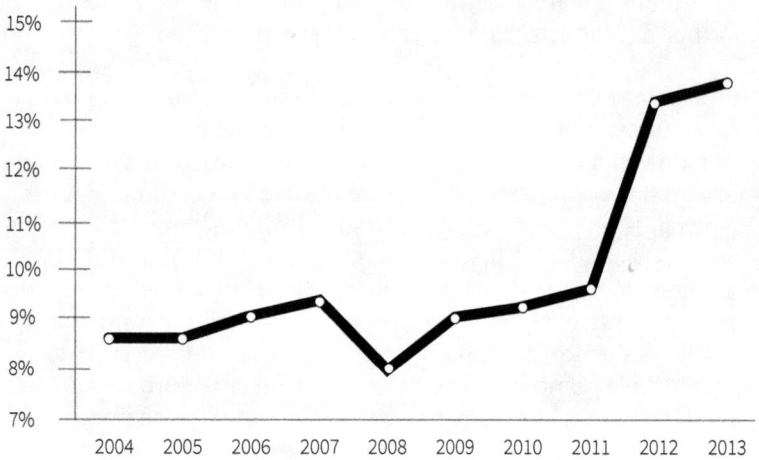

Gráfica 9.4: Porcentaje de ingresos de Ferguson, MO en multas y confiscaciones, 2004-2013
Fuente: Ciudad de Ferguson, Missouri, "Comprehensive Annual Financial Report for the Year Ended June 30, 2013", http://www.fergusoncity. com/470/Comprehensive-Annual-Financial-Report.

---

9. Departamento de Justicia de EE.UU., División de Derechos Civiles, "Investigation of the Ferguson Police Department", Departamento de Justicia de EE.UU., División de Derechos Civiles, 4 de marzo de 2015, http://www. justice.gov/sites/default/files/opa/press-releases/attachments/2015/03/04/ ferguson_police_department_report.pdf.

Es sorprendente que Ferguson aumentara su recaudación de ingresos después de que la caída de Wall Street hubiera diezmado la economía, como muestra claramente la Gráfica 9.4[10].

Y no solo es Ferguson. Sabemos con seguridad que el resto del condado de St. Louis practica el mismo juego. Como reporta el *Washington Post*:

> Algunas de las ciudades en el condado de St. Louis pueden derivar 40 % o más de sus ingresos anuales de las pequeñas multas y cargos que cobran los juzgados municipales. La mayoría de estas multas son por infracciones de tránsito, pero también incluyen multas por entrar sin pagar en MetroLink (el sistema de trenes de transporte público de St. Louis), por tener música a alto volumen y otras infracciones de ordenanzas sobre el ruido, infracciones de zonificación por no cortar la grama o no mantener la propiedad, infracciones de restricción de permisos de ocupación, intrusión, vestir "pantalones caídos", infracciones de licencias de negocios, e infracciones inexactas como "perturbar la paz" o "reyerta" por las que los agentes de policía tienen gran discreción para buscar otras infracciones. En un reporte publicado el mes pasado, los Defensores de ArchCity encontraron a un gran número personas frente al juzgado de Bel-Ridge que habían sido multadas por no subscribirse al único servicio de recogido de basura aprobado por la ciudad. No fueron multadas por tener basura en su propiedad, sino solo por no pagar por el único método legal que el municipio designó para la remoción de basura.[11]

---

10 Mike Maciag, "Skyrocketing Court Fines Are Major Revenue Generator for Ferguson", Governing the States and Localities, 22 de agosto de 2014, http://www.governing.com/topics/public-justice-safety/gov-ferguson-missouri-court-fines-budget.html.

11. Radley Balko, "How Municipalities in St. Louis County, Mo., Profit from Poverty", The Washington Post, 3 de septiembre de 2014, http://www.washingtonpost.com/ news/the-watch/wp/2014/09/03/how-st-louis-county-missouri-profits-from-poverty/.

Sabemos también que en 2014 el Fiscal General de Missouri inició demandas legales contra 13 municipios por depender demasiado de las multas de tránsito para solventar el gobierno local. Cuatro de los municipios recibían 30 % o más de sus ingresos de las multas de tránsito y los demás no presentaron la información requerida por ley para poder calcular el porcentaje[12].

Actualmente, no se conoce el grado de esta práctica discriminatoria de recaudación de fondos en todo el país. Pero sí se sabe con seguridad que se extiende mucho más allá del ancho río Missouri.

La explotación financiera a tajo abierto y la gentrificación

El despojo financiero no solo destruye los empleos de manufactura de ingresos medios, también destruye la vivienda asequible al potenciar la gentrificación, también conocida como el aburguesamiento.

La aparición de financieros con altos ingresos (junto con bancos que están dispuestos a extenderles préstamos) crea una presión que aumenta los precios de vivienda en las ciudades que sirven a la élite, como Nueva York, Chicago y San Francisco. El desarrollo inmobiliario es lucrativo en áreas donde los precios del terreno suben rápidamente. Es inevitable que se expulse a la gente de bajos ingresos y que sus hogares se pongan de moda y se conviertan en casas urbanas, apartamentos y condominios para los ricos. Es típico que los jóvenes adultos, hijos e hijas de familias acomodadas, sirvan de manera inconsciente como las tropas a la vanguardia de la gentrificación, llegando en bandadas a ocupar los vecindarios más baratos de las grandes ciudades.

---

12. "Missouri Sues St. Louis Suburb for Funding Government through Traffic Fines", AllGov, 31 de diciembre de 2014, http://www.allgov.com/news/where-is-the-dinero-going/missouri-sues-st-louis-suburbs-for-funding-gobierno-through-traffic-fines- 141231?news=855232; y "Koster's Lawsuit against 13 St. Louis County Municipalities", http://www.stltoday.com/koster-s-lawsuit-against-st-louis-county-mu¬nicipalities/pdf_c7d11bb7-c7e9-5867-9859-449c94629a1f.html.

La gentrificación y la teoría de las "ventanas rotas" para prevenir la delincuencia

La mezcla de los ricos con personas que viven en los márgenes de la economía subterránea, en barrios en proceso de gentrificación, es explosiva. Aquellos que tienen ingresos más altos piden más protección y un alto a "la delincuencia callejera".

En 1980, los departamentos de policía urbanos, con Nueva York en la delantera, comenzaron a adoptar la teoría de las "ventanas rotas" para prevenir la delincuencia. La idea era que, al tratar las infracciones menores (como consumir alcohol en la calle, merodear, mendigar o vender cigarrillos sueltos), la policía podía prevenir que la situación se deslizara hacia delitos mayores. La metáfora es que un vecindario sin ventanas rotas le da a la comunidad y a sus habitantes una imagen más positiva, haciéndola más segura y menos predispuesta a la delincuencia. Es una teoría altamente debatible. Pero lo que no se puede negar es que ha resultado en más arrestos.

Inevitablemente, la combinación de gentrificación por un lado y desempleo y pobreza por el otro, resulta en más patrullas policiales y más arrestos, incluyendo programas de "parada y cacheo" ("stop and frisk" en inglés) que se enfocan desproporcionadamente sobre las personas no blancas (de color). La población encarcelada se multiplica.

En resumen, los intereses financieros que se esfuerzan por transformar los barrios más pobres en bienes raíces atractivos para las nuevas élites, tienen un claro interés en sacar del barrio a los problemáticos pobres. La cárcel se convierte en el nuevo hogar de muchos.

La presión hacia abajo sobre el sector público

La burbuja y caída inmobiliaria hizo mucho daño en los barrios de bajos ingresos. El derrumbe de Wall Street diezmó las regiones que ya sufrían dificultades, incluyendo el Cinturón de Óxido. Se disparó el desempleo (otra vez) y los ingresos de los impuestos de negocios y trabajadores cayeron. Esto resultó en más recortes en el número de trabajos para empleados públicos de los que habían dependido tantos trabajadores desplazados de la producción. También se hicieron recortes en los servicios del sector público.

Detroit se convirtió en el ejemplo más patético de todas las ciudades estadounidenses arrasadas: primero, los saqueadores corporativos y las firmas de capital privado exprimieron la vida del sector de manufactura en todo Michigan. Después, el derrumbe de Wall Street destruyó más trabajos y socavó la base tributaria. Y eso resultó en la bancarrota urbana y todavía más pérdidas de trabajos en el sector público.

El sucio secreto del clima pro negocio:
La cárcel es nuestro programa para crear trabajos

¿Qué pasará con toda nuestra gente desempleada, dada la gran falta de trabajos? ¿Qué pasará con las personas atrapadas en vecindarios repletos de casas embargadas? ¿Dónde están los programas de trabajo para los millones que los necesitan?

En teoría, el modelo del clima pro negocio iba a producir un crecimiento económico que crearía trabajos para todas las personas dispuestas y capaces de trabajar.

En la práctica, la explotación financiera a tajo abierto hizo exactamente lo contrario. Hizo que los trabajos decentes se evaporaran, obligando a los municipios, carentes de fondos, a despedir empleados públicos. Los gastos en policía aumentaron, exprimiendo los presupuestos de servicios sociales y educación. Había que estar ciego para no darse cuenta de que la gente de abajo estaba en graves dificultades.

Para encubrir este gran fracaso del modelo del clima pro negocio, sus proponentes desarrollaron un programa de empleo innovador que, de hecho, se ha convertido en una política del gobierno: *poner a la juventud desplazada, desempleada, "sobrante," en la cárcel.*

Más presos → Menos gasto social → Más evasión de impuestos → Destrucción de buenos trabajos por explotación financiera → Crecimiento de la economía subterránea → Más presos

Si, al encarcelar a la gente pobre, Estados Unidos se convirtió en el estado policíaco más grande del mundo (y así fue), pues que así sea. Ese es un gran cambio en el enfoque de este país hacia el desempleo. Desde el New Deal hasta la década de 1980, el gobierno tuvo una estrategia para afrontar el enorme desempleo y la pobreza estructurales: crear trabajos. Ahora meten en prisión a las personas sin trabajo.

El complejo industrial penitenciario

El sector carcelario, con su rápida expansión, almacena a millones de personas de bajos ingresos. Pero también crea nuevos empleos y oportunidades de negocio.

Como ya sabemos, el modelo del clima pro negocio exige la privatización de los servicios públicos. La idea es que privatizar genera nuevas empresas y beneficios y reduce el tamaño del gobierno. Además, sus proponentes declaran que los negocios privados siempre son más eficientes que el gobierno.

La población carcelaria creciente crea enormes oportunidades para ganancias por la privatización. La primera prisión privada se inauguró en Tennessee en 1984. En 2014, las estadísticas del Departamento de Justicia de Estados Unidos mostraban que 131.261 presos estatales y federales estaban confinados en prisiones de propiedad privada en Estados Unidos, constituyendo un 8,4% de la población presa total en el país[13].

Los empleos correccionales, policiales y judiciales, en todos los niveles del gobierno, también crecieron de forma drástica desde la década de 1980, llegando a casi duplicarse, de 1,3 millones en 1982 a 2,4 millones en 2012[14].

Los sindicatos de guardias de prisiones y las corporaciones de prisiones privadas (junto con sus patrocinadores en Wall Street) tienen un interés vigente en la expansión del sistema de la prisión privada. Por desgracia para la gente pobre, esto requiere la captura de más presos.

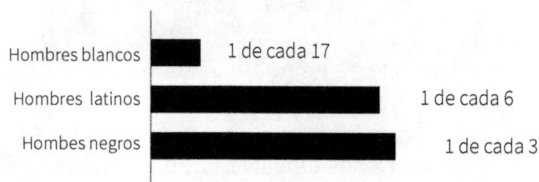

Gráfica 9.5: Probabilidad de ir a la cárcel durante su vida
Fuente: Informe del Sentencing Project al Comité de Derechos Humanos de las Naciones Unidas acerca de las disparidades raciales en el sistema de justicia penal de EE.UU., agosto de 2013, http://www.sentencingproject.org/doc/publications/rd_ICCPR%20Race%20and%20Justice%20Shadow%20Report.pdf.

---

13. E. Ann Carson, "U.S. Department of Justice: Prisoners in 2014", Departamento de Justicia de Estados Unidos, Oficinas de Estadísticas de Justicia, septiembre de 2015, http://www.bjs. gov/content/pub/pdf/p14.pdf.
14. Oficina de Estadísticas de Justicia, "Justice Expenditures and Employment Extracts, 2012–Preliminary", http://www.bjs.gov/index.cfm?ty=pbdetail&iid=5239.

Clasificación por colores en el encarcelamiento

Las estadísticas describen cómo Estados Unidos está estratificado según el color de la piel, tal como tristemente se puede ver bien claro en la Gráfica 9.5. ¿Cómo podemos explicar esto?

En este capítulo presentamos parte de la respuesta: la explotación financiera a tajo abierto de nuestra economía tuvo un extremo impacto negativo en las áreas urbanas más viejas donde vivía mucha gente de color. También redujo el número de trabajos de manufactura, seguidos por empleos públicos de los que dependían las minorías para ascender en la escala de ingresos. Además, las estadísticas muestran que la gente no blanca (de color), con mucha más frecuencia, es objeto de arrestos, es arrestada por delitos menores y recibe sentencias más largas.

Pero detrás de todo esto está tal vez la pregunta más difícil ante Estados Unidos, la que abordamos en el próximo capítulo: después de todos estos años, ¿por qué la gente no blanca (de color) sigue estando, en proporción exagerada, en la parte inferior de la escala de ingresos?

Preguntas de discusión

1.   En su opinión, ¿cuáles son las causas principales por las cuales Estados Unidos tiene la mayor población de presos en el mundo?

2.   ¿Por qué los departamentos de policía locales buscan extraer tantas multas de las personas locales no blancas (de color)?

3. En su opinión, ¿qué relación hay entre la gentrificación y el crecimiento de nuestra población de presos?

4. ¿Está usted de acuerdo o en desacuerdo con la declaración de que las prisiones se han convertido en la nueva política de empleo para los pobres? ¿Por qué sí o por qué no?

Capítulo 10

La clasificación por colores de la riqueza en Estados Unidos

Riqueza y pobreza

Otra manera de observar la desigualdad es según el color de la piel. Y las cifras no son difíciles de encontrar: 26% de las personas clasificadas como afroamericanas viven por debajo de la línea de pobreza[1]. La figura es de 24% para las identificadas como hispanas/latinas, pero solo de 10% para las clasificadas como blancas[2].

Frecuentemente nos fijamos en los ingresos económicos para examinar la desigualdad. Pero, en muchos sentidos, la acumulación de riqueza es todavía más importante que los ingresos, porque si alguien la tiene, se la puede pasar a su familia. Puede ayudar a la próxima generación con ir a la universidad o con el pago inicial para su hogar. Es la clave para sacar a generaciones enteras de la pobreza.

La brecha de riqueza en Estados Unidos entre las personas blancas y las que clasificamos como negras o hispanas/latinas es enorme. En 2013, el estadounidense blanco típico, situado en

---

1. La línea de pobreza la establece la Oficina del Censo de EE.UU., basándose en los costos de los bienes que consume una familia típica, según el tamaño de la familia, ajustados a la inflación. Más información en la Oficina del Censo de Estados Unidos, "History of the Poverty Measure", http://www.census.gov/hhes/www/poverty/about/history/index.html.
2. Henry J. Kaiser Family Foundation, "Poverty Rate by Race/Ethnicity", State Health Facts, http://kff.org/other/state-indicator/poverty-rate-by-raceethnicity/.

el centro de la línea de distribución de riqueza, tenía un patrimonio neto (activos menos deudas) de $141.900. Pero, para un afroamericano, la riqueza media era de solamente $11.000. Y para un hispano/latino, de $13.700[3].

¿Qué pasa si una persona era afroamericana y había completado una carrera universitaria? Seguramente que esto cambiaría la situación de desigualdad extrema, ¿no? Pues no, no mucho. Sorprendentemente, la persona promedio no blanca (o de color, como se dice comúnmente en Estados Unidos) que se graduó de la universidad, ha acumulado menos riqueza que la persona blanca que abandonó los estudios secundarios.

Las principales fuentes de riqueza para la clase trabajadora

Para casi todos nosotros, nuestro activo principal es nuestra vivienda. Si es que tenemos algún tipo de riqueza, es porque compramos una casa en algún momento durante nuestros años de trabajo y su valor aumentó mientras pagábamos la hipoteca. Como se puede observar en la Gráfica 10.4, es mucho menos probable que los afroamericanos y latinos sean propietarios de sus viviendas que los blancos.

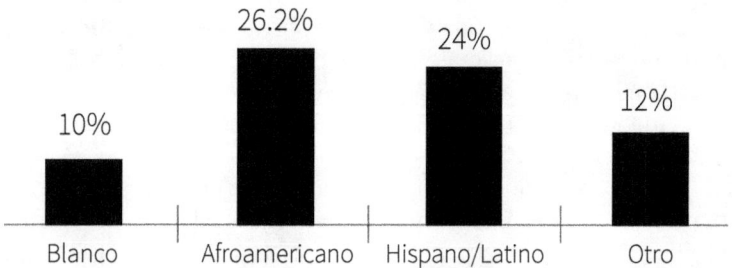

Gráfica 10.1: La pobreza por grupo, 2014
Fuente: Oficina del Censo de Estados Unidos, "Income and Poverty in the United States: 2014", http://census.gov.

---

3. Rakest Kochhar y Richard Fry, "Wealth Inequality Has Widened Along Racial, Ethnic Lines Since End of Great Recession", Centro de Investigación Pew, 12 de diciembre de 2014, http://www.pewresearch.org/fact-tank/2014/12/12/racial-wealth-gaps-great-recession/.

$141.900

$11.000 $13.700

Blanco   Afroamericano   Hispano/Latino

Gráfica 10.2: La riqueza media por grupo, 2013
Fuente: Rajesh Kochhar y Richard Fry, "Wealth Inequality Has Widened Along Racial, Ethnic Lines Since End of Great Recession", Centro de Investigación Pew, 12 de diciembre de 2014, http://www.pewresearch.org/fact-tank/2014/12/12/racial-wealth-gaps-great-recession/.

Hispano graduado de universidad $41.000

Negro graduado de universidad $25.900

Blanco desertor de escuela secundaria $51.300

Gráfica 10.3: Las personas blancas que no completaron la escuela secundaria tienen más riqueza que las negras e hispanas con títulos universitarios.
Fuente: Datos de la Reserva Federal calculados por Matt Brunig, blog, http://www.demos.org/blog/9/23/14/white-high-school-dropouts-have-more-wealth-black-and-hispanic-college-graduates.

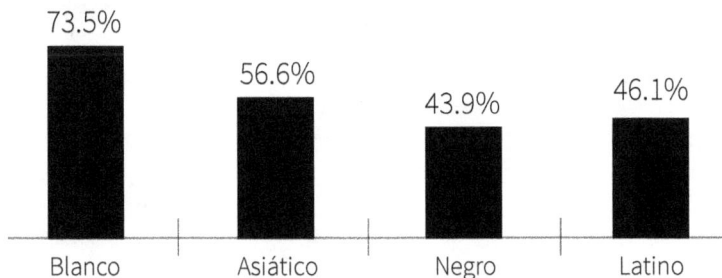

73.5%

56.6%

43.9%   46.1%

Blanco   Asiático   Negro   Latino

Gráfica 10.4: La propiedad de vivienda por grupo
Fuente: Oficina del Censo de EE.UU., "Homeownership Rates by Race and Ethnicity of Householder: 1994-2012", www.census.gov/housing/ hvs/files/annual12/ann12t_22.xls.

La ubicación es lo más importante

La vivienda en Estados Unidos sigue teniendo un alto nivel de segregación, aunque la disparidad en la propiedad de vivienda se haya reducido un poco. La gente negra sigue siendo el grupo racial más segregado; los latinos son el segundo grupo más segregado. La segregación de vivienda es mayor en las áreas metropolitanas más grandes, como Atlanta, Baltimore, Chicago, Cleveland, Detroit, Houston, Los Ángeles, Nueva Orleans, Nueva York, Filadelfia y Washington, DC[4].

Aunque hay algunos vecindarios predominantemente poblados por gente negra y latina de ingresos más altos, la mayoría de los vecindarios donde reside la gente no blanca (de color) son pobres y con pocas atracciones. Los valores de propiedad son bajos, un factor que contribuye a reducir el nivel promedio de riqueza acumulada de las familias negras y latinas.

He aquí la cruda realidad de la vida económica: separado no significa igual, especialmente cuando se trata del valor de las viviendas.

¿Por qué tanta segregación?
¿Por qué una desigualdad de riqueza tan grande?

La evidencia es indiscutible: la discriminación histórica y la discriminación actual son responsables de la enorme desigualdad racial de riqueza.

El impacto de la esclavitud americana en nuestro pueblo y nuestra sociedad es incalculable. Esta forma de esclavitud fue de una brutalidad especial: rara vez en la historia se había esclavizado a nadie en perpetuidad, heredando la esclavitud de madres y padres a hijos y nietos.

Claro que la subyugación no se acabó con la abolición de la esclavitud. En los treinta años después de la Guerra Civil, las

---

4. N.A. Denton, "Segregation and Discrimination in Housing", en eds. Rachel G. Bratt, et al., A Right to Housing: Foundation for a New Social Agenda, Filadelfia: Temple University Press, 2006, pp. 61-81.

élites blancas lucharon con furia por recuperar el control de sus fuentes de mano de obra barata. Al final, lo lograron.

Para 1900, la segregación de Jim Crow se convirtió en la norma. Las legislaturas de todo el Sur adoptaron leyes que privaban de derechos a las personas negras y también a las personas blancas pobres. El sistema de monopolio de poder en el Sur, bajo un único partido, enviaba congresistas racistas a Washington y, aprovechándose del sistema de antigüedad, podía controlar comités clave. Haciendo uso de juzgados racistas y linchamientos, los blancos suprimían casi toda resistencia.

El New Deal trajo un cambio fundamental para la gente trabajadora negra y blanca. Estableció un salario mínimo y un horario laboral máximo y ayudó a la gente a pagar sus hipotecas. Fue un momento clave en el que la gente trabajadora pudo comenzar a acumular un poco de riqueza.

Por desgracia, los líderes sureños racistas en el Congreso se aseguraron de que las leyes de horas y salarios no fuesen (y siguen sin ser) aplicables al trabajo en la agricultura y el trabajo del hogar —los dos tipos de trabajo más comunes en el Sur para esos tiempos. También se aseguraron de que las nuevas leyes de vivienda, que apoyaban la compra de propiedad por la familia, excluyeran a los negros. Por lo general, a las personas no blancas (de color) se les negó la oportunidad de participar en la explosión de compra de vivienda en la posguerra.

Durante la gran expansión en Estados Unidos de los suburbios, tras la Segunda Guerra Mundial, la discriminación en la vivienda fue la política oficial del gobierno, practicada por la Administración Federal de la Vivienda (FHA, por sus siglas en inglés). Desde que fue establecida en 1934 hasta las reformas de 1968, la FHA garantizó préstamos que les permitieron adquirir vivienda a muchas familias estadounidenses, pero no a todas. Como escribe un investigador:

> Entre 1930 y 1950, la compra de tres de cada cinco hogares en EE.UU. recibieron financiación de FHA, pero menos del 2% de los préstamos de FHA fueron para

compradores de viviendas que no fuesen blancos. La FHA se convirtió así en la primera agencia federal que recomendaba y apoyaba la segregación abiertamente.[5]

Los vecindarios negros fueron designados "zonas rojas"; es decir, que se les negaban las hipotecas. La FHA no concedió casi ninguna hipoteca para una familia negra, ni siquiera cuando cumplían con los requisitos.

El resultado neto: guetos, barrios urbanos pobres casi completamente negros y suburbios casi completamente blancos. Otro resultado: a generaciones de familias negras les robaron la oportunidad de acumular riqueza por medio de la propiedad de sus viviendas.

Pero, ¿no somos ahora una sociedad que no distingue color?

Es cierto que ahora es ilegal la discriminación en la vivienda y la contratación. Pero estudios recientes reflejan que la discriminación todavía nos rodea. He aquí algunos resultados sorprendentes (recopilados por Sendhil Mullainathan en el New York Times) de estudios fiables que muestran la profundidad y la magnitud de la discriminación racial en Estados Unidos:

  · Los doctores que revisaron historiales médicos de pacientes, a quienes se les pidieron sus opiniones en relación con la enfermedad cardíaca, estaban mucho menos propensos a recomendar cateterizaciones cardíacas (un proceso beneficial) para pacientes negros —aunque los detalles de los casos fuesen estadísticamente idénticos a los de pacientes blancos.[6]

---

5. Marc Seitles, "The Perpetuation of Residential Racial Segregation in America: Historical Discrimination, Modern Forms of Exclusion, and Inclusionary Remedies", Journal of Land Use and Environmental Law, Vol. 141 (1996), http:// www.law.fsu.edu/journals/landuse/vol141/seit.htm.
6. Kevin A. Schulman, M.D, et al., "The Effect of Race and Sex on Physicians' Recommendations for Cardiac Catheterization", New England Journal of Medicine, Vol. 340, pp. 618-626 (25 de febrero de 1999), http://www.nejm.org/doi/full/10.1056/ NEJM199902253400806.

· Cuando personas blancas y negras fueron a negociar la compra de autos usados, las ofertas iniciales para personas negras eran de unos $700 más, y recibían concesiones mucho menores.[7]

· Varios estudios hallaron que enviar correos electrónicos con nombres negros estereotípicos en respuesta a anuncios de apartamentos en alquiler en Craigslist resultaban en menos respuestas que si se enviaban con nombres blancos.

· Un estudio del Departamento de Vivienda y Desarrollo Urbano (HUD, por sus siglas en inglés) federal, que se repite con regularidad y envía a afroamericanos y a blancos a mirar apartamentos, halló que a los afroamericanos les mostraban menos apartamentos en alquiler y casas en venta.

· Se descubrió que era menos probable que los legisladores blancos respondieran a sus votantes si tenían nombres afroamericanos. Esto era verdad con miembros de la legislatura de ambos partidos políticos.[8]

· Con correos electrónicos dirigidos a miembros de la facultad de universidades, pidiendo hablar de oportunidades de investigación, era más probable que recibieran respuesta si los nombres que usaban eran estereotípicos de blancos.

· Ni siquiera se salvan las subastas de eBay. Cuando se subastaron iPods en eBay, los investigadores variaron al azar el color de piel de la mano que aguantaba el iPod. Una mano blanca aguantando el iPod recibía 21% más ofertas que una mano negra.[9]

---

7. Ian Ayres y Peter Siegelman, "Race and Gender Discrimination in Bargaining for a New Car", American Economic Review, junio de 1995, http://islandia. law. yale.edu/ayres/Ayres%20Siegelman%20Race%20and%20Gender%20 Discrimination%20In%20Bargaining%20%20for%20a%20New%20Car.pdf.

8. Daniel M. Butler y David E. Broockman, "Do Politicians Racially Discrimi¬nate Against Constituents? A Field Experiment on State Legislators", American Journal of Political Science, Vol. 55, No. 3, pp. 463 – 477 (julio de 2011), http:// onlinelibrary.wiley.com/doi/10.1111/j.1540-5907.2011.00515.x/full.

9. Jennifer L. Doleac y Luke C.D. Stein, "The Visible Hand: Race and Online Market Outcomes", The Economic Journal, Vol. 123, No. 572, pp. F469 – F492 (noviembre de 2013), http://onlinelibrary.wiley.com/doi/10.1111/ecoj.12082/ abstract.

El racismo es lo que crea la raza, no al revés

La raza es producto de la discriminación, no de la biología. Es una clasificación que se usa para preservar y construir una jerarquía del poder y la riqueza. Siempre y en cualquier lugar que se categorice a la gente por "razas", es seguro que las élites económicas y políticas se estarán beneficiando de esa clasificación.

Como dijo W.E.B. Dubois en su célebre cita: "El hombre negro es una persona que tiene que viajar según dicta 'Jim Crow' en Georgia". Está diciendo, de la manera más clara posible, que se le define como hombre negro por el acto político de discriminar contra él, no por ninguna característica innata.

Hoy en día, los hombres negros son definidos por parada y cacheo ("stop and frisk" en inglés) y por ser parados por la policía al margen de la carretera por "manejar mientras son negros". Hoy en día, las niñas y los niños negros aprenden la definición de raza cuando empiezan a ir a escuelas que están dilapidadas y administradas como prisiones. Para una persona, ser negra significa que su vecindario recibe menos servicios, tiene menos mercados que ofrezcan buena alimentación y tiene más delincuencia. Ser negro significa que es dificilísimo conseguir un trabajo con paga decente en una economía con tan pocas oportunidades.

La definición cambiante de la raza

El término "raza" no se usó extensamente sino hasta después de 1800. En Europa, la gente a menudo usaba la palabra "raza" para referirse a la nacionalidad de alguien, una cualidad que se suponía biológica y cultural. Los cristianos europeos, en general, pensaban que la "raza" judía era diferente a la suya de manera biológica. La definición estadounidense de "raza" a principios del Siglo XX incluía la regla de "una gota de sangre"[10]. Si en cualquier parte de su árbol genealógico aparecía un antepasado

---

10. Shari L. Dworkin, "Race, Sexuality, and the 'One Drop Rule': More Thoughts about Interracial Couples and Marriage", Sexuality and Society, 18 de octubre de 2009, http://thesocietypages.org/sexuality/2009/10/18/race-sexuality-and-the-one-drop-rule-more-thoughts-about-interracial-couples-and-marriage/.

africano, por ley, su raza era la negra (pero, es curioso que tener una gota de sangre "blanca" no te hacía de la raza blanca. ¿Por qué será tanto más débil la sangre blanca?). Los nazis toleraban una proporción de sangre judía considerablemente más alta que la que los racistas sureños toleraban de sangre negra: bajo las Leyes de Núremberg, una persona podía tener hasta dos abuelas o abuelos judíos sin que le dieran la clasificación judía, siempre y cuando los otros abuelos, el padre y la madre no fueran judíos.

Estos conceptos raciales eran parte de una batalla global por la supremacía, popularizada a través de la idea del "darwinismo social". Los proponentes del darwinismo social tomaron el concepto científico de la "supervivencia del más fuerte" e intentaron aplicarlo a países, pueblos ("razas") y clases sociales. Los "arios" nazis decían que estaban en la cima del orden racial mundial que había creado la naturaleza por medio de la evolución. Por lo tanto, merecían dominar. También usaban su afirmación de superioridad por evolución para justificar su campaña de "purificación" racial a base de exterminar a las personas impuras: judíos, gitanos y homosexuales. Los nazis no fueron los únicos que usaron este modo de razonar: los británicos creían que su "raza" también merecía dominar, justificando así su imperio global sobre las "razas inferiores".

En Estados Unidos, los propietarios de esclavos usaban la "raza" para resolver una contradicción fundamental entre las ideologías de democracia y esclavitud. La declaración de que "todos los hombres han sido creados iguales" no cuadraba bien con las crudas realidades de la esclavitud intergeneracional. Los propietarios de esclavos resolvían este problema conceptual con la afirmación de que las personas negras eran una raza subordinada. El sistema sureño de explotación de riqueza por la élite (antes y después de la emancipación) dependía conceptualmente de la creación y recreación de una "raza" para justificar la opresión. Un relato excelente de los orígenes de la raza en Estados Unidos aparece en Karen Fields y Barbara Fields, *Racecraft: The Soul of Inequality in American Life,* Nueva York: Verso Books, 2014. Y Dorothy Roberts desacredita de forma definitiva la genética de la raza en Fatal Invention: *How Science, Politics, and Big Business Re-create Race in the Twen¬ty-first Century,* Nueva York: New Press, 2012.

La explotación financiera de la población negra e hispana

Claro está, la desigualdad en riqueza y propiedad de vivienda entre las personas consideradas blancas y las consideradas negras es muy profunda. El colapso inmobiliario de la vivienda que comenzó en 2008 reflejó y aumentó esa desigualdad. La burbuja de la vivienda en sí misma fue producto de la desigualdad sin límites. A medida que los ricos se enriquecían más y más, necesitaron nuevas oportunidades de inversión, sitios donde poner todo ese exceso de dinero que subía para los de arriba. Wall Street cumplió, inventando nuevas inversiones en vivienda basadas en hipotecas de alto riesgo (subprime en inglés) y altos intereses, dirigidas especialmente a posibles compradores negros y latinos. Estos préstamos se multiplicaron con furia, ya que las agencias hipotecarias y los bancos se dedicaron a engañar a estos posibles compradores, explotando sus dudas en cuanto a poder conseguir hipotecas convencionales.

Así lo puso el *New York Times*:

> La discriminación de precios —cobrarles más a clientes de minorías por préstamos y otros servicios que lo que se les cobra a blancos con calificaciones similares, lo cual es ilegal— es un problema bien establecido. Aumentó a niveles indignantes durante los años de la burbuja. Los estudios de organizaciones pro consumidor hallaron que a muchos prestatarios minoritarios que sí calificaban para préstamos asequibles y tradicionales se les orientaba, como rutina, hacia préstamos de costos arruinadores y alto riesgo que nunca podrían pagar.[11]

Esa era la meta de Wall Street: buscar víctimas para los préstamos de alto riesgo y después empacar nuevamente los préstamos en forma de bonos de alto rendimiento para los inversionistas. En caso de que las víctimas ya no pudieran pagar —es

---

11. "Fair Lending and Accountability", New York Times, editorial, 7 de septiembre de 2011, http://www.nytimes.com/2011/09/08/opinion/fair-lending-and-accountability.html.

decir, al reventar la burbuja— se ejecutarían las hipotecas y se expulsarían a las víctimas. He aquí un ejemplo de cómo se hizo:

> En 1996, la compañía, bajo el nuevo nombre Long Beach Mortgage Co., pagó $4 millones por un litigio del Departamento de Justicia que la acusaba de inflación de precios para prestatarios ancianos, prestatarias mujeres y prestatarios de minorías. Los procuradores la acusaban de permitir que sus agentes de hipotecas y empleados añadieran para estos clientes una tasa de hasta 12% de la cantidad del préstamo.

Como resultado de estas artimañas, las personas negras y latinas sufrieron más tras el hundimiento de la vivienda que cualquier otro grupo. Como tristemente muestran las Gráficas 10.5 y 10.6, la gente no blanca (de color) se ha quedado aún más atrás desde el colapso de Wall Street en 2007.

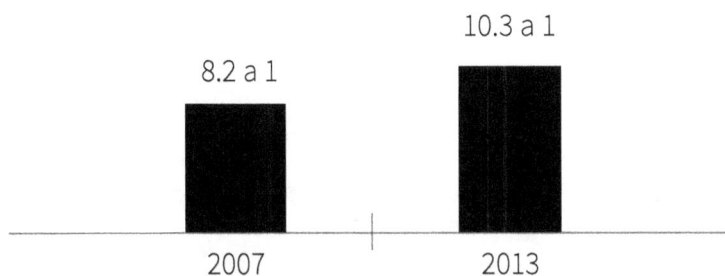

Gráfica 10.5: El crecimiento de la desigualdad entre población blanca y latina, 2007-2013
Fuente: Rajesh Kochhar y Richard Fry, "Wealth Inequality Has Widened Along Racial, Ethnic Lines Since End of Great Recession", Centro de Investigación Pew, 12 de diciembre de 2014, http://www.pewresearch.org/fact-tank/2014/12/12/racial-wealth-gaps-great-recession/.

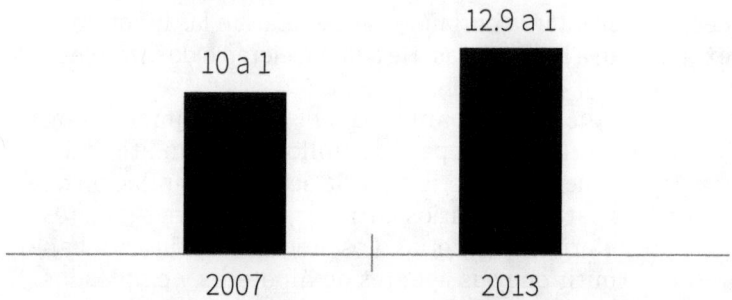

```
              12.9 a 1
   10 a 1
     ▮          ▮

   2007         2013
```

Gráfica 10.6: El crecimiento de la desigualdad entre población blanca y negra, 2007-2013
Fuente: Rajesh Kochhar y Richard Fry, "Wealth Inequality Has Widened Along Racial, Ethnic Lines Since End of Great Recession", Centro de Investigación Pew, 12 de diciembre de 2014, http://www.pewresearch.org/fact-tank/2014/12/12/racial-wealth-gaps-great-recession/.

Interconexión

La lucha por domesticar la desigualdad sin límites y la lucha por acabar con la discriminación racial deben avanzar juntas. Las personas trabajadoras —no blancas y blancas— están quedando más y más atrás a medida que la riqueza se acumula en manos de pocas personas. Pero, como siempre ocurre en la historia estadounidense, quienes se ven más afectadas son las personas que están abajo.

Dado el impacto de la discriminación sobre la pobreza, riqueza, educación, vivienda y encarcelación, tenemos que seguir exigiendo una justicia fundamental para la gente no blanca (de color). Asimismo, tenemos que controlar la desigualdad sin límites en nuestra economía en general o, si no, los demás caerán más y más atrás. La desigualdad sin límites nos obliga a recordar y adoptar una idea que expresaban los Trabajadores Internacionales del Mundo (IWW, por sus siglas en inglés), por allá en 1900, mientras luchaban por resolver las diferencias entre trabajadores calificados y no calificados, los inmigrantes recién llegados y los mejor establecidos, trabajadores blancos y negros: "El perjuicio de una persona es perjuicio para todas".

Preguntas de discusión

1. ¿Qué es la raza?

2. ¿Por qué cree usted que las personas blancas y negras tienen tanta menos riqueza que las angloamericanas?

3. ¿Qué impacto tiene la explotación financiera de la economía por parte de Wall Street sobre las relaciones raciales?

Capítulo 11

La inmigración

Los inmigrantes dieron forma, y continúan dando forma, al carácter de nuestro país. Como muestra la Gráfica 11.1, ola tras ola de inmigrantes ha llegado a Estados Unidos. Los inmigrantes eran el porcentaje más alto de la población (14,7%) a principios de 1900, el cual descendió desde ese entonces hasta la década de 1970. A partir de ahí, la inmigración ha aumentado de nuevo. Actualmente, los inmigrantes conforman el 13,3% de nuestra población.

¿Y qué de la cantidad de inmigrantes que llegan al país? Durante muchos años, la cantidad variaba ente 10 y 14 millones. Entonces, por el año 1980, como en tantas de nuestras otras gráficas, vemos que los números aumentan rápidamente.

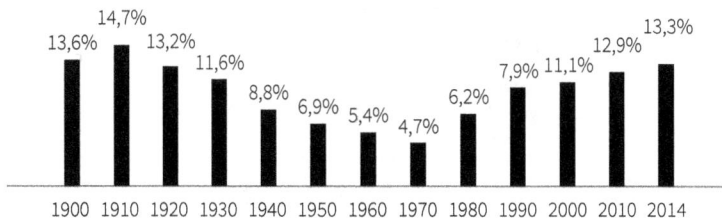

Gráfica 11.1: Los inmigrantes como % de la población de EE.UU.
Fuentes: Audrey Singer, "Contemporary Immigrant Gateways in Historical Perspective", Daedalus, Vol. 3, 2013, http://www.brookings.edu/~/media/research/files/articles/2013/09/05-immigrant-gateways-singer/singer-immigration-article-9513; Censo de EE.UU., "American Fact Finder", http://factfinder.census.gov

¿Por qué se disparó el número de inmigrantes después de 1980? ¿La inmigración tiene que ver algo con el clima pro negocio?

¿De dónde viene la inmigración?

En el período colonial, la inmigración provenía mayormente de Inglaterra y África. Más tarde, vinieron familias jornaleras irlandesas, artesanos alemanes y jornaleros chinos reclutados a la fuerza para construir nuestros ferrocarriles, seguidos por gente de Italia, Europa del Este y Rusia.

Ya estaba ahí mucha gente latinoamericana cuando se anexionaron las tierras de Texas y el Suroeste. En años recientes, la inmigración latina ha ascendido hasta llegar a ser el grupo más grande, como se ve en la Gráfica 11.2.

La inmigración desde México aumentó con rapidez, especialmente después de 1970, según la Gráfica 11.3.

¿Por qué? ¿Qué estaba pasando en México que trajo a esta ola de inmigrantes a Estados Unidos?

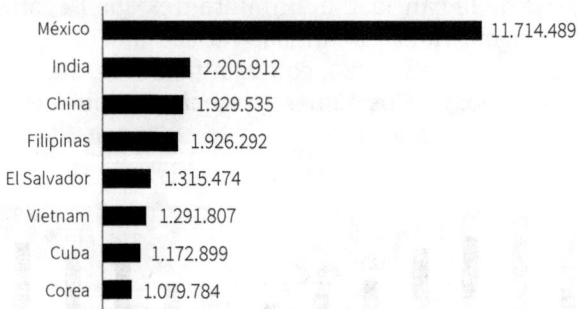

País	Inmigrantes
México	11.714.489
India	2.205.912
China	1.929.535
Filipinas	1.926.292
El Salvador	1.315.474
Vietnam	1.291.807
Cuba	1.172.899
Corea	1.079.784

Gráfica 11.2: La inmigración a EE.UU. por país, 2014
Fuente: Datos del Censo de EE.UU. del Instituto de Políticas de Migración, http://migrationpolicy.org/programs/data-hub/us-immigration-trends#source.

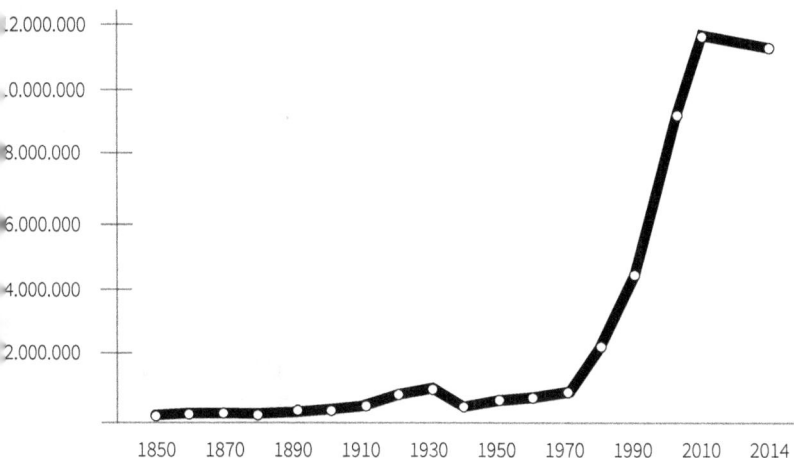

Gráfica 11.3: Inmigrantes nacidos en México presentes en EE.UU.
Fuente: Datos del Censo de EE.UU. del Instituto de Políticas de
Migración, http://migrationpolicy.org/programs/data-hub/tablas/
mexican-born-population-over-time.

El modelo del clima pro negocio
llega a Latinoamérica

Haría falta docenas de libros para poder hacer justicia a las
convulsiones económicas que han sacudido a Latinoamérica
desde 1970. Pero, casi todos observarían que el modelo del clima
pro negocio (denominado a nivel internacional como neoliberalismo o el Consenso de Washington) invadió a los países
de Latinoamérica durante este tiempo. ¿Por qué? El liderazgo
estadounidense deseaba aplastar lo que consideraba tendencias
comunistas y socialistas crecientes en la región.

En la década de 1960, Estados Unidos estaba sumergido en una
costosa guerra en Vietnam. Mientras tanto, la Cuba desafiante de
Castro presentaba para América Latina un modelo alternativo a
lo que él llamaba el imperialismo yanqui.

Las naciones latinoamericanas tendían a buscar más
independencia del control de Washington. Varias crearon indus-

trias públicas para controlar sus recursos naturales y proteger sus países de las corporaciones multinacionales. También adoptaron políticas y programas sociales que apoyaban a la gente trabajadora y pobre. Chile, la democracia más antigua de Latinoamérica, eligió a Salvador Allende, un socialista moderado, como presidente en 1970.

Esto resultó ser demasiado para el presidente Nixon y su asesor principal de política extranjera, Henry Kissinger. Temiendo que fuese otra Cuba, Estados Unidos coordinó un golpe de estado dirigido por la CIA en 1973 y destruyó la democracia chilena. Los golpistas, aliados con el General Augusto Pinochet, asesinaron a Allende y a miles de sus partidarios. Pinochet siguió dominando Chile durante 17 años. Después de consolidar su poder por medio de violencia bruta, Pinochet importó a los arquitectos del modelo del clima pro negocio desde la Universidad de Chicago para rediseñar la economía de Chile.

Pinochet y sus amigos estadounidenses rápidamente privatizaron las industrias públicas, recortaron programas sociales y de asistencia a la gente pobre y disminuyeron los impuestos, sobre todo para la gente rica. Desmantelaron los sindicatos progresistas y prohibieron cualquier tipo de oposición política. Las élites favorecidas por Pinochet se enriquecieron mientras la gente trabajadora y los pobres sufrían.

A pesar de la violencia y las violaciones de derechos humanos y de normas democráticas, los arquitectos de estas políticas económicas las consideraron un gran éxito. Con el tiempo, estas políticas se denominaron como el "Consenso de Washington"; la plantilla para la "reforma" económica de cualquier país en desarrollo que quisiera recibir apoyo económico de Estados Unidos.

Con el fin de impulsar el plan geopolítico de Estados Unidos, durante la década de 1970 los bancos de Wall Street hicieron enormes préstamos a países latinoamericanos (ver Gráfica 11.4). El dinero, conocido como petrodólares, provenía de las enormes ganancias de las naciones del Medio Oriente que subieron los precios del petróleo en 1973 y 1979. Estas ganancias se depositaron en los bancos de Wall Street y, de ahí, los bancos les prestaron ese dinero con facilidad a los países en vía de desarrollo. América Latina fue el destino principal de préstamos continuos porque, como dijo el director de Citibank, Walter Wriston: "Los países no quiebran". Se refería a que, a diferencia de una corporación, al pueblo de un país siempre se le podía seguir exprimiendo para cobrar las deudas.

México se comprometió con miles de millones de dólares en préstamos y, en 1982, demostró que Wriston se había equivocado: la nueva economía neoliberal de México no podía pagar ni siquiera el interés sobre sus préstamos. Esto resultó en una crisis de deuda masiva. Estados Unidos intervino con un enorme plan de rescate económico para México, esperando rescatar así al sistema bancario estadounidense de sus propios préstamos predatorios. Tras la crisis, forzó a México a privatizar más de sus recursos públicos y a recortar más de sus programas sociales. Millones de mexicanos perdieron sus empleos o cayeron en una espiral de pobreza. Cruzar la frontera se tornaba más y más atractivo para la gente empobrecida de México.

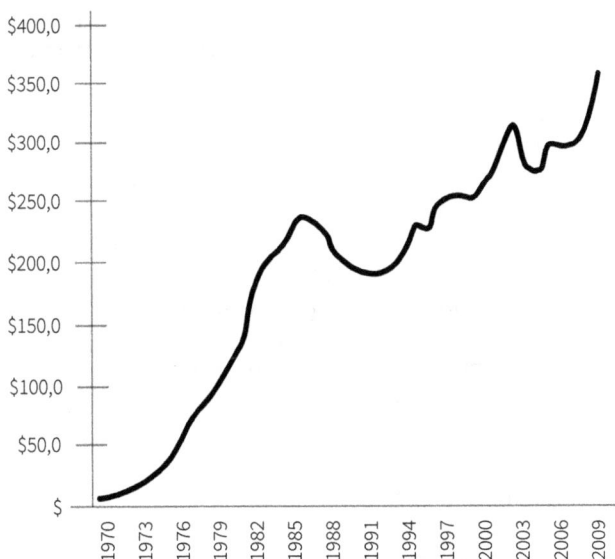

Gráfica 11.4: La deuda externa creciente de Centro y Sudamérica (en miles de millones de dólares estadounidenses)
Fuente: Knoema, "External Long-term Debt of Developing Economies by Lending Source, Annual, 1970 – 2011", http://knoema.com/ UNCTADLONGDEBT2013/external-long-term-debt-of-developing-economies-by-lending-source-annual-1970-2011.

El Tratado de Libre Comercio Norteamericano desbarata la agricultura mexicana

El "libre comercio" es un componente crítico del modelo del clima pro negocio. Ya sabemos que el modelo busca eliminar las regulaciones del gobierno y los impuestos que dificultan el quehacer de los negocios. Esto incluye tarifas y otras restricciones al comercio. En teoría, se trata de nivelar el campo de juego para que todas las empresas puedan tener la misma oportunidad de beneficiarse. Pero, claro, las multinacionales estadounidenses están en una posición mucho mejor para poder aprovecharse de este contexto que las empresas estrictamente nacionales. Entre otras cosas, las multinacionales pueden trasladar empleos a áreas del mundo donde se pague menos. Una vez más, se supone que esto resultara en más prosperidad para ambos lados de la frontera.

El Tratado de Libre Comercio Norteamericano (NAFTA, por sus siglas en inglés) entró en efecto en 1994 y fue un tratado de libre comercio sin precedentes. Este documento de 900 páginas no solo recortó las tarifas y retiró las cuotas de comercio entre Estados Unidos, México y Canadá, sino que allanó el terreno para empresas e inversionistas, requiriendo que las leyes nacionales de cada país se adaptaran a los términos del acuerdo que, en esencia, invalidan el poder de los representantes electos en el proceso democrático de cada país.

Entonces, ¿por qué NAFTA —y el modelo del clima pro negocio en general— causó más inmigración a Estados Unidos? NAFTA dejó a la gente trabajadora de los tres países sin protección ante las decisiones de corporaciones e inversionistas en busca de ganancias. Por ejemplo, permitió que los conglomerados agroindustriales estadounidenses pudieran instalarse en México, aniquilando con su escala y mecanización a los pequeños agricultores de maíz que no podían competir. Se perdieron aproximadamente 1,3 millones de trabajos en la agricultura mexicana. Así lo cuenta un informe:

La mayoría de estas familias agricultoras tienen una educación limitada y no pueden transferir sus destrezas a los nuevos trabajos que se crean. En esencia, gran parte de esta gente quedó "abandonada". En desesperación, un gran número de hombres emigra a Estados Unidos en busca de mejores trabajos, aumentando el número de hogares encabezados por mujeres. La inmigración desde México aumentó de aproximadamente 350.000 al año en 1992 a aproximadamente 500.000 al año en 2002 —60% indocumentada. Los datos muestran que provienen del sector rural de agricultura. Esto también muestra una correlación con un aumento en el número de familias encabezadas por mujeres que viven en la pobreza, al quedarse con oportunidades de trabajo limitadas y familias que mantener, sin la contribución económica de un hombre[1].

Así fue que el neoliberalismo, junto con NAFTA, causó las dificultades económicas de la gente pobre en México, y esto explica el aumento drástico en la inmigración a Estados Unidos.

Y después vino la Guerra Contra las Drogas, que dificultó todavía más las condiciones de vida en México.

La Guerra Contra las Drogas impulsa la inmigración a Estados Unidos

En Estados Unidos nos gustan las drogas, ya sea la marihuana, el whisky o el Viagra. En esto simplemente somos seres humanos, y la historia humana muestra que prohibir cualquier droga nunca da buen resultado. La Prohibición no hizo que la gente dejara de beber (ni de comprar, ni de vender) alcohol en la década de 1920. Y la Guerra Contra las Drogas que se inició en 1970 no ha hecho que la gente deje de usar (ni de vender) drogas. Pero la Guerra Contra las Drogas ha tenido efectos enormes, incluyendo un aumento en la inmigración.

1. Women's Edge Coalition, "NAFTA and the FTAA: Impact on Mexico's Agriculture Sector", http://www.iatp.org/files/NAFTA_and_the_FTAA_Impact_on_ Mexicos_Agricultu.pdf.

• **Los operativos contra las drogas aumentan las ganancias de los carteles del narcotráfico:** La Administración para el Control de Drogas estadounidense (DEA, por sus siglas en inglés) y todos los tribunales y policías que participan en la ejecución de la Guerra Contra las Drogas generan un subsidio masivo para los narcotraficantes. La prohibición aumenta el riesgo de cultivar, transportar y distribuir drogas. Pero cuanta más acción policíaca hay, mayores son las ganancias para quienes puedan sobrevivir en el negocio de las drogas, incluyendo a los carteles mexicanos. Esto se aprende en cualquier cursillo de economía básica, hasta el economista más conservador lo sabe.

• **Los cárteles crecen por las operaciones contra las drogas:** Por el funcionamiento normal del sistema del mercado libre, los carteles de drogas más eficientes crecen y eliminan a los menos eficientes. Pero, ya que estas actividades son ilegales y las personas que en ellas participan corren el riesgo de arrestos y asaltos a manos de las fuerzas militares, los carteles solo pueden sobrevivir si recurren a una violencia mayor que la de sus adversarios: otros carteles, las fuerzas militares mexicanas, el gobierno mexicano y el brazo internacional de la DEA. En muchas áreas de México, los carteles se hicieron tan fuertes que se convirtieron en el gobierno, de hecho, con mucho más poder que la policía local.

Así lo puso el programa *Frontline* de PBS:

Cuando el dinero de la droga llega por fin a la economía internacional, se usa para pagar los salarios de la gente que transporta y procesa la droga, así como para sobornos que suplementan los ingresos de funcionarios gubernamentales a ambos lados de la frontera. Hay regiones enteras de México, Colombia y puntos intermedios que dependen ahora de la demanda estadounidense de drogas.

Se dice que las organizaciones del narcotráfico a gran escala, como el infame Cartel de Cali, en Colombia, o el de los hermanos Arellano Félix, de México, se parecen mucho en su estructura a las grandes corporaciones, con una división de trabajo y enormes reservas de efectivo diseñadas para el buen funcionamiento de las operaciones[2].

• **Los carteles de droga ofrecen oportunidad de movilidad social ascendente:** Dadas la dislocación que causó NAFTA y la adopción del neoliberalismo en México, hay mucha gente con muy pocas opciones aparte de trabajar en el narcotráfico u otras áreas de la economía subterránea. Los carteles de droga ofrecen empleos que pagan mucho en una época en la que no es fácil encontrar buenos trabajos.

• **Las guerras y acciones policíacas contra las drogas resultan en un éxodo de ciudadanos mexicanos:** La violencia necesaria para el buen funcionamiento de un cartel exitoso, ante los ataques del gobierno —y de la DEA— hacen que la vida sea extremadamente peligrosa para la población local. Son frecuentes los tiroteos. Han muerto más de 60.000 personas desde el año 2006 al 2012, según los datos más recientes de *Human Rights Watch*[3]. Como resultado, decenas de miles de personas mexicanas prefieren cruzar la frontera en busca de una seguridad relativa. Y, si eso no es posible, esperan poder poner a sus hijas e hijos a salvo enviándoles a Estados Unidos.

El resultado neto: una inmigración masiva a Estados Unidos. Una gran ola de inmigrantes es el resultado lógico de las políticas del neoliberalismo y la Guerra Contra la Drogas.

---

2. Oriana Zill y Lowell Bergman, "Do the Math: Why the Illegal Drug Business Is Thriving", Frontline, Canal 13 de PBS, http://www.pbs.org/wgbh/ pages/ frontline/shows/drugs/special/math.html.
3. Human Rights Watch, "Mexico's Disappeared: The Enduring Cost of a Crisis Ignored", HRW, 2013, http://www.hrw.org/sites/default/files/reports/ mexico0213_ ForUpload_0_0_0.pdf.

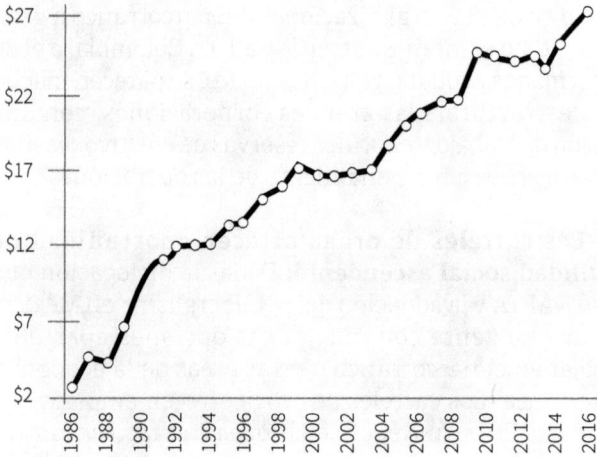

Gráfica 11.5: El presupuesto nacional para el control de las drogas (en miles de millones de dólares estadounidenses)
Fuente: Oficina del Presidente de Estados Unidos, "National Drug Control Budget", varios años, https://search.whitehouse.gov/ search?affiliate=wh&page=2&query=1985+u.s.+federal+drug+control+budget&utf8=%E2%9C%93.

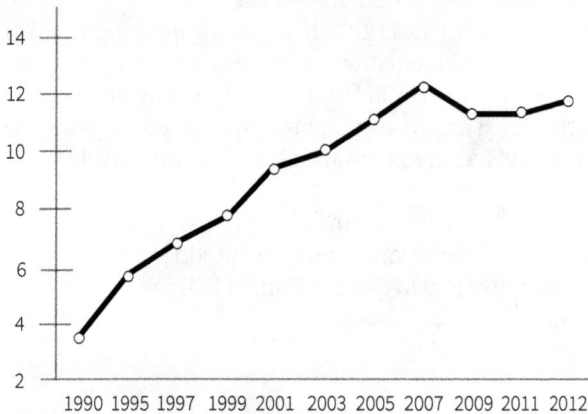

Gráfica 11.6: Número de inmigrantes no autorizados, 1990-2012 (estimado en millones)
Fuente: Centro de Investigación Pew, "Unauthorized Immigrants: Who They Are and What the Public Thinks", 15 de enero de 2015, http://www.pewresearch.org/key-data-points/immigration/.

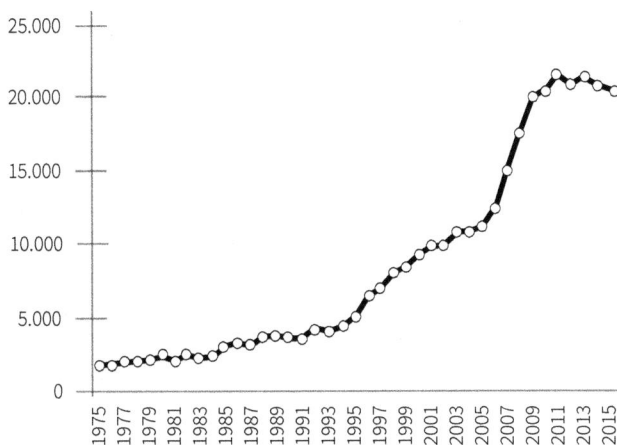

Gráfica 11.7: Número de agentes de la Patrulla Fronteriza
Fuentes: Aduanas y Protección Fronteriza de Estados Unidos, "Border
Patrol Agent Staffing by Fiscal Year", https://www.cbp.gov/sites/default/
files/assets/documents/2016-Oct/BP%20Staffing%20FY1992-FY2016.pdf;
y Universidad de Syracuse, Transactional Records Access Clearinghouse,
http://trac.syr.edu/immigration/reports/143/.

En resumen, estas tendencias se refuerzan mutuamente.
Cuanto más se ejecuta la prohibición de la droga (ver Gráfica
11.5), más suben los beneficios por aumentar el riesgo de traficar
drogas a Estados Unidos. El incremento en ganancias permite la
expansión de violentos carteles en México, forzando la huida de
más gente indocumentada desde México a Estados Unidos (ver
Gráfica 11.6). Y para frenar esta ola, gastamos más y más recursos
en agentes de la Patrulla Fronteriza (ver Gráfica 11.7).

Los trabajadores indocumentados y la desigualdad sin límites

De los 40 millones de inmigrantes actuales en Estados Unidos, aproximadamente 2 millones están indocumentados.

Los empleadores comprenden que los trabajadores indocumentados viven con un temor constante de ser deportados (ver Gráfica 11.8). Esto les permite a los empleadores mantener los salarios y beneficios de esta fuerza laboral al más estricto mínimo. Los empleadores pueden ignorar las leyes de salario mínimo y tiempo extra, y a menudo así lo hacen, cuando se trata de la mano de obra indocumentada. Con demasiada frecuencia, hay empleadores que simplemente se niegan a pagarle a alguien. Pero es muy difícil combatir de modo legal este tipo de robo de salarios, una vez más, por el miedo a la deportación que tienen los empleados.

Hasta los políticos más antiinmigrantes comprenden que la deportación de todos los trabajadores indocumentados es imposible sin que Estados Unidos se convierta todavía más en un estado policíaco. Se gasta cada vez más en la vigilancia de la frontera con México, pero no se ha podido controlar el movimiento de inmigrantes no autorizados. Ofrecer a los inmigrantes una vía a la ciudadanía es la opción lógica y humana. Resultaría en salarios más altos y mejores beneficios para esta fuerza laboral, y elevaría los estándares para todos los demás.

La gente a quien le preocupa la inmigración no autorizada debería prestar mucha atención a la información de este capítulo. Si la meta es reducir el flujo de inmigrantes a Estados Unidos, entonces necesitamos que nuestro propio gobierno contribuya a mejorar —no a empeorar— las condiciones en México y otros países de Latinoamérica. Tenemos que acabar con la Guerra Contra las Drogas aquí y con el neoliberalismo en los países en vía de desarrollo. Mientras la DEA siga actuando como la gran multiplicadora de las ganancias de los carteles de droga, las víctimas seguirán huyendo al otro lado de la frontera. Mientras el neoliberalismo siga enriqueciendo a poca gente a costa de la mayoría, los pueblos latinoamericanos huirán de la pobreza con o sin documentos.

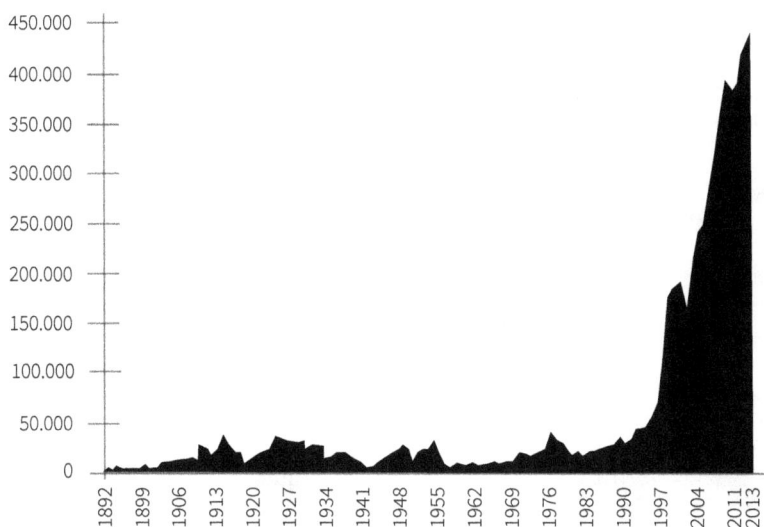

Gráfica 11.8: Deportaciones de EE.UU., 1892 – 2013
Fuente: Departamento de Seguridad Nacional, Yearbook
of Immigration Statistics: 2013, https://www.dhs.gov/
yearbook-immigration-statistics-2013- enforcement-actions.

Preguntas de discusión

1. En su opinión, ¿por qué hubo tanta inmigración desde Latinoamérica a Estados Unidos?

2. ¿Qué impacto tiene la Guerra Contra las Drogas en la inmigración desde México?

3. En su opinión, ¿qué debería hacerse con los cerca de 12 millones de inmigrantes indocumentados que hay en Estados Unidos actualmente?

Capítulo 12

La igualdad de género, la vida familiar y la explotación financiera

La desigualdad sin límites y la explotación financiera han creado una súper élite de directores ejecutivos, gerentes de fondos de cobertura y de capital privado, y banqueros. Casi ninguna de estas personas es una mujer.

- De los 1,000 directores ejecutivos en la lista de Fortune, solo 51 (5%) son mujeres[1].
- De los 400 individuos más ricos en la lista de Forbes, 47 (9%) son mujeres. Y muchas de ellas aparecen en la lista por ser parte de familias ricas. Esto incluye a cuatro mujeres de la familia Walton (Wal-Mart), cinco mujeres de la familia Pritzker (compañía de inversión Pritzker Group) y cuatro mujeres de la familia Johnson (productos de limpieza)[2].
- Entre los 25 grandes magnates de fondos de cobertura que en conjunto amasaron $25 mil millones en 2013, no hay ninguna mujer[3].
- Entre los 50 mejores "negociantes" en la lista de Forbes (sobre todo dirigentes de firmas de capital privado), no hay ninguna mujer[4].

---

1. Caroline Fairchild, "Women CEOs in the Fortune 1,000: By the Numbers", Fortune.com, 8 de julio de 2014, http://fortune.com/2014/07/08/women-ceos-fortune-500-1000/.
2. "Forbes 400, the List: Women, 2014 Ranking", Forbes.com, http://www.forbes.com/forbes-400/list/#tab:Women.
3. Daniel Fisher, "The Top 50 Dealmakers", Forbes.com, 3 de octubre de 2012, http://www.forbes.com/special-report/2012/1003_private-equity.html.
4. Ibíd.

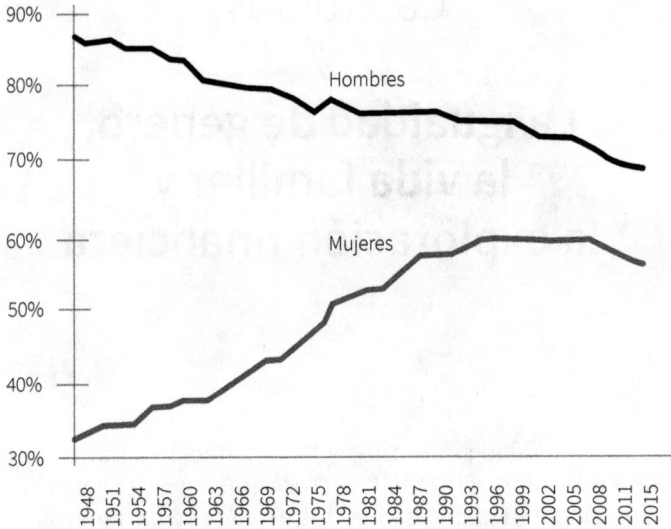

Gráfica 12.1: Niveles de participación en la fuerza laboral por sexo

Fuente: Oficina de Estadísticas Laborales, Estadísticas de la fuerza laboral de la encuesta poblacional actual, http://data.bls.gov/cps/cpsaat02.pdf.

Pero, ¿cómo ha afectado el modelo del clima pro negocio las vidas de las mujeres regulares?

Para empezar, probablemente ha empujado a más mujeres a entrar en la fuerza laboral para compensar por los salarios estancados de los hombres. Claro que el porcentaje creciente de mujeres en la fuerza laboral también refleja la evolución de los roles de género y el aumento en los hogares de personas solteras y de familias monoparentales. Por todas estas razones, como muestra la Gráfica 12.1, se ha visto un enorme aumento en la participación de las mujeres en la fuerza laboral desde 1950.

Al mismo tiempo, la brecha entre los salarios de hombres y mujeres ha disminuido. El salario medio de las mujeres que trabajan a tiempo completo ha subido desde unos 60 centavos por cada dólar que ganaba un hombre a 75,8 centavos por dólar. Pero, desafortunadamente, como vemos en la Gráfica 12.2, una gran cantidad de la brecha se cerró porque los salarios medios de los hombres se estancaron (aún así, la brecha salarial para las mujeres negras es de 85,3 centavos por dólar y para las mujeres latinas es de 93,5 centavos.)

La Gráfica 12.3 (salarios medios por hora) muestra ese patrón aún más claramente: los salarios de los hombres se han rebajado desde mediados de la década de 1970 a medida que la explotación financiera cortaba los lazos entre el crecimiento de productividad y los salarios de las personas trabajadoras.

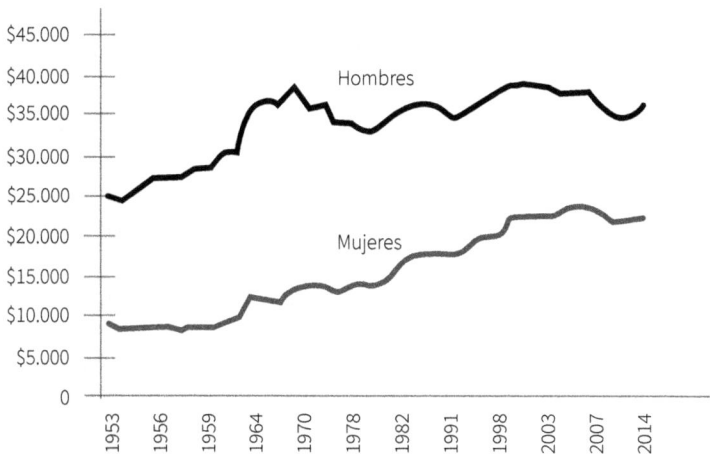

Gráfica 12.2: Ingreso anual medio por sexo (ajustado a la inflación en dólares de 2014)
Fuente: Oficina del Censo de EE.UU., tablas de ingresos históricos, Tabla P 5, http://www.census.gov/hhes/www/income/data/historical/people/.

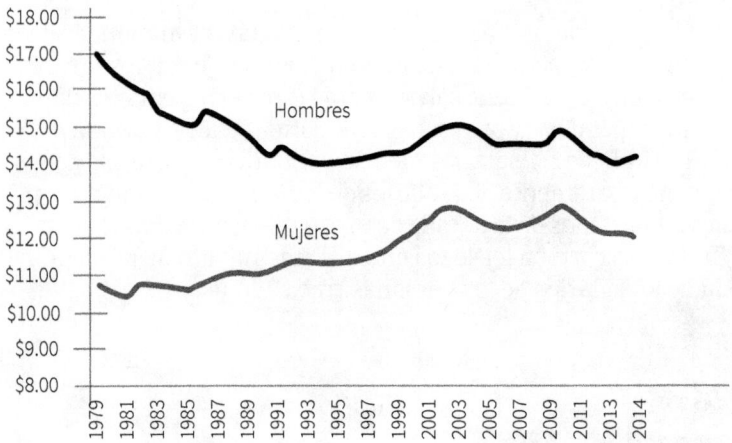

Gráfica 12.3: Ganancias medias por hora, por sexo (ajustado a la inflación en dólares de 2013)
Fuente: Oficina de Estadísticas Laborales, "Highlights of Women's Earnings in 2014", diciembre de 2015, http://www.bls.gov/opub/reports/cps/ highlights-of-womens-earnings-in-2014.pdf.

Es todavía más revelador que, a medida que la desigualdad sin límites aceleraba durante la década pasada, los salarios tanto de hombres como de mujeres siguieron la misma dirección: ambos se allanaron y ahora están bajando. Y el progreso hacia el cierre de la brecha de género se ha detenido.

Comparaciones internacionales

Cada año, el Foro Económico Mundial califica la desigualdad de género en 146 países, según una serie de medidas. Estados Unidos figura bastante bien en la calificación de "participación y oportunidad económica" de las mujeres: estamos en cuarto lugar. Pero estamos en el 39 si se trata del logro educacional de las mujeres, 54 en empoderamiento político y 62 en salud y supervivencia[5].

---

5. Foro Económico Mundial, "Gender Gap Index 2014, Country Scorecard", http://reports.weforum.org/global-gender-gap-report-2014/economies/#economy=USA.

Combinar estas puntuaciones nos da un rango de 20; lo que nos deja bien atrás de muchos países, desde Islandia (número uno) hasta Nicaragua y Ruanda[6].

Los países con distribuciones de riqueza más igualitarias —Islandia, Finlandia, Noruega, Suecia y Dinamarca— también recibieron los rangos del uno al cinco en la igualdad de género.

La vida familiar

Una manera, con eficacia demostrada, de igualar la paga para las mujeres es adoptar políticas laborales que apoyen a las familias (como horarios flexibles), las cuales facilitan que tanto hombres como mujeres puedan criar a sus niños y cuidar de otros familiares. Ya que las mujeres continúan brindando más cuidado infantil (así como cuidado de personas mayores y las tareas de casa) que los hombres, es más probable que ellas abandonen sus trabajos por la obligación de cuidar de sus familias. Hasta su ausencia temporal de la fuerza laboral rebaja su capacidad de obtener ingresos a lo largo de su vida. Así que, las políticas que les permitan seguir en el trabajo y compartir con sus parejas la carga de cuidar la familia resultan en ganancias más altas en general.

Claro que tales políticas ofrecen muchos otros beneficios aparte de la igualdad de género: pueden hacer la vida más rica para todo el mundo.

Desafortunadamente, las políticas "favorables a la familia" no encajan bien con la filosofía antirregulatoria y antisocial del clima pro negocio. Por lo tanto, Estados Unidos está cerca del final de la lista de países desarrollados en la categoría de políticas favorables a la familia. Parece que el país de mayor desigualdad es también el país que menos apoyo brinda a mujeres y familias.

---

6. Foro Económico Mundial, "Global Gender Gap Rankings", http://reports. weforum.org/global-gender-gap-report-2014/rankings/.

1) Licencia familiar

He aquí un dato extraordinario y perturbador: la Organización Internacional del Trabajo reporta que, "Entre todas las economías desarrolladas, Estados Unidos es la única que no paga beneficios por maternidad"[7].

La Gráfica 12.4 muestra la cantidad de licencia con y sin paga que cada país brinda, por ley, para nuevas madres y/o nuevos padres. Somos la última de todas las naciones desarrolladas. La OIT informa:

[En Estados Unidos], la Ley de Licencia Familiar y Médica (Family and Medical Leave Act, o FMLA) provee hasta 12 semanas de licencia sin paga que pueden usarse para cuidar un bebé recién nacido, pero esta disposición solo cubre a personas que trabajen para empleadores con 50 o más empleados en el lugar de trabajo o en un radio de 75 millas del lugar de trabajo. Cincuenta por ciento de la gente trabajadora que no tiene cobertura bajo la FMLA, porque trabaja para pequeñas empresas, declara que no toma su licencia por miedo a perder su trabajo, mientras, según un informe del Censo, 1 de cada 5 mujeres definen su "acuerdo de licencia" como una renuncia al trabajo. Entre las mujeres con nivel de educación por debajo de la escuela secundaria, la mitad abandonan sus trabajos.[8]

---

7. Laura Addati, et al., Maternity and Paternity at Work: Law and Practice Across the World, Apéndice II, "Key National Statutory Provisions on Maternity Leave, by Region, 2013", Ginebra: Organización Internacional del Trabajo, 2014, http://www.ilo.org/ wcmsp5/groups/public/---dgreports/---dcomm/---publ/documents/publication/wcms_242615.pdf.

8. L. Laughlin, Maternity Leave and Employment Patterns of First-time Mothers: 1961-2008, Estudios de la economía del hogar. Oficina del Censo de EE.UU., Washington, 2011, http://www.census.gov/prod/2011pubs/p70-128.pdf, citado en ibíd., p. 38.

Nuestra política de licencia por maternidad es tan inefectiva que las mujeres no pueden permitirse usarlo. La OIT reporta:

En Estados Unidos, casi un cuarto de las madres que tomaron su permiso por maternidad por el nacimiento de un bebé en 2012 regresaron al trabajo en menos de 10 días, ya que no podían permitirse el costo de tomarse más tiempo sin trabajar [9].

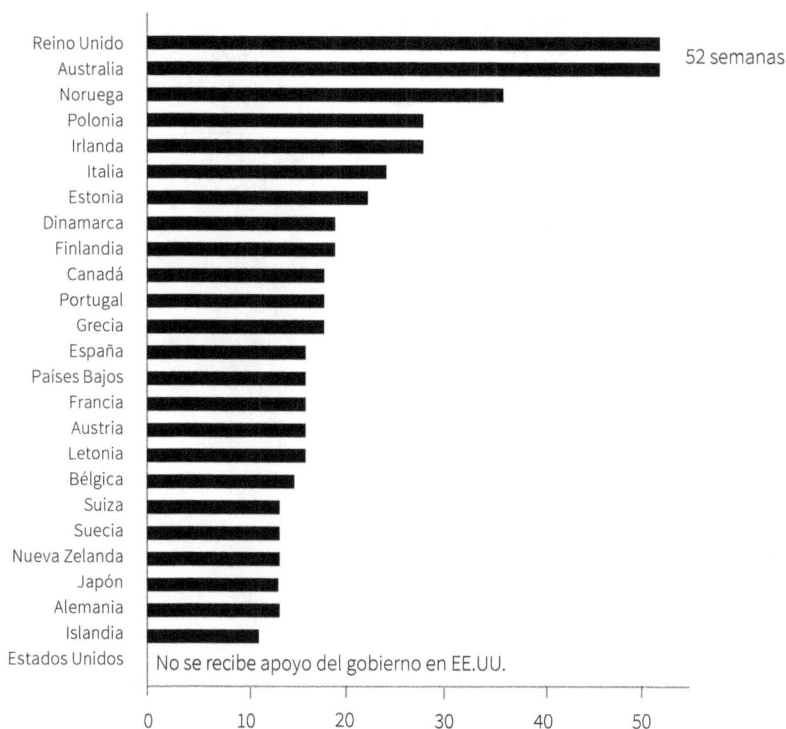

Gráfica 12.4: Licencia por maternidad con apoyo del gobierno
Fuente: Datos de 2011-2012 basados en la Organización Internacional del Trabajo, Maternity and Paternity at Work: Law and Practice Across the World (Ginebra: International Labour Office, 2014), http://www.ilo.org/wcmsp5/groups/public/---dgreports/---dcomm/---publ/ documents/publication/wcms_242615.pdf.

9. J. A. Klerman, et al., Family and Medical Leave in 2012, Informe técnico, preparado por el Departamento del Trabajo de EE.UU., Washington, 2013, http://www.dol.gov/asp/evaluation/fmla/FMLA-2012-Technical-Report.pdf, citado en ibíd., p. 39.

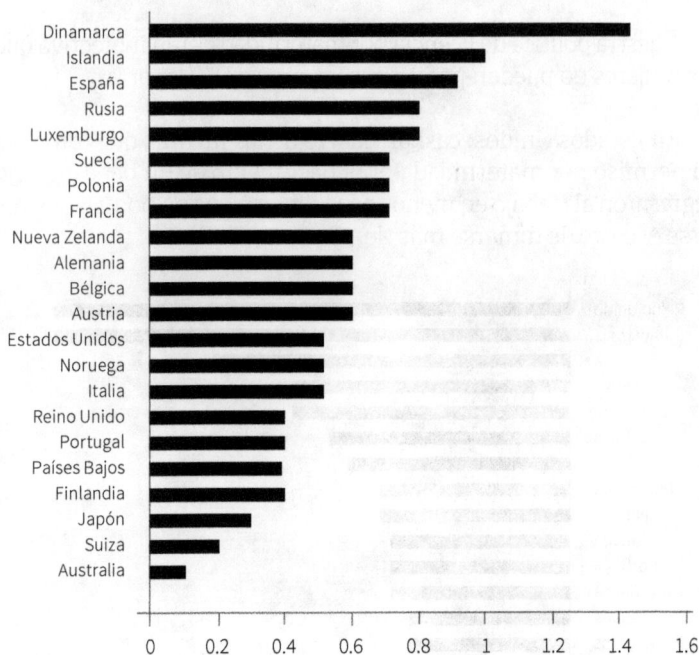

Gráfica 12.5: Porcentaje del PIB invertido en educación para la primera infancia, 2011/12
Fuente: OCDE, Education at a Glance 2014: OECD Indicators (OECD Publishing, septiembre de 2014), http://dx.doi.org/10.1787/ eag-2014-en.

2) Cuidado infantil

Una familia adinerada puede contratar a una niñera, haciendo posible que ambas personas en una pareja puedan mantener empleos bien pagos. Una familia con menos recursos tiene más problemas. Muchas familias dedican un porcentaje enorme de sus ingresos para pagar cuidado infantil, el cual, en otros países desarrollados, sería gratuito. Algunas familias no se pueden permitir el costo del cuidado infantil, así que un familiar que probablemente preferiría tener un trabajo (normalmente la madre) se ve forzada a quedarse en casa para cuidar de la familia, sacrificando sus ingresos y ganancias futuras.

Los estudios muestran que el cuidado infantil de alta calidad es una de las mejores inversiones que se pueden hacer para nuestros niños y para el futuro. Pero, aun así, como nación estamos muy abajo en la lista de inversión en educación para la primera infancia (ver Gráfica 12.5)[10].

Horario laboral flexible

Si se permite que una persona trabajadora modifique sus horas de trabajo, el número de horas que trabaja, o que trabaje desde su hogar, tendría una mayor posibilidad de permanecer en la fuerza laboral a la vez que cuida de sus niños y otros familiares. Una vez más, Dinamarca, Finlandia y Suecia están a la cabeza de los países desarrollados en flexibilidad laboral y, como las mujeres siguen haciendo más de la labor del cuidado que los hombres, estos países también tienen más igualdad de género y niveles más bajos de desigualdad de ingresos y de riqueza.

Pero conseguir este tipo de flexibilidad laboral requiere regular las prácticas corporativas, algo que los proponentes del clima pro negocio no quieren. Por lo tanto, como reporta la OCDE, Estados Unidos tiene niveles bajos de flexibilidad laboral:

> [E]n Estados Unidos, 37% de los empleadores con al menos 50 empleados permiten que su personal cambie el comienzo y el fin de su trabajo cada cierto tiempo (Galinsky et al., 2008). Solo un 10% de los empleadores lo permite a diario. La mayoría de la gente trabaja en compañías donde el horario flexible se permite solamente a una parte limitada de las personas empleadas: por lo general, las que ocupan puestos con más antigüedad. Es menos probable que las mujeres tengan la opción de un horario

---

10. OCDE, "How Do Early Childhood Education and Care (ECEC) Policies, Systems and Quality Vary Across OECD Countries?" Educator Indicators in Focus, 2 de febrero de 2013, http://www.oecd.org/education/skills-beyond-school/EDIF11.pdf.

flexible que los hombres, pero es más probable que las personas con hijos —incluyendo a madres solteras— tengan acceso a la flexibilidad laboral (Golden, 2001, 2006; McCrate, 2005).[11]

El equilibrio entre la vida y el trabajo

Tal vez, la mejor medida de cómo tratamos a las familias sea el "índice de equilibrio de vida y trabajo", creado por la OCDE. La OCDE observa:

Lograr un equilibrio adecuado entre el trabajo y la vida diaria es una dificultad común para la gente trabajadora. Esto afecta en especial a las familias. Algunas familias quisieran tener (más) hijos, pero no saben cómo sería posible sin dejar de trabajar. Hay otras familias que están satisfechas con el número de hijos que tienen pero quisieran trabajar más. Esta situación es un reto para los gobiernos, porque si la gente con niños no puede tener el equilibrio que necesita entre la vida y el trabajo, no solo se ve afectado su propio bienestar, sino que también es dañino para el desarrollo del país.[12]

El día laboral de los hombres sigue siendo muy diferente al de las mujeres. En promedio, las mujeres hacen el doble de las horas de trabajo en el hogar, sin paga, de las que hacen los hombres.

---

11. Heather Boushey, "Perspectives on Work/Family Balance and the Federal Equal Employment Opportunity Laws", Testimonio para la Comisión de Oportunidades Iguales, Centro para la Investigación Económica y de Políticas, 28 de agosto de 2009, http://www.cepr.net/publications/briefings/testimony/perspectives-work-family-opportunity.
12. OCDE, "Work-Life Balance", Índice de una mejor vida de OCDE, http://www.oecdbetter lifeindex.org/topics/work-life-balance/.

La gente le dedica entre una décima parte y una quinta parte de su tiempo al trabajo no pago

La distribución de tareas en la familia todavía está bajo la influencia de los roles de género: es más probable que los hombres pasen más horas haciendo trabajo pago, mientras que las mujeres pasan más horas haciendo trabajo doméstico no pago. Los hombres en los países de la OCDE dedican 141 minutos por día a hacer trabajo sin paga, mientras que las mujeres dedican 273 minutos por día a cocinar, limpiar o cuidar a alguien.

Cuanto más baja sea la calificación del índice de trabajo y vida, más probable es que las mujeres y los hombres disfruten de una igualdad relativa. De los 36 países sondeados, Estados Unidos quedó en el número 29.

Desigualdad, desregulación e igualdad de género

La historia se ve cada vez con más claridad. Se suponía que el modelo del clima pro negocio nos daría prosperidad para todo el mundo, pero en su lugar nos trajo la desigualdad sin límites. El modelo exige desregular los negocios y limitar los beneficios del gobierno, posicionándose en contra de las regulaciones sobre las licencias por enfermedad pagas, licencias familiares pagas, subsidios para el cuidado infantil y flexibilidad de horarios laborales. Y, desde que se adoptó el modelo, se estancaron los salarios de las mujeres y las familias se han enfrentado a algunas de las políticas más hostiles contra ellas entre los países desarrollados.

La igualdad de género y las políticas que favorecen a las familias seguirán fuera de nuestro alcance hasta que podamos detener la explotación financiera de nuestra economía.

Preguntas de discusión

1. ¿Por qué las mujeres están prácticamente excluidas de los trabajos más altos de directores ejecutivos y finanzas?

2. ¿Cómo el clima pro negocio ha favorecido o perjudicado los sueldos de las mujeres?

3. ¿Por qué estamos tan por debajo de otras naciones en el tema de las políticas gubernamentales sobre la vida familiar?

Capítulo 13

Todo se conecta con todo: El cambio climático, Wall Street y la desigualdad sin límites

Por lo general, acostumbramos a pensar en las humaredas de plantas eléctricas alimentadas por carbón, en las fundiciones y los grandes hornos de acero, y en otras instalaciones de consumo intensivo de energía como los culpables principales de nuestra carrera desbocada hacia el infierno ambiental. Normalmente, no nos preocupamos demasiado por el impacto ambiental del sector financiero, que hace la mayoría de su trabajo de modo electrónico. De hecho, hay varios financieros prominentes que reciben galardones por dar grandes donaciones a causas ambientales y por preocuparse por el calentamiento global[1].

Pero, si miráramos más allá, nos acordaríamos de lo que dijo Barry Commoner, que ayudó a fundar el movimiento ambientalista moderno: "Todo se conecta con todo".

¿Qué conexión hay entre la desigualdad económica sin límites, el dominio de las altas finanzas y el desastre ambiental?

---

1. Nicholas Confessore, "Financier Plans Big Ad Campaign on Climate Change", New York Times, 17 de febrero de 2014, http://www.nytimes.com/2014/02/18/us/politics/financier-plans-big-ad-campaign-on-environment.html?_r=0.

El aumento de los gases invernadero

Los datos sobre el cambio climático son concluyentes. El mundo se está calentando. Las tormentas y sequías se intensifican.

Pero hay un grupo de políticos conservadores que quieren hacernos creer que las causas no son humanas (aparentemente el 56% de los congresistas republicanos dicen que niegan o dudan de la ciencia sobre el cambio climático[2]).

¿Qué evidencia tienen? Los negadores dicen que, en realidad, la comunidad científica aún tiene dudas. Pero el consenso científico sobre el cambio climático es obvio. Una encuesta de 2,259 artículos científicos arbitrados por pares acerca del calentamiento global, escritos por 9,136 científicos entre noviembre 2012 y diciembre 2013, publicados en Scientific American, revela que tan solo UNO de los 2,259 artículos declaró que el calentamiento global no estaba causado por la contaminación creada por la humanidad[3].

Hay mucha gente en Estados Unidos que no confía en la ciencia y hay muchos políticos que, o piensan igual, o tratan de complacer a esos votantes. Pero en este libro nos dejamos guiar por los hechos, tratando de determinar la realidad en la medida en que sea posible. Y la realidad sobre el cambio climático es dolorosamente clara: la causa física principal del calentamiento global es el incremento de gases invernadero que se emiten, sobre todo, al quemar combustibles fósiles. El CO_2 representa cerca del 82% del total de los gases invernadero.

La Gráfica 13.1 sigue el aumento del promedio de la temperatura global y la Gráfica 13.2 sigue los aumentos en las emisiones de CO_2 desde 1980. El sector científico es capaz de medir estas dos variables con gran exactitud y ha concluido que las emisiones crecientes de CO_2 están causando el calentamiento del planeta Tierra. El aumento es el resultado del rápido desarrollo industrial en todo el mundo, primero en Estados Unidos, Europa y otras naciones industrializadas, y actualmente en cada nación en vía de desarrollo.

---

2. Tiffany Germain, "Here Are the 56 Percent of Congressional Republicans Who Deny Climate Change", Moyers y Company, 25 de febrero de 2015, http://billmoyers.com/2015/02/03/congress-climate-deniers/.

3. Ashutosh Jogalekar, "About That Consensus on Global Warming: 9136 Agree, One Disagrees", Scientific American, 10 de enero de 2014, http://blogs.scientifi¬camerican.com/the-curious-wavefunction/2014/01/10/about-that-consensus-on -global-warming-9136-agree-one-disagrees/.

El año más cálido que se ha registrado fue el 2014, que sobre-pasó al 2010. Los 10 años más cálidos registrados han sido todos desde 1997. Cuanto más caliente esté nuestra atmósfera, más violento e inestable se vuelve nuestro clima. Vemos cada vez más sequías, tormentas e inundaciones. El sector científico ha estable-cido claramente que los hielos polares se están derritiendo a un ritmo alarmante, los océanos se calientan y se acidifican, y suben los niveles del mar. Nos advierte también que estos cambios resul-tarán en la escasez de alimentos y de agua, en la propagación más rápida de enfermedades, y en la inestabilidad política. Nos urge acción inmediata para reducir drásticamente las emisiones de gas invernadero.

Pero, ¿no sería cada año más caliente que el anterior?

La gente que duda de la realidad del cambio climático señala la variabilidad de nuestras condiciones climáticas. Es obvio que cada día, semana o año no es más cálido o con más tormentas que el anterior, porque el clima es un enorme y complicado sistema que fluctúa. Así que las predicciones se basan en la probabilidad.

He aquí un ejemplo que ayudará a la gente que todavía duda del cambio climático. Imagínese que usted está tirando un dado. Dos de las caras del dado representan una temperatura por encima del promedio, dos de las caras del dado representan una temperatura promedio, y dos de las caras del dado representan una temperatura por debajo del promedio. Si usted tira el dado suficientes veces, cada resultado saldrá aproximadamente un tercio de las veces. Ese es el patrón que se vería en un mundo que no estuviese calentándose; algunos años por encima del promedio, otros por debajo y los demás en el promedio.

Ahora imagínese que usted cambia el dado de modo que tres de las seis caras representen una temperatura anual por encima del promedio, dos en el promedio y solo una por debajo. Si tira ese dado es probable que al menos la mitad de los años sean de una tempe-ratura por encima del promedio. Pero seguirán saliendo unos pocos años en el promedio y menos años aún por debajo del promedio.

Los gases invernadero están cambiando nuestro dado del clima. La probabilidad de que un año sea más caliente que el promedio aumenta más y más. Vamos en esa dirección, aunque no sea a un ritmo regular en el que, por incrementos, cada año sea más caliente que el anterior.

¿Esto es culpa de Wall Street?

En las Gráficas 13.1 y 13.2, vemos que las temperaturas y los niveles de CO_2 aumentan de repente a partir de 1980. Pero esto no significa que la desigualdad sin límites y la explotación financiera sean las causas del calentamiento global. No podemos culpar exclusivamente a Wall Street por el cambio climático. El incremento tan rápido de emisiones de CO_2 comenzó tras la Segunda Guerra Mundial, muchos años antes de que se desregularan las finanzas.

El mundo entero depende mucho del uso de combustibles fósiles —carbón, petróleo, y gas natural. Ahora, la ciencia climática nos dice que debemos dejar bajo tierra la mayor parte de los combustibles fósiles que quedan. Será difícil romper con nuestra costumbre porque, durante más de un siglo, hemos estado lanzando al aire grandes cantidades de CO_2 y otros gases invernadero sin la más mínima consideración. Y, ahora, se hacen sentir las consecuencias carbónicas.

Y se sienten con el mayor impacto entre la gente de ingresos medios y bajos —la misma gente que siente el mayor impacto del modelo del clima pro negocio y la explotación financiera. Por todo el país, y por todo el mundo, quienes más riesgo corren ante el cambio climático son las personas de ingresos bajos y de clase trabajadora. Esta es una razón por la que hay tanta gente que hoy en día exige "justicia climática".

La gente de ingresos bajos no puede protegerse de tormentas e inundaciones. Ni puede recuperarse con facilidad de las pérdidas que sufre en catástrofes como Katrina o Sandy. No puede pagar los precios más altos de alimentos que resultan de la sequía que aprieta y empeora en los estados del Oeste. No puede mudarse muy fácilmente a otro sitio cuando se seca el agua. El cambio climático solo multiplica la desigualdad que crea el modelo del clima pro negocio.

Pero, en vez de ayudarnos a organizar nuestros recursos para hacer frente al problema del cambio climático, las altas finanzas desreguladas se mantienen ocupadas extrayendo dinero de nuestros bolsillos y socavando el poder de nuestro gobierno.

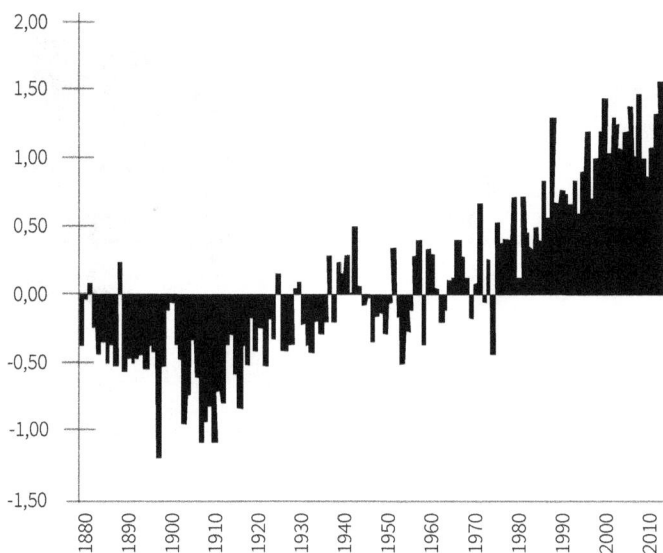

Gráfica 13.1: El aumento de las temperaturas globales, 1880–2015 (Fahrenheit)
Fuente: Centro de Datos Climáticos de NOAA, "Climate at a Glance, 1880 – 2015", http://www.ncdc.noaa.gov/cag/ time-series/glob.

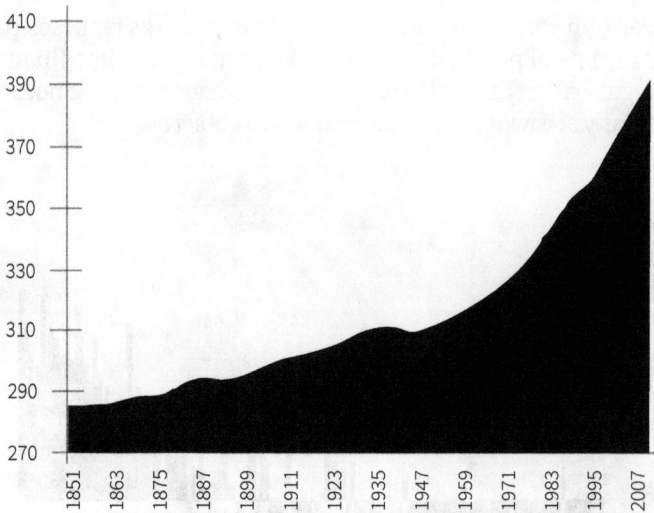

Gráfica 13.2: Dióxido de carbono en la atmósfera, 1850-2011 (partes por millón)
Fuente: Administración Nacional de la Aeronáutica y el Espacio, Instituto Goddard para el Estudio del Espacio, http://data.giss.nasa.gov/modelforce/ghgases/Fig1A.ext.txt.

¿Cómo la explotación financiera contribuye a la destrucción ambiental?

Regresemos al Capítulo 4, cuando discutimos el cambio en Wall Street, empezado a principios de 1970, de una estrategia de "retener y reinvertir" a "reducir y distribuir".

Como ya sabemos, desde entonces, los saqueadores corporativos, las compañías de capital privado y los fondos de cobertura han convertido a las empresas en minas de finanzas a tajo abierto. Compran empresas, las sobrecargan de deuda, extraen sus cargos y dividendos y, después, usan las ganancias de la empresa señalada para pagar la deuda. También vinculan la compensación de los ejecutivos al valor de las acciones de la compañía en la bolsa. Así, incentivan al director y a otros ejecutivos de la compañía a usar las ganancias de la empresa para recomprar las acciones, aumentando el valor de las opciones de acciones y enriqueciéndose a sí mismos.

Estas tácticas aumentaron la desigualdad de forma drástica. En 1965, la proporción del salario de un ejecutivo al de una persona trabajadora era de 40 a uno. Hoy en día es de más de 800 a uno.

Pero este proceso también tiene consecuencias terribles para la salud y la seguridad laborales, y para el medio ambiente. Según se exprime más y más dinero de una compañía, la administración recorta el personal con experiencia y los controles de contaminación. Mientras tanto, la compañía pasa a practicar lo que los trabajadores llaman "mantenimiento mínimo"; no se arregla nada hasta que se rompe, resultando tanto en condiciones más riesgosas para el personal como en mayores cantidades de emisiones. Posponen la inversión en maquinaria moderna y de bajo consumo de energía, a veces durante un período indefinido, mientras el dinero fluye a las manos de los ejecutivos y los bancos, los fondos de cobertura y las compañías de capital privado. Como resultado, Estados Unidos se queda muy por detrás de muchos otros países en temas de protección ambiental, aunque al mismo tiempo lideramos al mundo en poder y beneficios al sector financiero.

La salud y la seguridad laborales sufren al igual que el medio ambiente. Cuando los financieros y ejecutivos exprimen dinero de sus plantas, recortan o, incluso, eliminan los programas de formación de salud y seguridad. Contratan a subcontratistas con poca formación y a personal temporal, quienes no conocen bien las reglas de salud y seguridad.

Aunque más y más de las industrias estadounidenses se han trasladado al extranjero, los niveles de muertes y lesiones laborales son altos si se comparan con otros países grandes. Por ejemplo, en los "Estimados globales de accidentes laborales", somos número 20 de los 24 países sondeados en materia de accidentes y muertes.

Como vimos anteriormente, el Centro de Derecho y Política Medioambiental de la Universidad de Yale recopila un índice de rendimiento medioambiental anual, que califica a 178 países en salud, calidad del aire, agua e instalaciones sanitarias, recursos de agua, agricultura, administración de bosques y pesquerías, hábitats de biodiversidad y clima/energía. Estados Unidos es el número 33 en general. Pero en la importantísima categoría de clima/energía somos el número 49.

Estos terribles hallazgos los confirma el Consejo de Estados Unidos por una Economía de Eficiencia Enérgica (American Council for an Energy Efficient Economy, o ACEEE), que evalúa las economías más grandes del mundo en cuanto a su consumo de energía. Somos el número 13 de las 14 economías en la Gráfica 13.3.

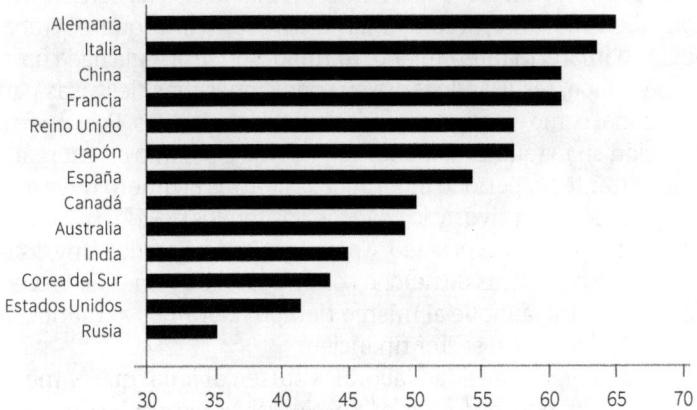

Gráfica 13.3: 2014 - Rangos de eficiencia de energía
Fuente: Rachel Young, et al., "2014 International Energy Efficiency Scorecard", American Council for an Energy-efficient Economy, 2014.

Estudio de caso práctico:
La explotación financiera de GM

Los automóviles y camiones contribuyen aproximadamente una quinta parte de las emisiones de dióxido de carbono en Estados Unidos, el gas invernadero número uno[4]. Así que, para combatir el cambio climático, hay que desarrollar un sistema moderno de transporte público que pueda reducir drásticamente nuestra dependencia en los automóviles. Además, debemos desarrollar y fabricar

---

4. Unión de Científicos Preocupados, "Cars and Global Warming", http://www.ucs usa.org/our-work/clean-vehicles/car-emissions-and-global-warming#. VNuDBPnF9bI.

automóviles más eficientes. Sería de esperar que GM, el fabricante de automóviles más grande de Estados Unidos, estuviera invirtiendo tanto dinero como pudiera en esta investigación y este desarrollo.

Pero Wall Street tiene otras ideas. Un grupo de fondos de cobertura liderado por Harry J. Wilson, exejecutivo de Goldman Sachs, que sirvió en el grupo de trabajo sobre la industria automotriz de la administración de Obama, está comprando todas las acciones de GM que puede, y presionando a la compañía para que mueva más dinero, no a la investigación, sino a los inversionistas. Según el New York Times, el 11 de febrero, 2015, "El Sr. Wilson se nominó como miembro a la junta de GM, como parte de una campaña para persuadir a la compañía a que recomprara al menos $8 mil millones en acciones para el año siguiente"[5] (el 13 de enero de 2016, ¡GM anunció que readquiriría $9 mil millones en acciones!).

¿Por qué gastarían $8 mil millones en la recompra de acciones en vez de invertir más en nueva tecnología y en otros esfuerzos de reducción de carbono? Porque Wilson y sus partidarios quieren hacer subir el precio de las acciones para enriquecerse ellos. Como vimos en el Capítulo 4, cuando las compañías recompran sus acciones, reducen el número de acciones en el mercado, haciendo subir el valor de cada una. Para alguien con millones de acciones de GM, el esfuerzo de recompra puede representar una ganancia de cientos de millones.

Wilson sigue con la tradición de explotación financiera que comenzó con fuerza en la desregulación de hace 30 años. Está haciendo todo lo que puede para trasladar $8 mil millones de GM a su grupo de inversionistas; prueba de que estos inversionistas de Wall Street no tienen ningún interés en usar su influencia para frenar el cambio climático. Ellos prefieren desviar los fondos de GM a sus cofres privados.

---

5. Michael J. DeLaMerced y Bill Vlasic, "Hedge Fund-Backed Investor Puts Himself Up for G.M. Board", New York Times, 10 de febrero de 2015, https://dealbook.nytimes.com/2015/02/10/activist-investors-take-aim-at-g-m/.

La evasión fiscal de las corporaciones y los ricos en Estados Unidos impide nuestra lucha contra el cambio climático

Actualmente, parece que el cambio climático será el problema más serio al que la humanidad se haya enfrentado jamás en toda la historia. Debemos organizar nuestros recursos para hacerlo, tanto en Estados Unidos como en los demás países del mundo.

Por desgracia, nuestros recursos están ocupados de otros modos. Como vimos, gracias en gran parte a la industria financiera y al modelo del clima pro negocio, la riqueza de nuestra nación está controlada casi del todo por la clase rica: el 1% más rico controla aproximadamente el 40% de la riqueza. Y las altas finanzas han hecho todo lo posible para mantener ese dinero bajo su control, resistiéndose a los impuestos e insistiendo en que un gobierno pequeño es un gobierno bueno. Y luego está la extracción directa de fondos: Estados Unidos pierde más de $180 mil millones al año en contribuciones de impuestos porque Wall Street resguarda en el extranjero el dinero de individuos y empresas estadounidenses. Sin ese dinero, el gobierno tiene gran dificultad ante sus contribuyentes para poder asignarle los fondos necesarios a la lucha contra el cambio climático.

La avaricia de Wall Street cambia las actitudes sobre el cambio climático

Cuando la economía casi colapsa, en 2008, por motivo de la avaricia y las apuestas descontroladas de Wall Street, perdimos casi 8 millones de empleos en un plazo de meses, un fuerte choque que impactó a toda la fuerza laboral.

Este impacto contribuyó a restarle impulso al movimiento por la justicia climática. De hecho, las encuestas mostraron que, a medida que aumentaba el miedo de perder el empleo, el porcentaje de personas que creían que el cambio climático era causa de la actividad humana declinó y solamente empezó a recuperarse al llegar 2014 (ver Gráfica 13.4).

De manera similar, según aumenta el miedo relacionado con el trabajo, la preocupación por proteger empleos sobrepasa la de proteger el medio ambiente (ver Gráfica 13.5).

La gente latina apoya más la acción
sobre el cambio climático

La comunidad latina, el grupo que está aumentando más rápidamente en Estados Unidos, se presenta contraria a estas tendencias. Una encuesta reciente halló que el cambio climático preocupa a la comunidad latina más que al resto de la población. El 54% de personas latinas encuestadas dijeron que el calentamiento global les parecía extremadamente importante o muy importante. Solo 37% de las personas "blancas" encuestadas dijeron lo mismo (ver Gráfica 13.6).

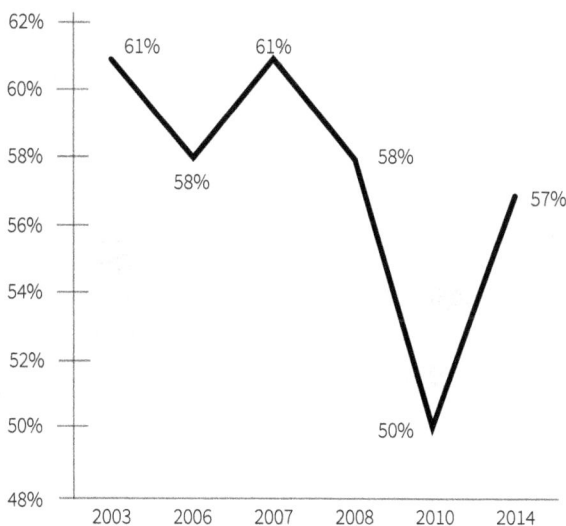

Gráfica 13.4: Porcentaje de personas que creen que la actividad humana es la causa del calentamiento global
Fuente: Gallup, "A Steady 57% in U.S. Blame Humans for Global Warming", http://www.gallup.com/poll/167972/steady-bla-me-humans-globalwarming.aspx.

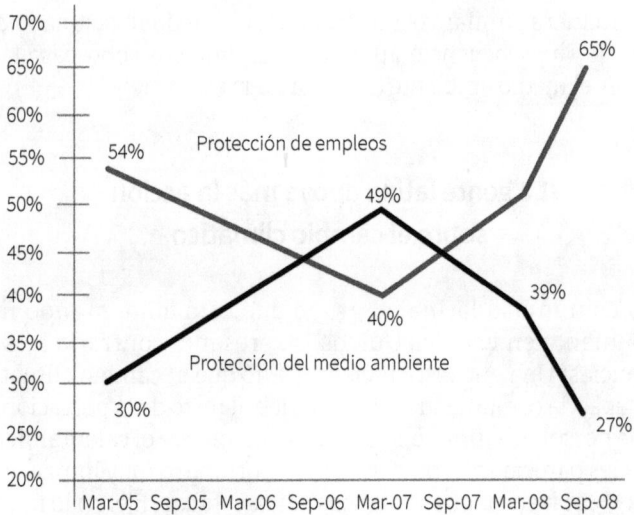

Tabla 13.5: Porcentaje del público a favor de proteger trabajos o proteger el medio ambiente
Fuente: Moore Information, "Protecting Jobs vs. Protecting the Environment: Poll", Oregon Business Report, 19 de noviembre de 2008, http://oregonbusinessreport.com/2008/11/poll-protecting-jobs-vs-protecting-the-environment/.

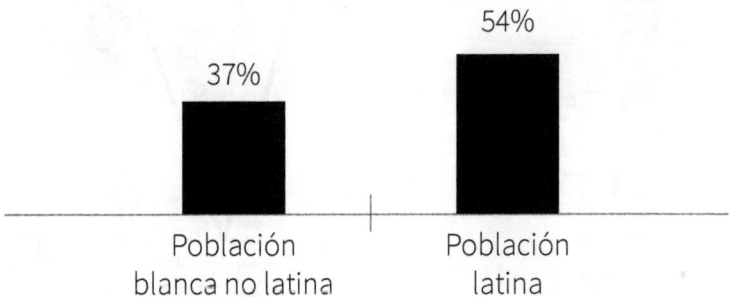

Gráfica 13.6: El calentamiento global es extremadamente importante para mí
Fuente: Coral Davenport, "Climate Is Big Issue for Hispanics, and Personal", New York Times, 9 de febrero de 2015, https://www.nytimes.com/2015/02/10/us/politics/climate-change-is-of-growing-personal-concern-to-us-hispanics-poll-finds.html.

63%

49%

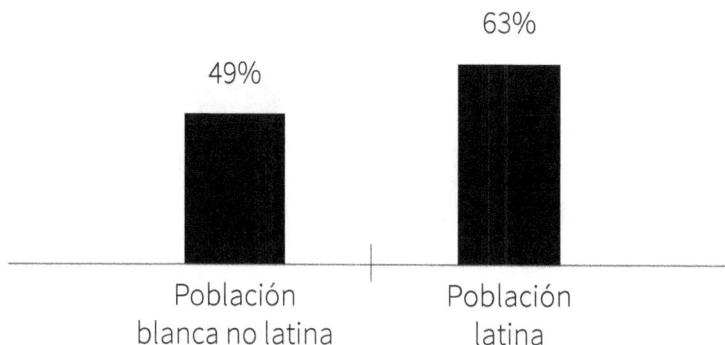

Población
blanca no latina

Población
latina

Gráfica 13.7: El gobierno de EE.UU. debería tomar medidas consi-
derables, o hacer mucho en cuanto al calentamiento global
Fuente: Coral Davenport, "Climate Is Big Issue for Hispanics, and
Personal", New York Times, febrero 9, 2015, https://www.nytimes.
com/2015/02/10/us/politics/climate-change-is-of-growing-personal-
concern-to-us-hispanics-poll-finds.html.

Cuando les preguntaron cuánto debería hacer el gobierno en
cuanto al calentamiento global, 63% de las personas latinas dijeron
que el gobierno estadounidense debería tomar medidas considera-
bles, o hacer mucho, en comparación con solo 49% de la gente blanca
no latina que respondió (ver Gráfica 13.7).

La pregunta final fue acerca de ayudar o no a países más pobres a
bregar con los daños del calentamiento global. Aquí, con un margen
del doble, la gente latina estuvo a favor de dar dinero a países pobres
para reducir el daño que puede causar el calentamiento global (ver
Gráfica 13.8).

65%

32%

Población
blanca no latina

Población
latina

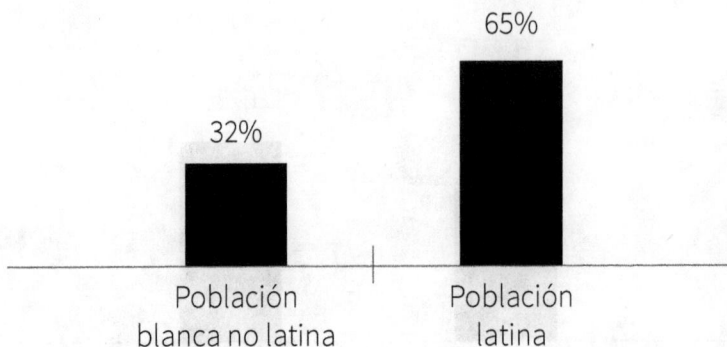

Gráfica 13.8: El gobierno de EE.UU. debería dar dinero a países pobres
Fuente: Coral Davenport, "Climate Is Big Issue for Hispanics, and Personal", New York Times, 9 de febrero de 2015, https://www.nytimes.com/2015/02/10/us/politics/climate-change-is-of-growing-personal-concern-to-us-hispanics-poll-finds.html.

¿Cómo entender entonces estas grandes diferencias? Primero, mucha gente latina y con ingresos bajos vive en comunidades cerca de fuentes de contaminación, donde también es más probable que se sufran los efectos de súper tormentas como Katrina y Sandy; tormentas que se esperan con mayor frecuencia a medida que suban las temperaturas globales.

También puede ser que la gente latina, de familias de inmigración relativamente reciente, tenga relaciones con países latinoamericanos más agrarios, los cuales están sufriendo los efectos del cambio climático.

Otra encuesta de latinos, realizada por el Consejo de Defensa de Recursos Naturales (Natural Resources Defense Council), también halló niveles muy altos de apoyo para la acción climática. La encuesta preguntó a sus participantes qué motivaba estos fuertes sentimientos. La respuesta más común fue tener un sentido de responsabilidad por el futuro de sus niños y generaciones venideras. "Una verdadera manifestación del Sueño Americano es tener algo y dejar algo mejor para las generaciones venideras", dijo el analista Matt Barreto[6].

Pero el afán de la población latina por actuar ante el cambio climático entra en conflicto directo con las políticas de desregulación del modelo del clima pro negocio y de la explotación financiera actual.

Enfrentarse al cambio climático requiere un movimiento que se enfrente a la desigualdad sin límites y a la explotación financiera

La explotación financiera que practican Wall Street, las corporaciones financiarizadas y los políticos cómplices son la raíz común de muchos de nuestros problemas más urgentes:

- Es la causa de la desigualdad de ingresos y riqueza que crece constantemente.
- Facilita la evasión de impuestos.
- Empeora la pobreza y el desamparo.
- Contribuye a la división por el color de la piel y a los altos niveles de mortalidad infantil.
- Produce la mayor población de presos del mundo.
- Debilita el apoyo a las mujeres, la infancia y las familias.
- Crea gigantes financieros que son demasiado grandes como para quebrar o encarcelarlos.
- Ayuda a debilitar la democracia, inyectando dinero en la política.
- Nos roba los recursos que necesitamos para combatir el cambio climático.

---

6. Katie Valentine, "For Latino Voters, Climate Change Is Almost as Important an Issue as Immigration", *Climate Progress*, 23 de enero de 2014, http://thinkprogress.org/climate/2014/01/23/3198951/latinos-support-climate-action/.

Barry Commoner siempre identificó las conexiones sistémicas. Comprendió que el movimiento ambientalista tenía que unirse con otros para poder atacar la raíz del problema: la desigualdad y las corporaciones rapaces que la crean.

Actualmente no tenemos un movimiento amplio de este tipo. Las personas que sí estamos activas en la política tendemos a concentrarnos en un asunto en particular. Algunos somos ambientalistas. Otros luchamos contra el racismo. Algunos trabajamos con programas que combaten la pobreza o el desamparo y otros luchamos por la reforma carcelaria. Hay gente trabajando en defensa de los derechos laborales, o para fortalecer el sistema de educación, o para sacar el dinero de la política. Todo este trabajo es necesario, pero la mayoría de nosotros no trabajamos de forma coordinada.

No podemos frenar ninguno de estos problemas si las corporaciones y las élites ricas siguen robándonos nuestro dinero y nuestra democracia. Los grupos de inmigrantes, los trabajadores de bajos ingresos, los sindicatos y las organizaciones ambientales deben enfrentarse a Wall Street y a la desigualdad sin límites porque, de no ser así, seguro que perderemos todos. Esto puede ser especialmente difícil para las organizaciones ambientales que dependen del apoyo económico de los magnates de fondos de cobertura y de otras élites financieras.

Pero, tarde o temprano, la nueva realidad se asentará. Somos la nación más desigual del mundo desarrollado. Estamos por detrás del resto del mundo en nuestra reacción al cambio climático. Nuestra infraestructura se está derrumbando. Nuestros servicios públicos se deterioran y nuestros ingresos reales no han crecido en una generación. Esperemos que, en un futuro cercano, nos demos cuenta de que es hora de que nuestros muchos grupos separados formen una coalición que pueda enfrentarse a nuestros grandes adversarios.

Preguntas de discusión

1. ¿Cree usted que el cambio climático es causa de la actividad humana? De ser así, ¿qué importancia cree que tiene este asunto para su familia? De no ser así, ¿en qué evidencia se basa usted?

2. Según su opinión, ¿qué impacto, si hay alguno, tiene la desigualdad sin límites en el cambio climático?

3. En general, ¿cree usted que el cambio climático es un problema más importante que la desigualdad sin límites? ¿Por qué razones?

4. ¿Le preocupa que responder al cambio climático pueda resultar en la pérdida de trabajos? De ser así, ¿qué debería hacerse al respecto?

Capítulo 14

La desigualdad sin limites y la democracia

El modelo del clima pro negocio mantiene un silencio total sobre la democracia. Parece que sus proponentes suponen que, a medida que recortemos regulaciones, programas sociales e impuestos, nuestros procesos políticos nos llevarán hacia la libertad. Pero la lógica sugiere que, según se expande la brecha de la riqueza y se concentra más dinero en manos de una minoría, aumentará también su poder político.

¿Cuál es la realidad acerca del dinero en la política?

El costo de las elecciones

Hacer campaña y ganar un cargo político cuesta cada vez más dinero. La Gráfica 14.1 muestra el drástico aumento del costo de ganarle el puesto a un miembro titular de la Cámara de Representantes de Estados Unidos.

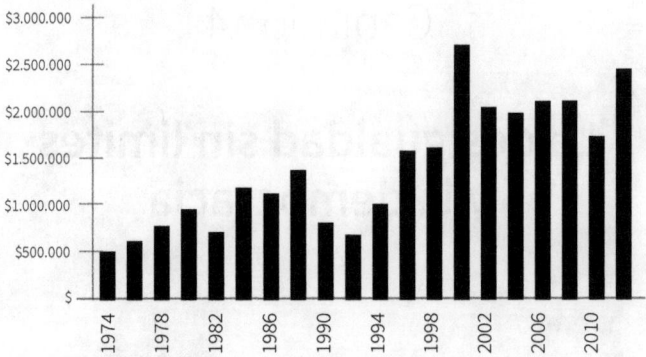

Gráfica 14.1: Costo de derrotar a un miembro titular de la Cámara (ajustado a la inflación de dólares de 2012)
Fuente: Cálculos del autor basados en Center for Responsive Politics, "The Dollars and Cents of Incumbency", OpenSecrets.org, http://www. opensecrets.org/bigpicture/cost.php.

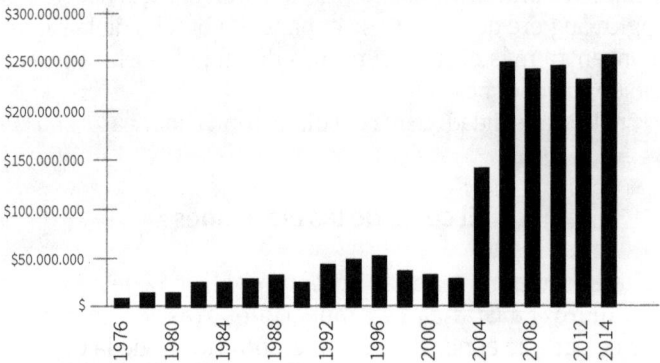

Gráfica 14.2: Contribuciones a partidos políticos, coordinadas e independientes, 1976-2014
Fuente: Instituto de Finanzas de Campaña, http://www.cfinst.org/pdf/ vital/vitalstats_t12.pdf.

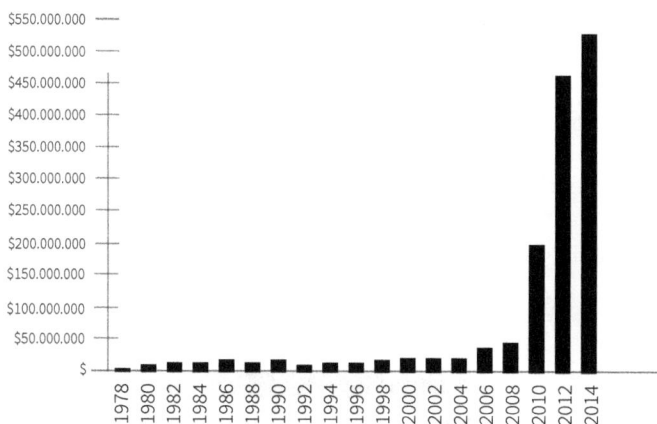

Gráfica 14.3: Gastos políticos independientes no coordinados
con candidatos o partidos
Fuente: Instituto de Finanzas de Campaña, http://www.cfinst.org/data/
pdf/VitalStats_t14.pdf.

Pero las candidaturas individuales son solo la punta del iceberg
(o del témpano de hielo). Los partidos políticos también están recau-
dando mucho más dinero para las elecciones que antes. Tengamos
en cuenta que las contribuciones a partidos políticos se dispararon
a partir del ciclo electoral de 2006 (ver Gráfica 14.2), mucho antes
de la decisión, en 2010, de Citizens United de la Corte Suprema,
caso conocido como Ciudadanos Unidos en contra de la Comisión
de Elecciones Federales, que le prohibió al gobierno restringir los
gastos políticos independientes de las corporaciones sin fines de
lucro.

A continuación, vemos otro gran salto (ver Gráfica 14.3), esta
vez en las donaciones independientes a elecciones que no están
coordinadas a través de partidos. La Corte retiró todo límite a estas
contribuciones en su decisión del caso Ciudadanos Unidos.

El dinero y los Comités de Acción Política

Estos comités permiten hacer donaciones políticas ilimitadas siempre que sus actividades no estén coordinadas directamente por los comités de campaña. La Gráfica 14.4 es muy reveladora porque solo cuenta las donaciones de más de $10.000. Eso significa que la columna entera está compuesta por donantes ricos. Queda claro que sus contribuciones dominan por mucho todas las demás.

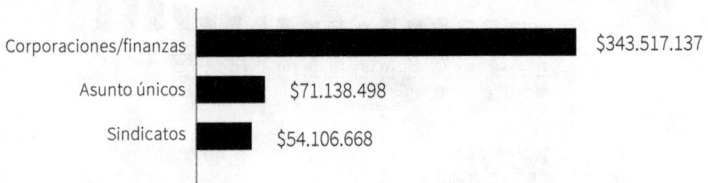

Corporaciones/finanzas $343.517.137

Asunto únicos $71.138.498

Sindicatos $54.106.668

Gráfica 14.4: Contribuciones de Súper Comités de Acción Política, 2014
Fuente: Cálculos del autor basados en Center for Responsive Politics, http://www.opensecrets.org/pacs/superpacs.php?cycle=2014.

El cabildeo

Las corporaciones y la gente súper rica se gastan miles de millones cada año tratando de influir legislación a base de cabildear (lobbying) a congresistas, la administración y políticos a nivel local y estatal. Esta cantidad también ha aumentado muy rápidamente, sobre todo entre 1998 y 2009 (ver Gráfica 14.5).

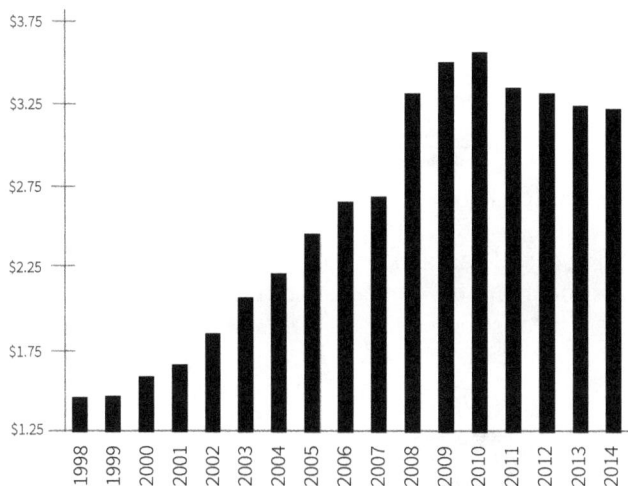

Gráfica 14.5: Gasto total en cabildeo federal, 1998–2014 (en miles de millones dólares estadounidenses)
Fuente: Center for Responsive Politics, "Lobbying Database", http://www. opensecrets.org/lobby/.

Los millonarios en el Congreso

Otra manera de ver los efectos de la desigualdad sin límites en el sistema político es mirar cuántos millonarios se convierten en congresistas (y también cuántos congresistas se convierten en millonarios).

Ya que tantos multimillonarios y millonarios están inyectando tanto dinero en la política, hoy en día es necesario ser rico para postularse para una candidatura del Congreso. Por eso, nuestros líderes políticos tienen un perfil de riqueza muy diferente al de la población general (ver Gráfica 14.6).

¿Y esta tendencia es nueva?

Sí. Al igual que ha estado creciendo la diferencia salarial entre ejecutivos y trabajadores, también lo ha hecho la diferencia entre la riqueza del Congreso y la de las familias. La Gráfica 14.7 muestra la riqueza media de congresistas estadounidenses en 1984 y 2009 y la compara con la riqueza media de las familias de la población del país entero. Queda claro que el Congreso quedó cada vez más fuera del alcance de las personas con ingresos moderados. Y, de este modo, los miembros del Congreso están cada vez más distanciados del estadounidense promedio.

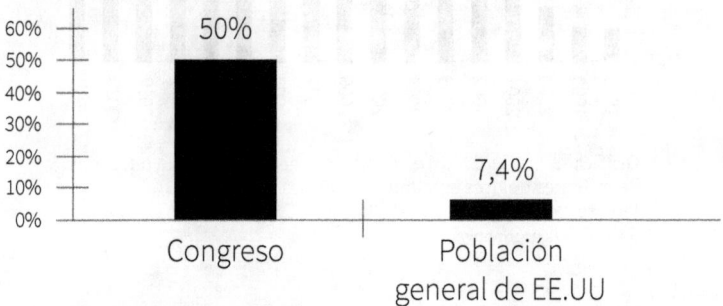

Gráfica 14.6: Porcentaje de millonarios en el Congreso en comparación con la población de EE.UU.
Fuentes: Center for Responsive Politics, "Millionaires' Club: For the First Time Most Lawmakers Are Worth $1 Million Plus", 9 de enero de 2014; y Spectrum Group, "Millionaire Households Back to Pre-recession Levels."

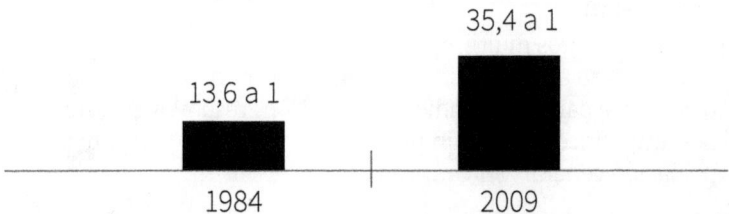

Gráfica 14.7: La brecha de riqueza: El Congreso y la familia media de EE.UU., 1984 y 2009
Fuente: Peter Whoriskey, "Growing Wealth Widens Distance Between Lawmakers and Voters", Washington Post, 26 de diciembre de 2011, http://www.washingtonpost.com/business/economy/growing-wealth-widens-distance-between-lawmakers-and-votantes/2011/12/05/gIQAR-7D6IP_story.html.

¿Qué intereses representa el Congreso?

Que haya gente rica en el Congreso solo representa un problema si permite que la clase rica en general manipule la política a su favor. ¿El Congreso vota en contra de los intereses de la mayoría de los estadounidenses? Una manera de verlo es mirar si existe una brecha en la legislación, entre las políticas que apoya el Congreso y las que apoya la mayoría del país.

En un estudio innovador en el 2005, el Profesor Larry Bartels de la Universidad de Princeton analizó la relación entre la desigualdad en la legislación y los votos de senadores estadounidenses. El Profesor Bartels divide a la población de Estados Unidos en tres grupos: clase rica, clase media y clase pobre. Usando encuestas, descubre las opiniones de estos tres grupos sobre temas importantes como el salario mínimo, los derechos civiles, los gastos del gobierno y el aborto. Entonces analiza cómo votó el Senado. Sus conclusiones son sorprendentes y también preocupantes:

> Yo examino la diferencia entre cómo los senadores responden a las preferencias de sus votantes ricos, de clase media y pobres. Mi análisis incluye medidas amplias que resumen el comportamiento de cada senador en sus votaciones, y también sus votos específicos sobre el salario mínimo, los derechos civiles, los gastos del gobierno y el aborto. En casi todos los casos, los senadores parecen responder mucho más a las opiniones de los votantes ricos que a las opiniones de sus votantes de clase media, mientras que las opiniones de los votantes en el tercio más bajo de la distribución de riqueza no tiene ningún efecto estadístico aparente en las decisiones de los votos públicos de sus senadores. Las disparidades en la representación son especialmente notables con los senadores republicanos, quienes mostraron el doble de receptividad a las opiniones de sus votantes ricos que los senadores demócratas.[1]

---

1. Larry M. Bartels, "Economic Inequality and Political Representation", Escuela Woodrow de la Universidad de Princeton, 2005, https://www.princeton.edu/~bartels/economic.pdf.

Simplemente los miembros del Senado, que son gente rica, cuidan a la gente rica, precisamente los que sustentan sus campañas. Esta es una de las maneras en las que la desigualdad sin límites condiciona la democracia.

El trabajo de los Profesores Martin Gilens de Princeton y Benjamin I. Page de Northwestern confirma claramente los hallazgos de Bartel: estos profesores estudiaron 1.779 votos del Congreso en 2014. Sus conclusiones son preocupantes para la idea de un gobierno de y para el pueblo:

> En realidad, el público estadounidense tiene muy poca influencia en las políticas que adopta nuestro gobierno. Estados Unidos cuenta con muchos de los puntos centrales del gobierno democrático, como elecciones regulares, libertad de expresión y asociación y un derecho al voto muy extendido (aunque siempre disputado). Pero creemos que, si la política está dominada por poderosas organizaciones de negocios y un puñado de estadounidense ricos, entonces el estatus de Estados Unidos como sociedad democrática encara amenazas graves.[2]

La puerta giratoria

Los excongresistas, así como el expersonal del Congreso y de las agencias reguladoras, pueden ganarse una fortuna pasando a trabajar en las corporaciones y los bancos que anteriormente regularon o sobre los cuales legislaron. Si durante su tiempo en el Congreso, o como funcionarios de una agencia regulatoria, prestaron ayuda a una industria en particular, luego esa industria estará más que dispuesta a pagar generosamente por sus servicios e información privilegiada. No hace falta que nadie lo ponga por escrito, se sobreentiende.

---

2. Martin Gilens y Benjamin I. Page, "Testing Theories of American Politics: Elites, Interest Groups, and Average Citizens", *Perspectives on Politics*, American Political Science Association, septiembre de 2014, Vol. 12, No. 3, http://scholar. princeton.edu/sites/default/files/mgilens/files/gilens_and_page_2014_-testing_ theories_of_american_politics.doc.pdf.

Esto también fluye en dirección contraria. Los banqueros se mueven a menudo a ocupar cargos gubernamentales en los que pueden deshacer legislación y regulaciones que limitan las ganancias de bancos y corporaciones.

Después de recibir muchas críticas sobre el rol de los banqueros en el gobierno, la Reserva Federal investigó la cuestión y publicó un estudio que muestra la gran actividad de esta puerta giratoria[3]. Préstele atención de nuevo a la forma de la Gráfica 14.8, con la inclinación familiar correlacionada con la creciente desigualdad a partir de 1980[4].

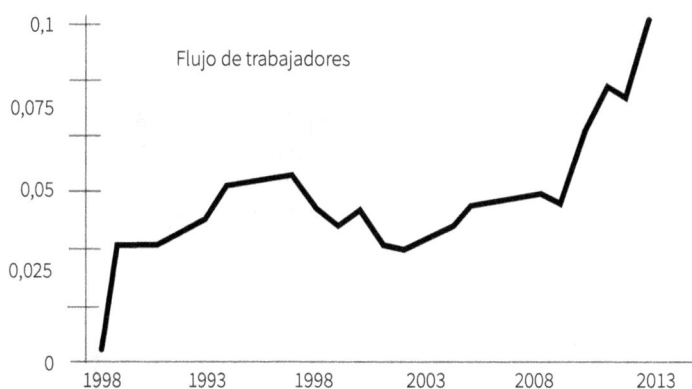

Gráfica 14.8: Puerta giratoria de reguladores financieros del gobierno a Wall Street*
*Proporción de todo el personal que pasa del sector de regulación bancaria al sector privado.
Fuente: David Lucca, Amit Seru, Francesco Trebbi, "The Revolving Door and Worker Flows in Banking Regulation", 11 de agosto de 2014, http://www.voxeu.org/article/revolving-door-and-worker-flows-banking-regulation.

3. David Lucca, et al., "Worker Flows in Banking Regulación", Liberty Street Economics, Banco de la Reserva Federal de Nueva York, 5 de enero de 2015, http://libertystreeteconomics.newyorkfed.org/2015/01/worker-flows-in-banking-regulation.html#.VNvR6fnF9bJ.
4. Una excelente base de datos de muchos tipos de arreglos de puerta giratoria aparece en Center for Responsive Politics, "Open Secrets", Puerta giratoria, http://www. opensecrets.org/revolving/index.php.

Demasiado grandes como para quebrar

Todo el mundo sabe ya que, cuando los bancos se hacen demasiado grandes, se vuelven peligrosos porque, si quiebran, pueden hacer quebrar al sistema financiero entero. También todo el mundo sabe que, si quiebran, serán rescatados. Los bancos también lo saben, y por esto toman riesgos excesivos en busca de más beneficios. Los economistas lo llaman un "peligro moral".

En el pasado, el gobierno estadounidense se enfrentó a este problema a base de romper los grandes monopolios y oligopolios para promover más competencia. Hay gente que dice que romper los grandes bancos resultaría en un sistema financiero con una menor tendencia a enormes colapsos.

Pero, como las entidades financieras tienen tanto poder político, nadie divide a los bancos, ni los nacionaliza. De hecho, como muestra la Gráfica 14.9, desde la desregulación, los cuatro mayores bancos de la nación han crecido más y más. Su tamaño se redujo un poco durante el colapso, pero está subiendo nuevamente a nuevas alturas. Ninguno de los dos partidos se atreve a bloquear el camino del poder financiero, a la vez que este se concentra de una forma nunca antes vista.

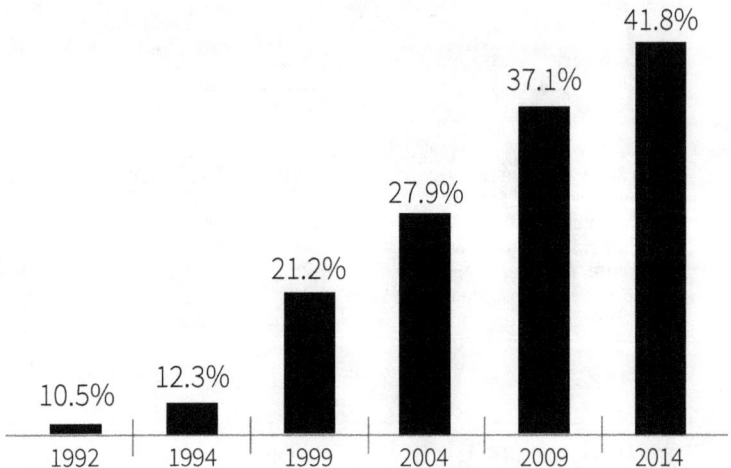

Gráfica 14.9: Porcentaje de todos los activos bancarios pertenecientes a los cuatro mayores bancos
Fuente: Cálculos del autor basados en estadísticas sobre instituciones de depósito de la Corporación del Seguro del Depósito Federal para cada año, https://www2.fdic.gov/sdi/main.asp.

Demasiado grandes como para encarcelarlos

Tal vez la señal más clara del fracaso democrático es que el gobierno no haya querido enjuiciar a ningún banquero por la montaña de delitos financieros que se cometieron. Mientras millones de personas con ingresos bajos son amontonadas en prisiones, los banqueros tienen inmunidad. Cuando el gobierno pilla a un banco haciendo algo ilegal, penaliza a la institución y no a los individuos culpables. Ni siquiera se le obliga a nadie a pagar una multa: eso lo paga el banco con sus ganancias ilícitas.

He aquí una historia que ilustra la justicia para Wall Street en comparación con la justicia para la gente pobre:

HSBC, basado en Londres, es uno de los bancos más grandes y con los más altos beneficios del mundo. La división estadounidense de HSBC está regulada por la Reserva Federal. El Departamento de Justicia determinó que parte de las enormes ganancias de HSBC eran resultado directo de una gran operación de lavado de dinero al servicio de los carteles de drogas mexicanos. No se trataba de una pequeña operación casera. No eran unos cuantos empleados renegados del banco que sustraían unos dólares en secreto. No, esto era una actividad central: "Al menos $881 mil millones de dineros del narcotráfico" fueron lavados en el sistema financiero estadounidense, según el Departamento de Justicia (DOJ, por sus siglas en inglés). El Departamento también citó a HSBC por "desacato deliberado de las leyes de sanciones y regulaciones de Estados Unidos [que] resultó en el procesamiento de cientos de millones de dólares en... transacciones prohibidas" con países al margen de la ley e, incluso, organizaciones terroristas.

¿Y cuál fue el castigo por esta corrupción tan descarada? $1,9 mil millones. Esto representa menos de seis semanas de las ganancias de HSBC para 2011. ¿Y qué de cargos penales? Como lamentó el New York Times en un editorial, "Demasiado grande como para inculpar":

Es un día oscuro para el estado de derecho. Las autoridades federales y estatales han decidido no inculpar a HSBC, el banco con sede en Londres, por cargos de lavado de dinero masivo y prolongado, por miedo a que un proceso criminal derribe al banco y, en el proceso, se ponga en peligro el sistema financiero. Tampoco han inculpado a ningún oficial superior de HSBC en el caso, aunque desafía toda lógica que un banco pueda lavar dinero como lo hizo HSBC sin que nadie en una posición de autoridad tome decisiones culpables.[5]

Después de la crisis de ahorro y préstamo de finales de la década de 1980, se condenaron de delitos mayores a más de 1.000 banqueros. Pero hoy, tras el colapso de 2008 —una crisis siete veces mayor que conllevó aún más actividad criminal— el número de condenas de banqueros hasta ahora es cero.

Ya, solo por este hecho, es imposible negar el impacto de la desigualdad sin límites en el poder político. También es imposible negar que el poder creciente del sector financiero está causando cada vez más desigualdad sin límites.

---

5. "Too Big to Indict", New York Times, editorial, 11 de diciembre de 2012, http://www.nytimes.com/2012/12/12/opinion/hsbc-too-big-to-indict.html?_r=0.

Preguntas de discusión

1. ¿Qué impacto tiene la desigualdad sin límites en nuestra democracia?

2. ¿Qué evidencia tenemos que sugiera que los políticos actúan (o no actúan) en nombre de sus votantes comunes?

3. ¿Qué cree usted que hay que hacer para apartar el poder del dinero de la política?

Capítulo 15

El imperio

Estados Unidos tiene los gastos militares más altos del mundo. Gastamos más anualmente que los próximos siete países combinados. La Gráfica 15.1 ilustra esta situación. La cantidad de dinero que dedicamos a la fuerza militar ha aumentado rápidamente desde principios de la década de 1960 (ver Gráfica 15.2). Ni siquiera en 1989 con el fin de la Guerra Fría se detuvo el gran crecimiento militar.

Desde la Segunda Guerra Mundial, Estados Unidos se ha involucrado en más guerras e incursiones serias que cualquier otro país, por un gran margen; algo que ayuda a explicar nuestro enorme presupuesto militar[1]. La Tabla 15.1 muestra una lista resumen.

Las víctimas

Desde la Segunda Guerra Mundial, han muerto en conflictos más de 150.000 soldados estadounidenses, incluyendo 36.575 en Corea y 58.220 en Vietnam. Y las muertes continúan, entre 800 y 2.200 cada año. Un total de 47.834 soldados han muerto desde la década de 1980[2] por motivo de guerras e incursiones, especialmente en el Medio Oriente. Afortunadamente, en años recientes, la tasa de mortalidad

---

1. Infoplease.com, "Major Military Operations since World War II", *Infoplease. com*, http://www.infoplease.com/timelines/militaryoperations.html.
2. Nese F. DeBruyne y Anne Leland, "American War and Military Operations Casualties: Lists and Statistics", Servicio de Investigación del Congreso, 2 de enero de 2015, https://www.fas.org/sgp/crs/natsec/RL32492.pdf.

ha disminuido a causa de avances en la medicina, el tratamiento médico de campo y la evacuación de emergencia.

Pero, como veremos a continuación, las estadísticas de fatalidades desde 1980 no incluyen a los contratistas privados muertos en estas zonas de guerra. "El año pasado, por primera vez en la guerra de Afganistán, murieron más contratistas civiles al servicio de compañías estadounidenses que soldados estadounidenses", reportó el *New York Times* en 2011"[3]. Es difícil conseguir las estadísticas de muertes de contratistas porque "los empleadores estadounidenses aquí no tienen la obligación de dar reporte público de las muertes de sus empleados y, a menudo, no lo hacen".

Nuestras guerras también han sido extremadamente letales, tanto para combatientes como para civiles en otros países. "Las fuerzas armadas estadounidenses fueron responsables directamente de 10 a 15 millones de muertes durante las guerras de Corea y Vietnam y las dos guerras en Iraq. La Guerra de Corea también incluye muertes de combatientes chinos, mientras que la Guerra de Vietnam también incluye fatalidades en Camboya y Laos"[4], según estudios confiables.

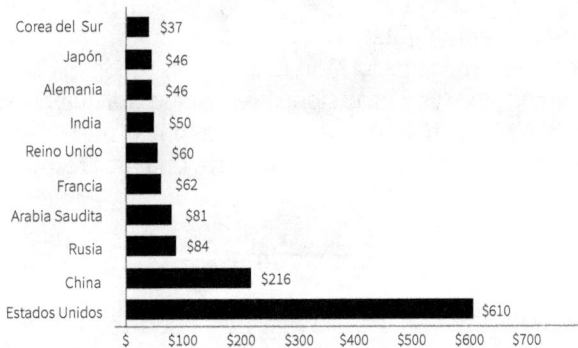

Gráfica 15.1: Gastos militares por país, 2014 (en miles de millones de dólares estadounidenses)
Fuente: Recopilado de información del Instituto Internacional de Estudios por la Paz de Estocolmo (SIPRI), http://www.sipri.org/research/armaments/milex/milex_database.

---

3. Rod Nordland, "Risks of Afghan War Shift from Soldiers to Contractors", New York Times, 11 de febrero de 2012, http://www.nytimes.com/2012/02/12/world/asia/afghan-war-risks-are-shifting-to-contractors.html?pagewanted=all&_r=0.
4. James A. Lucas, "Deaths in Other Nations since WW II Due to US Interventions", Countercurrents.org, 27 de abril de 2007, http://www.countercurrents.org/ lucas240407.htm.

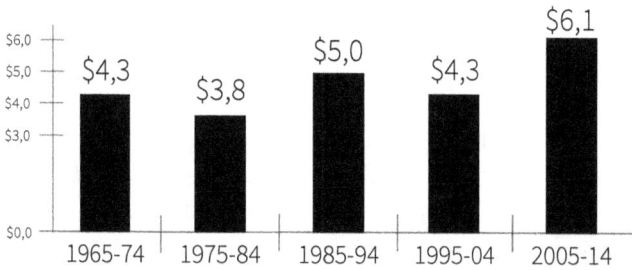

Gráfica 15.2: Gastos en defensa, 1965-2014 (en billones de dólares estadounidenses)
Fuente: Oficina de Administración y Presupuesto, Tablas Históricas, Tabla 8.1, "Outlays by Budget Enforcement Act Categories", https://www.whitehouse.gov/omb/budget/Historicals.

Tabla 15.1: Lista de participación de EE.UU. en guerras e incursiones mayores

1950–1953 – Guerra de Corea	Tras la invasión de la comunista Corea del Norte a Corea del Sur, con apoyo de China, EE.UU. ingenió una resolución de la ONU que le permitio proteger a la no-comunista Corea del Sur.
1961 – Cuba	EE.UU. trata de derrocar el gobierno comunista de Castro, organizando la invasión de Bahía de Cochinos. Fracasó.
1961–1973 – Guerra de Vietnam	Para "contener" el comunismo, EE.UU. tomó el poder de los franceses, que estaban perdiendo el control sobre su antigua colonia en Vietnam. En 1961, EE.UU. envió tropas para mantener en el poder al gobierno impopular de Vietnam del Sur. Hasta que EE.UU. se retiró en 1973, este intento frustrado costó 50.000 vidas estadounidenses y murieron más de un millón de personas de Vietnam, Laos y Camboya.

1965 - República Dominicana	Preocupado de que la República Dominicana pudiera ser la próxima Cuba, el Presidente Lyndon Johnson envió a la marina a aplastar una revuelta izquierdista.
1983 - Granada	El presidente Reagan envió tropas a Granada para derrocar a un gobierno socialista aliado con Cuba. Las tropas de EE.UU. permanecieron allí hasta 1985.
1989 - Panamá	El Presidente George H. W. Bush envió tropas a Panamá para derrocar a Manuel Noriega y su gobierno.
1991 - Guerra del Golfo (Kuwait e Iraq)	Tras la invasión de Kuwait por Iraq, el presidente George H. W. Bush juntó una fuerza multinacional liderada por el poder militar de EE.UU. para forzar la retirada de las fuerzas de Saddam Hussein.
1994 - Haití	EE.UU. envió tropas para restablecer al presidente Aristide, que había ganado la elección democrática y sido derrocado en un golpe de estado. La invasión por EE.UU. duró tres años.
1994-1995 - Bosnia	EE.UU. se unió al esfuerzo de la OTAN para poner fin a la Guerra Civil en Bosnia.
1999 - Kosovo	De nuevo, EE.UU. se unió al esfuerzo de la OTAN para poner fin a la Guerra Civil en Kosovo.
2001—2014 - Afganistán	EE.UU. invadió con el objetivo de sacar del poder a los talibanes. Una vez involucrado EE.UU., se hizo casi imposible retirar las tropas totalmente.

2003—2010 Guerra de Iraq	El presidente George W. Bush y sus asesores más cercanos informaron al público estadounidense que Iraq, gobernado por Saddam Hussein, tenía armas de destrucción masiva y que Iraq había ayudado a Al Qaeda a atacar a EE.UU. en el 9/11. Ambas declaraciones fueron falsas. Esta guerra inventada expulsó del poder a Saddam Hussein pero precipitó una larga y costosa guerra religiosa sectaria entre musulmanes chiitas y suníes que perdura hasta hoy y que se está extendiendo por el Medio Oriente.
2014-presente - ISIS	El 8 de agosto de 2014, EE.UU. inició una intervención militar contra el Estado Islámico.

¿Por qué tanta guerra?

¿Por qué declara Estados Unidos la guerra? Según los medios de comunicación, normalmente nuestros motivos son nobles objetivos políticos: la defensa de la libertad. Pero, ¿qué pasa con Estados Unidos y los intereses económicos corporativos? ¿Puede ser que a veces nos lleven a entrar en guerra? ¿Nos impulsan los contratistas militares que se benefician de las guerras? ¿Combatimos en el Medio Oriente para mantener control del petróleo? ¿Creemos que debemos ser el policía mundial para defender nuestros intereses y nuestra posición como el país más poderoso del mundo? ¿Este es el precio que debemos pagar por proteger la libertad, la democracia y los mercados libres? Es obvio que estas preguntas están fuera del alcance de este libro.

Sin embargo, sí queremos preguntar cómo el modelo del clima pro negocio ha afectado nuestras políticas militares. Como veremos, los datos sugieren con bastante claridad que, a medida que nuestra economía entró en la era de desigualdad sin límites, nuestros gastos militares e intervenciones militares cambiaron.

Keynesianismo militar

Desde la Segunda Guerra Mundial hasta alrededor de 1980, Estados Unidos declaraba que su objetivo militar principal era proteger al mundo "libre" de la agresión comunista, un término que se usaba para describir cualquier ventaja geopolítica que pudiera ganar la Unión Soviética, China y otros países inclinados hacia el comunismo. Esta política de "contención" comunista resultó en dos guerras "calientes" —la Guerra de Corea y la Guerra de Vietnam— y en muchas escaramuzas menores, con frecuencia organizadas y lideradas por fuerzas clandestinas de Estados Unidos (técnicamente, la Guerra de Corea fue una "acción policíaca": el Presidente Truman nunca declaró la guerra y, oficialmente, Estados Unidos actuó en nombre de las Naciones Unidas).

Pero la política exterior estadounidense durante este período tuvo otro objetivo declarado: estimular la economía. La clase política creía que los altos niveles de gastos militares podían prevenir otra depresión. Era obvio que la Segunda Guerra Mundial había sacado a Estados Unidos de la Gran Depresión, al generar millones de empleos y elevar los sueldos. Este efecto propulsor se denominó keynesianismo, en nombre del economista británico John Maynard Keynes, quien argumentaba que los gastos del gobierno eran la clave para vitalizar las economías deprimidas.

El Documento del Consejo de Seguridad Nacional 68 del presidente Truman en 1950 hizo oficial este objetivo político:

> Desde el punto de vista de la economía entera, es posible que el programa (de ampliación militar contra la Unión Soviética y China) no resulte en una caída real en el nivel de vida, ya que los efectos económicos del programa podrían ser un mayor aumento en el producto interno bruto que la cantidad absorbida en propósitos militares y de asistencia extranjera adicionales. Una de las lecciones más importantes de nuestra experiencia en la Segunda Guerra Mundial fue que la economía estadounidense, cuando opera a un nivel aproximado a la eficiencia total,

puede proveer enormes recursos para propósitos que no sean el consumo civil a la misma vez que provee un alto nivel de vida[5].

Esta política de keynesianismo militar resultó en una colaboración no oficial entre el gobierno, las grandes corporaciones y los sindicatos laborales. Estos grupos colaboraron juntos (más o menos) para ejecutar la Guerra Fría. Las grandes corporaciones aceptaron a los sindicatos. El gobierno se esforzó por alcanzar niveles de empleo total. Los sueldos y las ganancias crecieron ambos.

Pero la militarización creciente preocupaba al presidente Eisenhower, quien describió esta asociación creciente como el "complejo militar industrial." En 1961 advirtió:

> En los consejos del gobierno, debemos tener cuidado de no permitir las influencias indebidas, sean estas intencionales o accidentales, por el complejo militar industrial. Esto puede provocar un aumento desastroso del poder en manos de irresponsables, un riesgo que existe y persistirá.[6]

Al famoso general, líder de la victoria de los aliados en la Segunda Guerra Mundial, le preocupaba que este enorme complejo militar industrial produjera armas innecesarias y empujara al país hacia acciones militares innecesarias. También le preocupaba que el complejo acumulara tanto poder que pusiera en peligro a la democracia.

Pero las políticas militares intervencionistas de Estados Unidos y el complejo militar industrial siguieron adelante a pesar de las advertencias de Eisenhower. A fin de cuentas, la salud económica interna de Estados Unidos dependía de sus grandes gastos militares.

---

5. "NSC 68: United States Objectives and Programs for National Security, (April 14, 1950), A Report to the President, Pursuant to the President's Directive of January 31, 1950", Consejo de Seguridad Nacional, 7 de abril de 1950, http://fas.org/irp/offdocs/nsc-hst/nsc-68.htm.
6. "Military-Industrial Complex Speech, Dwight D. Eisenhower, 1961", *Public Papers of the Presidents,* Dwight D. Eisenhower, 1960, pp. 1035-1040, http://coursesa.matrix.msu.edu/~hst306/documents/indust.html.

Capítulo 15

El modelo del clima pro negocio declara la guerra

Al llegar 1980, parecía que estas políticas militaristas para propulsar la economía ya no funcionaban. En la década de 1960, en parte como resultado de la guerra de Vietnam, la economía estadounidense se calentó demasiado, resultando en inflación. Los embargos petroleros de ese período resultaron en precios más altos. La economía se contrajo y, por primera vez, aumentaron mucho tanto el desempleo como la inflación.

Como ya discutimos, los creadores de las políticas del gobierno y sus aliados corporativos se volvieron al modelo del clima pro negocio (el neoliberalismo) para regenerar las ganancias y controlar la inflación. Ya no necesitaban a la gente trabajadora como colaboradores. Cerraron plantas y desmantelaron sindicatos.

Entonces, los defensores del modelo del clima pro negocio tenían que enfrentarse a una gran contradicción sobre los gastos militares: ¿cómo podían mantener un gran aparato militar capaz de proteger los intereses estadounidenses en el mundo al mismo tiempo que reducían el tamaño del gobierno y rebajaban los impuestos?

No era un truco fácil, pero el modelo tenía una respuesta clara: la privatización. Estados Unidos necesitaba desplazar los gastos y programas militares de la nómina del gobierno al sector privado. Esto no solo limitaría el tamaño del gobierno, sino que aumentaría las ganancias en el sector privado. Y reducir los costos de la mano de obra sería mucho más fácil para los contratistas que para el gobierno en sí.

Es más, Estados Unidos podría reducir el número de tropas —y el número oficial de muertos y heridos— a base de depender de contratistas privados para que se encargaran de pelear. Con tasas de muerte más bajas, el público estadounidense estaría más dispuesto a aceptar guerras largas y costosas. Esto podría poner fin al "Síndrome de Vietnam", la resistencia del pueblo estadounidense a apoyar más aventuras militares.

Para cuando llegó la época de las Guerras de Iraq y Afganistán, el número de contratistas privados que hacían trabajo militar había crecido enormemente, como lo reconoció la Oficina de Contraloría de Estados Unidos (*Government Accountability Office*):

En 2011, una investigación del Congreso sobre las prácticas de contratación calculaba que alrededor de 199.783 contratistas fueron empleados por Estados Unidos en Iraq y Afganistán en el año fiscal 2010... Un estimado de la Oficina de Contraloría reporta que hay un total de 262.681 contratistas y personal de apoyo empleados por los Departamentos de Defensa, del Estado y de USAID en Iraq y Afganistán, 18% o 47.282 trabajando en funciones de seguridad.[7]

El autor del informe usa estas cifras para calcular el increíble aumento en contratistas. Calcula que en la Guerra del Golfo de 1991 hubo un contratista por cada 50 tropas movilizadas. Hoy en día, la proporción es de uno o dos contratistas por cada militar. Es un aumento de cincuenta veces más contratistas.

La Gráfica 15.3 muestra ese rápido aumento.

Esta tendencia tan drástica se ve aún más clara en la Gráfica 15.4. Se puede ver que hay más contratistas militares en Afganistán que personal militar regular. Parece que ahora tenemos dos grandes ejércitos, uno público y otro privado.

7. Aaron Ettinger, "Neoliberalism and the Rise of the Private Military Industry", Asociación Canadiense de Ciencias Políticas de Queen's University, 16-18 de mayo de 2011, Waterloo, Ontario, http://www.cpsa-acsp.ca/papers-2011/Ettinger.pdf.

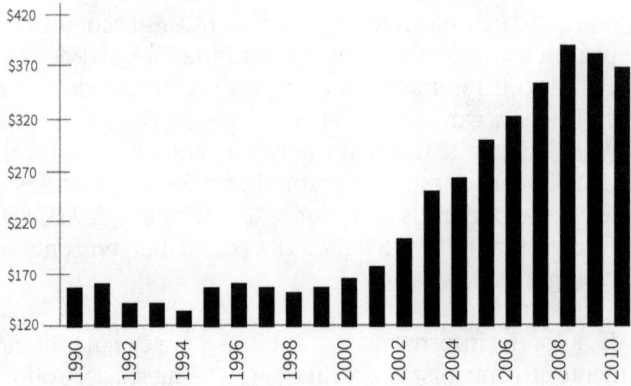

Gráfica 15.3: Gastos del Departamento de Defensa en contratistas privados, 1990–2010 (en miles de millones de dólares estadounidenses)
Fuente: Centro para Estudios Estratégicos e Internacionales, "Defense Contract Trends", mayo de 2011, http://csis.org/files/publication/110506_CSIS_Defense_Contract_Trends-sm2.pdf.

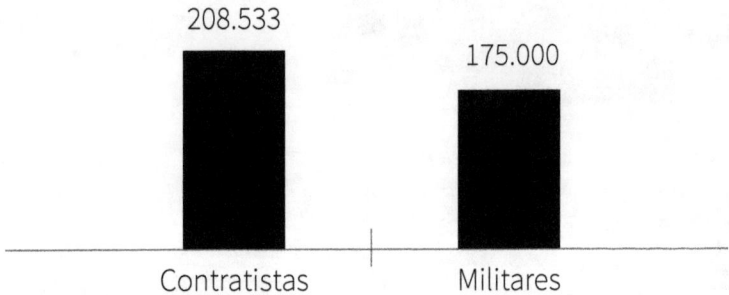

Gráfica 15.4: Despliegue de contratistas privados y personal militar en Afganistán e Iraq
Fuente: Política de compra y adquisición de defensa, "Contingency Contracting Throughout U.S. History", www.acq.osd.mil/dpap/pacc/cc/history.html.

Si consideramos los últimos dos siglos, podemos ver que el uso de grandes cantidades de contratistas militares, en vez de tropas, es una práctica relativamente nueva (ver Gráfica 15.5).

El peligro de una guerra permanente

Actualmente, nuestra nación apoya dos complejos militares industriales coexistentes. Uno es el tradicional que le preocupaba a Eisenhower (grandes corporaciones y su producción rentable de aviones, barcos, misiles, armas nucleares, etc.). Y ahora tenemos contratistas privados que ganan dinero prestando servicios de campo y seguridad, funciones que antes ejecutaban las fuerzas militares.

Los grandes fabricantes privados de material militar en Estados Unidos no necesitan una guerra permanente para mantener sus ganancias, ya que siempre hay algún motivo, incluso en tiempos de paz, para modernizar las tecnologías bélicas. Pero el ejército privado de contratistas necesita guerras, ocupaciones e incursiones para poder crecer y mantenerse.

Desde luego, es aparente que los contratistas privados están cubriendo sus necesidades en cuanto a ganancias. Hemos estado en guerra desde un poco después del 9/11. Los han enviado a Iraq y Afganistán, y ahora ISIS nos está enviando de vuelta a Iraq y tal vez a Siria también. Y luego están Yemen y Ucrania, que tal vez requieran más apoyo militar e, incluso, tropas. Casi a diario, comentaristas y políticos hacen un llamado a tener "botas sobre la tierra" en alguna parte del mundo, todo en nombre de "ganar" la interminable "Guerra Contra el Terrorismo."

Claro que nadie tiene la menor idea de qué significa "ganar". Es difícil imaginar cómo puede acabar una guerra contra una pequeña, violenta banda de creyentes devotos. Pero es fácil ver cómo los contratistas privados pueden beneficiarse a gran escala de un conflicto sin fin.

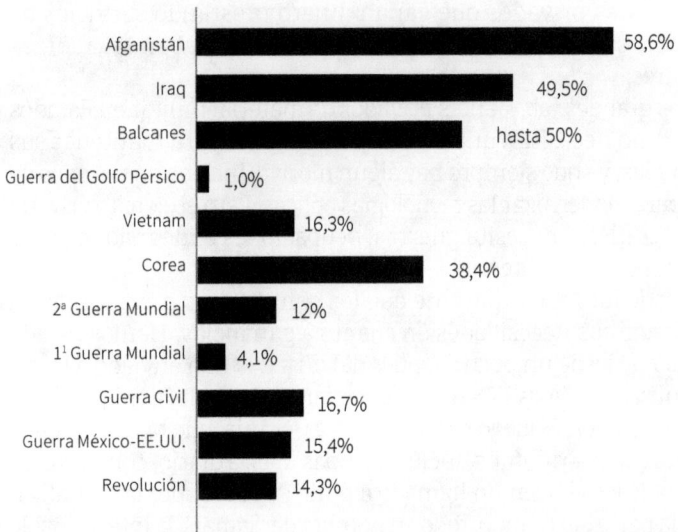

Gráfica 15.5: Aumento en el uso de personal militar privado (en proporción del total de personal militar)
Fuente: Política de compra y adquisición de defensa, "Contingency Contracting Throughout U.S. History", www.acq.osd.mil/dpap/pacc/cc/history.html.

¿Qué y quién es responsable por este estado de guerra permanente? Es probable que la idea no se haya originado con los contratistas privados. Probablemente se originó con el estado de seguridad nacional, grupos dentro y fuera del gobierno, incluyendo la Agencia de Seguridad Nacional (o NSA, por sus siglas en inglés, la cual espía en las comunicaciones), la CIA, el Departamento de Defensa, el Departamento de Estado y los muchos centros de estudios y universidades con enfoque en la política extranjera.

Aunque estas agencias y su personal tienen muchas diferencias de opinión, sí lograron estar de acuerdo, con muy poca disensión, en torno al plan de la administración Bush de convertir al 9/11 en la Guerra de Iraq. Todas, en conjunto, afirmaron erróneamente que 1) Iraq tenía armas de destrucción masiva; y que 2) Iraq apoyaba a Al Qaeda y, por lo tanto, había estado involucrado en los ataques del 9/11. En esto, los líderes del estado de seguridad nacional le mintieron descaradamente al pueblo estadounidense y nos metieron en guerras en el Medio Oriente que han durado más de una década.

La privatización de las fuerzas armadas es parte de este truco. La privatización permite que nuestros políticos militaristas y líderes militares puedan esconder lo costosas que realmente son estas guerras. Y, si los contratistas son quienes están luchando, no necesitamos la conscripción que motivó tanta resistencia en masa durante la Guerra de Vietnam.

Si queremos detener la desigualdad sin límites, tenemos que capturar el enorme porcentaje del presupuesto estadounidense que está dedicado a la guerra y reasignarlo para propósitos útiles. No será fácil, claro, ya que tantos negocios tienen intereses económicos en nuestra inacabable guerra privatizada.

Preguntas de discusión

1. ¿Por qué estaba tan preocupado el presidente Eisenhower por lo que denominó "el complejo militar industrial"?

2. ¿Por qué cree usted que parece que siempre estamos en medio de alguna guerra?

3. ¿Qué significa para Estados Unidos el depender tanto de personal militar privatizado y contratistas?

Capítulo 16

La explotación financiera en la atención médica

Tenemos el sistema de salud más complejo y caro del mundo. Tenemos un sistema para soldados y veteranos, otro en las resguardos indígenas. Tenemos Medicare para las personas en la tercera edad, Medicaid para la gente pobre, y CHIPs para los niños. Dentro de estos programas públicos se encuentran incrustados una multitud de programas privados, donde la industria médica encuentra sus rentables oportunidades de mercado. Además de todo esto, tenemos la Ley de Cuidado de Salud a Bajo Precio (Affordable Healthcare Act, u Obamacare), que les extiende un seguro médico subvencionado a millones de ciudadanos quienes previamente no tenían cobertura, sobre todo por medio de asignar fondos públicos para ayudar a la gente a pagar seguros privados.

Este sistema tan variado es costoso e inadecuado. Como vimos en el Capítulo 6, Estados Unidos gasta más en atención médica que ningún otro país desarrollado, tanto en cantidad absoluta como en porcentaje de nuestra economía. ¿Qué recibimos por todo ese dinero? Peores resultados de salud. Estamos atrás en expectativa de vida, mortalidad infantil y muchas otras medidas de salud pública.

Esto ocurre porque nuestro sistema de salud está basado en dos sistemas rivales, para financiar y prestar servicios de salud, que con frecuencia están en guerra. Un sistema es público, pagado por los impuestos, y el otro es privado, pagado por sus usuarios (con y sin subsidios del gobierno). Estos dos sistemas tan diferentes se basan en filosofías completamente diferentes que no coexisten de manera pacífica. El sistema privatizado está ganando esta batalla, mientras la mayoría de nosotros perdemos.

Nuestro sistema de salud pública se basa en el principio de que la atención médica debería ser un derecho básico para toda la población. En Medicare y otros programas médicos federales, los servicios de salud se pagan con las recaudaciones de impuestos generales y están financiados por una agencia gubernamental única (que se conoce como el sistema de pagador único). La provisión de servicios médicos permanece en manos privadas de doctores, hospitales y otros proveedores.

La mayoría de los países desarrollados le ofrecen a su población una atención médica universal, sustentada por fondos públicos, y este era el tipo de sistema que los presidentes Roosevelt y Truman apoyaban. Sin embargo, la presión del cabildeo de la Asociación Médica Estadounidense y sus aliados impidió su aprobación. Algunas partes se hicieron realidad durante la presidencia de Lyndon Johnson, incluyendo Medicare para personas en la tercera edad y Medicaid para la gente pobre.

Parecía que solo era cuestión de tiempo antes de que el sistema de salud estadounidense evolucionara al modelo de pagador único, como Medicare en Canadá, que cubriría a toda la población y no solo a la gente mayor o pobre.

Pero, claro, a partir de 1980 ganó fuerza una filosofía diferente, cuando el modelo del clima pro negocio se estableció y comenzó a perforar nuestro sistema de salud.

Los proponentes del modelo del clima pro negocio no solo impidieron los esfuerzos por establecer un sistema de pagador único en Estados Unidos, sino que debilitaron nuestros sistemas de salud pública ya existentes, abriendo más y más de sus partes a compañías privadas. Medicare incluye un plan privado de medicamentos y planes de "Medicare Advantage" para atender otras brechas. Y, a partir de la década de 1980, los estados comenzaron a recibir exenciones que les permitían usar dinero de Medicaid para cubrir a sus habitantes con planes privados. Actualmente, esto representa la mayoría de la cobertura de Medicaid. Por estas lagunas en nuestro sistema público y por Obamacare, a las compañías de salud privadas de todo tipo les va mejor que nunca, reciben miles de millones de dólares en beneficios, con el apoyo público.

Como siempre, los proponentes del modelo del clima pro negocio vinieron armados con bastantes argumentos a favor de la privatización. Atacaron el modelo de Medicare para Todos (Medicare for All), tildándolo de socialista e ineficiente. La atención médica "gratuita" haría subir los precios, decían, porque sus consumidores utilizarían demasiado el sistema si no tenían que pagar ellos mismos por los servicios. Si todos tuviéramos algo en juego, tendríamos que buscar el mejor precio por nuestros servicios y no iríamos al doctor de no ser absolutamente necesario.

La gente conservadora dijo que el gobierno no debía tomar decisiones acerca de cuánta atención médica necesitaba cada persona. En vez de eso, cada persona debía tener libertad para elegir lo mucho o lo poco que quería, o nada en lo absoluto. De no ser así, el gobierno estaría obligándonos e infringiendo en nuestras libertades fundamentales.

Mantuvieron también que la atención médica se daría más eficientemente a través de un sistema de mercado privado y con fines de lucro. Las compañías de seguros privadas tendrían en venta una variedad de pólizas para responder a la demanda. Las compañías farmacéuticas competirían para producir los mejores medicamentos al menor precio, y los hospitales y doctores competirían para proveer la mejor atención médica. Y, ya que los consumidores tendrían la habilidad de comparar precios y servicios, el mercado brindaría los mejores productos a los precios más bajos.

Elección del consumidor + Desembolso del consumidor	→	Competencia entre seguros privados, compañías farmacéuticas, hospitales y doctores	→	Ganancias + Costos más bajos + Mejores resultados de salud

Una vez más, la teoría del modelo del clima pro negocio no describe la realidad, sobre todo cuando se trata de la atención médica. En vez de ofrecer servicios más baratos y con mejores resultados, ofrece servicios más caros y con peores resultados, dejando a pacientes vulnerables con montañas de papeles confusos y, a menudo, con deudas médicas aterradoras. Pero es que la atención al paciente no es el objetivo principal de nuestro sistema de salud privatizado. El objetivo principal es enriquecer a los ejecutivos e inversionistas de Wall Street.

El sistema de salud privatizado consta de tres áreas principales para la explotación financiera a tajo abierto: los seguros médicos privados, los hospitales y otras compañías de servicios de salud, y la industria farmacéutica.

Los seguros médicos privados

Las compañías de seguros son un componente esencial del sector financiero. Son una parte vital de Wall Street. De hecho, el sector financiero responde a las siglas FIRE (en inglés: finance, insurance and real estate, o finanzas, seguros y bienes raíces). Las compañías de seguros existen a base de recoger primas, invertir los ingresos y, después, pagar reclamaciones menores que el valor total de las primas invertidas.

En 2013, la compensación promedio de los diez ejecutivos más altos de empresas de seguros y de atención administrada fue de $12.932.100 para cada uno[1]. La brecha en compensación entre ejecutivos de compañías de servicios médicos y alguien que trabaja como asistente de enfermería, de psiquiatría o de cuidado a domicilio ¡es de 517 a uno!

---

1. Para las proporciones citadas en este capítulo, las calificaciones están basadas en "Fortune 500 Rankings, 2014", http://fortune.com/fortune500/; Compensación de ejecutivos basada en *Proxy Statement Filings to the Securities and Exchange Commission*, Edgar Database, http://www.sec.gov/edgar/searchedgar/companysearch.html; y de "2014 Equilar Top 200 Highest Paid CEO Rankings", https://www.bls.gov/oes/current/oes_nat.htm#29-0000; salarios medios de enfermeros y empleados no supervisores, del Departamento del Trabajo de EE.UU., Oficina de Estadísticas Laborales, "May 2014 National Occupational Employment and Wage Estimates, United States", http://www.bls.gov/oes/current/oes_nat.htm#29-0000.

Este dinero se genera al aumentar primas, deducibles y copagos al máximo posible, mientras se mantienen los costos de prestación de servicios al mínimo posible. Como bien sabemos, a menudo esto significa que se retrasan o incluso rechazan hasta las reclamaciones más legítimas. Las compañías de seguros privados son las que más se han beneficiado de Obamacare, que hace obligatorio que cada persona tenga algún tipo de seguro médico. Básicamente, Obamacare fue un trato entre el gobierno, las grandes compañías de seguros médicos y las compañías farmacéuticas, el cual amplió enormemente el mercado nacional de seguros médicos. A cambio, las compañías de seguros tienen ciertas restricciones. Por ejemplo, ya no pueden rechazarles cobertura a personas con condiciones médicas preexistentes.

A medida que la explotación financiera se ha movido veloz-mente en el sector privado, hemos visto una gran tendencia hacia la disminución de seguros médicos provistos por empleadores. Como vimos en el Capítulo 4, pagar las deudas de Wall Street y utilizar los ingresos de la compañía para la recompra de acciones resultan en una productividad simplificada y agresiva, basada en recortes de salarios, beneficios (como la cobertura médica) y condiciones laborales. Los seguros médicos provistos por el empleador, como muestra la Gráfica 16.1, están desapareciendo.

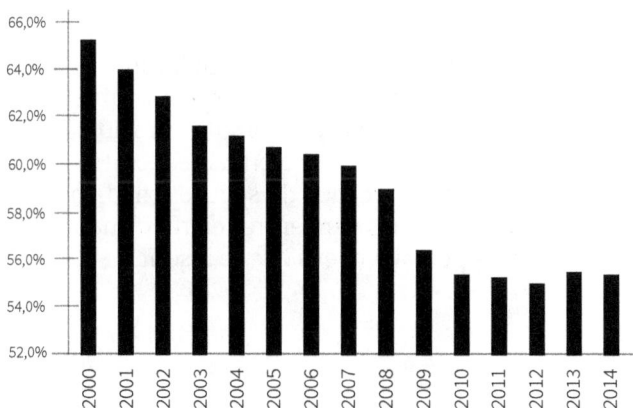

Gráfica 16.1. Disminución en porcentaje de estadounidenses que reciben un seguro médico del empleador, 2001-2014
Fuente: Oficina del Censo Estadounidense, Informes Poblacionales Actuales, P60-238, Income, Poverty, and Health Insurance Coverage in the United States, varios años.

Los seguros médicos comerciales son extremamente costosos para los individuos y, cada vez más, para los contribuyentes de impuestos que deben subvencionar a las compañías de seguros privados a través de Obamacare, Medicare, Medicaid y otros programas de salud "pública". La complicación del sistema, con sus cientos de compañías de seguros privados, obliga a toda persona que participe —incluyendo doctores, hospitales, compañías de seguros y pacientes— a invertir mucha energía en la burocracia y dedicarle mucho tiempo a trabajo que no es de atención médica. Esta es una razón por la que la parte tradicional y pública de Medicare asigna solamente el 1% de su presupuesto total a gastos generales (según un estudio de 2013 en *Journal of Health Politics, Policy and Law*)[2], mientras que el promedio de gastos generales en la industria de seguros médicos privados es de aproximadamente 20% (si se incluye la parte privatizada de Medicare, los gastos generales de Medicare son 6%).

Como escriben el Dr. David Himmelstein y la Dra. Stephanie Woolhandler, líderes en la investigación acerca del costo de los servicios médicos:

> Los gastos generales anuales en seguros per cápita se han triplicado desde 2006, alcanzando $731. Si nos cambiáramos a un sistema de pagador único hoy mismo, podríamos ahorrarnos más de $400 mil millones al año en burocracia.
>
> Estos ahorros harían posible brindar una cobertura universal sin copagos o deducibles y sin aumentar los gastos en servicios médicos. Por el contrario, la Ley de Cuidado de Salud a Bajo Precio ha creado otra capa de burocracia —los mercados de seguros médicos— que cuesta $6 mil millones para entrar en funcionamiento, o $750 por cada persona nueva que se inscribe.

---

2. Médicos por un Programa Nacional de Salud, "Setting the Record Straight on Medicare's Overhead Costs", 20 de febrero de 2013, http://www.pnhp.org/news/2013/ february/ setting-the-record-straight-on-medicare%E2%80%99s-overhead-costs.

Los textos de economía predican que los mercados generan eficiencia, pero los sistemas de salud más orientados al mercado resultan ser los menos eficientes. La transformación del sistema médico estadounidense en un negocio ha incrementado mucho los costos de transacción y ha recompensado a los empresarios que han inventado juegos financieros que no añaden ningún valor.[3]

La explotación financiera de los hospitales

Muchos hospitales con y sin fines de lucro están diseñados para enriquecer a sus altos ejecutivos e inversionistas. Sus ingresos provienen del gobierno (pagos de Medicare, Medicaid y otros programas), seguros privados y los bolsillos de sus pacientes. Aunque a muchos hospitales les cuesta mantenerse a flote, las cadenas de hospitales de alto nivel con fines de lucro consiguen ganancias enormes, según los informes que deben presentarle a Medicare. Estos hospitales tienen ingresos operativos astronómicos (márgenes de beneficios como porcentaje de los dólares de pacientes). Forbes reporta:

... 24 hospitales en el país con más de 200 camas logran un margen operativo de 25% o más. Ese tipo de margen de beneficios es comparable al de gigantes farmacéuticos como Pfizer, a quienes se les vilipendia con frecuencia por los precios excesivos de sus medicinas. Sobrepasa por mucho el margen de beneficios operativos que General Electric reportó el año pasado.

El hospital más rentable del país, Flowers Medical Center de Dothan, Ala., con 235 camas, registró un increíble margen operativo de 53%. Es parte de la gran cadena comercial Community Health Systems de Brentwood,

---

3. Samuel Metz, "High Administrative Costs at US Hospitals", Health Affairs Letter, noviembre de 2014, Médicos por un Programa Nacional de Salud, http://www.pnhp.org/news/2014/november/the-high-administrative-costs-in-us-health-care.

Tenn. Del Sol Medical Center en El Paso quedó en segundo lugar con un margen operativo astronómico de 45%. Es parte de la gran cadena de HCA, basada en Nashville. Ninguno de estos dos hospitales devolvió llamadas telefónicas para dar comentarios.[4]

La explotación financiera ocurre a muchos niveles, ya que los hospitales tratan de maximizar los pagos que reciben de las compañías aseguradoras, del gobierno y de sus pacientes. Las y los enfermeros son un objetivo importante. A través de forzar a enfermeras y enfermeros a atender a más pacientes, los hospitales (y otros proveedores como asilos y centros de rehabilitación) pueden inflar sus ingresos y ganancias operativas. Esto es precisamente la misma experiencia que la de trabajar en fábricas con políticas de aceleramiento y alargamiento en compañías que sufrieron la explotación financiera a manos de Wall Street.

La Asociación de Enfermeras de California/Enfermeras Nacionales Unidas (California Nurses Association/ National Nurses United) está combatiendo esta tendencia de modo efectivo con legislación que obliga a tener niveles de personal que brinden un cuidado seguro. Después de una campaña que demostró cómo los niveles de personal tenían un impacto en la salud y mortalidad de sus pacientes, California adoptó una ley que hace obligatorios los niveles de personal que aparecen en la Tabla 16.1.

---

4. David Whelan, "America's Most Profitable Hospitals", Forbes.com, 31 de agosto de 2010, http://www.forbes.com/2010/08/30/profitable-hospitals-hca-health-care-business-mayo-clinic.html.

Tabla 16.1: Niveles de personal seguro para California

Tipo de cuidado	Enfermera registrada por pacientes
Cuidados intensivos/críticos	1:2
Cuidados intensivos neonatales	1:2
Cirugía/quirófano	1:1
Recuperación post-anestesia	1:2
Labor y parto	1:2
Pre-parto	1:4
Postparto (madre-bebé)	1:4
Postparto madres solo	1:6
Pediatría	1:4
Sala de Emergencias	1:4
Pacientes UCI en Sala Emergencias	1:2
Tipo de cuidado	**Enfermera registrada por pacientes**
Pacientes con trauma en Sala de Emergencias	1:1
Cuidados intermedios, Inicial	1:4
Cuidados intermedios, 2008	1:3
Telemetría, Inicial	1:5
Telemetría, 2008	1:4
Atn. médica/cirugía, Inicial	1:6
Atn. médica/cirugía, 2008	1:5
Otra atn. especializada, Inicial	1:5
Otra atn. especializada, 2008	1:4
Psiquiatría	1:6

Fuente: Enfermeras Nacionales Unidas, "RN Safe Staffing Ratios – Saving Lives", http://www.nationalnursesunited.org/site/entry/101-staffing.

Tabla 16.2: Precios de medicamentos en EE.UU. y Canadá

	Cantidad	Precio en EE.UU.	CanaRX	Descuento en Canadá
Nexium	84	$ 440,06	$ 207,40	53%
Singulair	84	$ 341,04	$ 130,40	62%
Advair Kiskus	180	$ 579,60	$ 237,40	59%
Lipitor 20 mg	90	$ 394,20	$ 136,40	65%
Lipitor 10 mg	90	$ 276,30	$ 114,40	59%
Plavix	84	$ 466,20	$ 213,40	54%
Spiriva	90	$ 562,50	$ 244,40	57%
Lipitor 40mg	90	$ 394,20	$ 199.40	49%
Celebrex	100	$ 367,00	$ 170,40	54%
Crestor	90	$ 357,30	$ 207,40	42%

Fuente: CanaRx, citado en Ann S. Kim, "Why Are Drugs from CanaRx Cheaper than Those in Maine?" Portland Press Herald, Septiembre 14, 2012, www.pressherald.com/2012/09/14/why-are-drugs-from-canarx-cheaper-than-those-in-maine___ 2012-09-15/.

La receta financiera de la industria farmacéutica

Se supone que el propósito de la industria farmacéutica es descubrir y fabricar nuevas drogas para aliviar el dolor, prevenir enfermedades y reducir sus síntomas. Pero, en realidad, la meta primordial de esta industria es hacer ricos a sus directores y accionistas principales, que normalmente son fondos de cobertura y firmas de capital privado, cuyo deseo es que suban los precios de sus acciones y sus dividendos a corto plazo.

En 2013, los 10 ejecutivos más altos de las farmacéuticas recibieron una compensación media de $17.586.700 cada uno. Comparado con la paga media de alguien que trabaja como asistente de enfermería, de psiquiatría o de cuidado en el hogar, la brecha en compensación entre ejecutivos y empleados de compañías farmacéuticas es de 703 a uno.

Las compañías farmacéuticas en Estados Unidos tienen ganancias fantásticas, en comparación con otros países. En parte es porque hasta ahora han podido prevenir que el gobierno estadounidense ejerza su poder para reducir los costos de la medicina para el consumo estadounidense. En otros países desarrollados el gobierno negocia precios más bajos para sus consumidores. Por ejemplo, CanaRX, el programa nacional de medicamentos recetados en Canadá, usa su poder de negociación para conseguir precios más bajos una y otra vez, como muestra la Tabla 16.2[5].

Al mismo tiempo que las compañías farmacéuticas aumentan los precios de sus productos, también recortan otro aspecto de su actividad que es muy costoso y, a corto plazo, menos rentable: la investigación y el desarrollo (I&D). Parece increíble que Wall Street presione a las compañías farmacéuticas para recortar I&D con el propósito de tener más fondos disponibles para la recompra de acciones y aumentar así su cotización para enriquecer a sus ejecutivos y los grandes inversionistas de Wall Street.

Por ejemplo, Amgen, un gigante de la biotecnología basado en el sur de California, aceptó recortar 4.000 empleados como parte de una estrategia para aplacar a los fondos de cobertura de Wall Street. Según el *Los Angeles Times*:

> Los recortes de trabajos fueron parte de una amplia serie de maniobras financieras que la compañía ideó con el fin de canalizar el dinero de vuelta a los inversionistas de Wall Street. La compañía también dijo que recompraría $2 mil millones en acciones y aumentaría su dividendo por 30%. También hizo la ambiciosa promesa de ganancias de dobles cifras durante los próximos tres años.[6]

5. Ann S. Kim, "Why Are Drugs from CanaRx Cheaper than Those in Maine?" *Portland Press Herald*, 14 de septiembre de 2012, http://www.pressherald. Com/2012/09/14/why-are-drugs-from-canarx-cheaper-than-those-in-maine__2012-09-15/.
6. Dean Starkman y Andrew Khouri, "Amgen, Bowing to Hedge Fund Pressure, to Cut Up to 1,100 More Jobs", *Los Angeles Times*, 28 de octubre de 2014, http://www.latimes.com/business/la-fi-amgen-job-cuts-20141029-story.html#page=1.

Mientras los recortes de I&D enriquecen a Wall Street y a los ejecutivos a corto plazo, a largo plazo serán dañinos para nuestra salud. Así describe Forbes estos recortes:

Muchas de las noticias de la industria farmacéutica en los últimos cinco años han sido acerca de los recortes en la escala de I&D. Eso es precisamente lo que han hecho compañías como Pfizer, AstraZeneca y Merck, para el gran deleite de analistas en Wall Street que habían estado recomendando que las compañías farmacéuticas reconsideraran la reinversión de 17-20% de sus ingresos en I&D, reduciéndolo a 10-14%. Aunque una reducción así puede dar resultados a corto plazo con más altos resultados financieros, estas políticas tienen consecuencias negativas a largo plazo. Las compañías que aplican recortes agresivos en sus presupuestos de I&D acabarán viendo que su producción se contraerá.

Más importante aún, para los pacientes, estos recortes significan que es menos probable que se desarrollen nuevas medicinas para diabetes, Alzhéimer, cáncer, etc. Lo irónico es que esto está ocurriendo precisamente a la vez que se están haciendo nuevos descubrimientos a diario acerca de las causas de las enfermedades.

Pero, como parte de estos recortes, las grandes compañías están abandonando la investigación en áreas clave como agentes antibacterianos, depresión, esquizofrenia y VIH/SIDA.[7]

¿Ganar la batalla pero perder la guerra?

Las industrias privatizadas de seguros, hospitales y farmacéuticas le dieron a Obamacare la forma que les convenía. La Ley de Cuidado de Salud a Bajo Precio incrementó el número de personas inscritas en seguros privados y le prohibió al gobierno abogar para conseguir descuentos de la industria farmacéutica. Ambas indus-

---

7. John LaMattina, "Pharma I&D Cuts Hurting U.S. Competitive Standing", Forbes.com, 3 de enero de 2014, http://www.forbes.com/sites/johnlamattina/2014/01/03/pharma-rd-cuts-hurting-u-s-competitive-standing/.

trias han estado recogiendo grandes beneficios desde que se adoptó Obamacare. Está claro que los explotadores financieros ganaron esta batalla.

Pero, a largo plazo, todo pensamiento lógico indica que un sistema de seguro de pagador único, como el de Canadá, eliminaría casi toda la industria de seguros privada y resultaría en un recorte drástico de los precios de medicinas recetadas. Los argumentos sobre el costo y la calidad de un seguro de pagador único son contundentes (ver Médicos por un Programa Nacional de Salud en www.pnhp.org y Campaña Laboral por un Pagador en www.laborforsinglepayer.org).

Según la mayoría de los criterios, el mejor sistema de salud del mundo es el del Reino Unido, donde la financiación de la salud y la prestación de servicios son públicas. Esto significa que es un sistema de pagador único y también un sistema de proveedor de servicios único. Según el Fondo Commonwealth, el sistema del Reino Unido es el mejor del mundo. Es superior tanto en calidad como en eficiencia, pero aun así es el sistema menos costoso de los países desarrollados, con un costo de $3.405 per cápita, en comparación con $8.508 en Estados Unidos y $4.522 en Canadá. En la atención médica, lo que importan son la simplicidad y el enfoque en la salud, no las ganancias económicas[8].

Sin embargo, el establecimiento de la medicina privada y los explotadores financieros de Wall Street, avariciosos de ganancias, obstaculizan el camino. Pero el pueblo estadounidense sigue apoyando el sistema de pagador único, aunque haya pocos políticos que se atrevan a mencionarlo por miedo a que los acusen de "socialistas".

Más de cinco años después de que se abandonara la idea del sistema de pagador único de la política de Obamacare, más del 50% del pueblo dice que sigue a favor de esa idea, incluyendo un cuarto de los republicanos, según una nueva encuesta[9].

8. Karen Davis, et al., "Mirror, Mirror on the Wall, 2014 Update: How the U.S. Health Care System Compares Internationally", Un informe del Fondo Commonwealth, http://www.commonwealthfund.org/publications/fund-reports/2014/jun/mirror-mirror.
9. Sarah Ferris, "Majority Still Supports Single Payer Option, Poll Finds", The Hill, 19 de enero de 2015, http://thehill.com/policy/healthcare/229959-majority-still-support-single-payer-option-poll-finds.

La opción de pagador único —también llamada Medicare para Todos— crearía un nuevo programa de seguros, administrado por el gobierno, para reemplazar la cobertura privada. Este sistema, que una vez contó con el apoyo del presidente Obama, se convirtió en una de las mayores pérdidas de los divisivos debates de 2009 sobre la atención médica[10].

Nos veremos obligados a elegir entre un sistema médico que nos cubra a todos, desde que nazcamos hasta la muerte, y que además nos ahorre dinero, y otro sistema que fue diseñado para apaciguar a los explotadores financieros.

---

10. Ibíd

Preguntas de discusión

1. ¿Cuáles son las mayores preocupaciones que usted tiene en cuanto a su propia cobertura médica y nuestro sistema en general?

2. ¿Cree usted que el gobierno debería usar su poder para negociar precios farmacéuticos más bajos? ¿Por qué sí o por qué no?

3. ¿Cree usted que deberíamos tener un sistema de Medicare para Todos (de pagador único)? ¿Por qué sí o por qué no?

Capítulo 17

El ataque de los fondos de cobertura contra la educación pública

Nadie ha ganado más por la desregulación financiera que los administradores de fondos de cobertura y capital privado, la pequeña élite en la cumbre de la pirámide de las finanzas. Es realmente difícil entender la magnitud de las cantidades de dinero que acumulan estos financieros.

Cada año, un puñado de estos tipos ganan hasta un millón de dólares por hora gracias a algunas prácticas de inversiones apenas legales o factualmente ilegales. Los 25 más grandes entre ellos tienen tantos miles de millones de dólares que es imposible que necesiten ganar más. Pero siguen amasando más. Su motivación es el reto, la fama, la competencia. Se esfuerzan por llegar a ser el número uno de la lista de la gente más rica de Forbes.

Aunque prácticamente todo su trabajo es falto de moral, como mínimo, muchos de estos magnates de fondos de cobertura aseguran tener conciencia. Un número importante de ellos cree firmemente que la educación debe ser "reformada" por medio de más privatización y competencia. Usan su dinero y las fundaciones que respaldan para promover las escuelas chárter (escuelas públicas independientes, autorizadas y subvencionadas por agencias públicas) y para luchar contra los sindicatos de escuelas públicas, a quienes consideran sus mayores enemigos.

Por ejemplo, en el área de Nueva York, la Fundación Robin Hood, cuya junta está repleta de magnates de fondos de cobertura, apoya a más de 100 escuelas chárter a través de financiaciones a *Achievement First, Democracy Prep, East Harlem Scholars Academy, Explore Schools, Inc.,*

Harlem Village Academies, KIPP NYC, Inc., New York City Charter School Center, Success Academy Charter Schools y Teach for America New York. Además, algunos miembros de las juntas de fondos de cobertura dan donaciones directas a escuelas chárter específicas.

La Fundación Bill y Melinda Gates dice que ha "invertido más de $100 millones en escuelas chárter como parte de su esfuerzo continuo por elevar las tasas de graduación y dar a todos los estudiantes acceso a una gama de opciones educativas de alta calidad"[1]. En 2014, Michael Bloomberg, el multimillonario exalcalde de la ciudad de Nueva York, "invirtió más de $1,3 millones en apoyo a candidatos estatales y locales que comparten su visión de reforma escolar". Según el sitio web del político:

> La parte más grande de ese dinero, $500.000, respalda al ex ejecutivo de escuelas chárter Marshall Tuck en su campaña para la elección de superintendente estatal de California. Pero Bloomberg es también un actor importante en campañas mucho menos visibles. Le dio $300.000 a *Stand for Children*, el comité político de Arizona que apoya a candidatos para las juntas escolares de dos distritos y a dos legisladores estatales. Bloomberg también donó $250.000 a *California Charter School Association Advocates*, que está muy involucrada con las carreras para las juntas escolares del condado de Santa Clara y el Distrito Escolar Unificado de West Contra Costa en Richmond, CA. Y Bloomberg le dio $100.000 a una coalición de reforma que apoya a dos candidatos para la junta escolar de Minneapolis.[2]

---

1. "Investment to Accelerate Creation of Strong Charter Schools", boletín de prensa, Fundación Bill y Melinda Gates, junio de 2003, http:// www.gatesfoundation.org/ Media-Center/Press-Releases/2003/06/ Investing-in-HighQuality-Charter-Schools.
2. Catlin Emma, "Bloomberg Bets Big on Ed Reform", *Politico.com*, 4 de noviembre de 2014, http://www.politico.com/morningeducation/1114/morningeducation15951.html.

Pero, ¿por qué se interesan tanto los multimillonarios en la privatización de las escuelas públicas?

Si les preguntas, es altruismo puro. Diane Ravitch, en su libro *Reign of Error* (El Reino del Error), resume la ideología de la reforma escolar corporativa:

> Somos los reformistas. Tenemos soluciones. Las escuelas públicas están fracasando. Las escuelas públicas están declinando. Las escuelas públicas no funcionan. Las escuelas públicas están obsoletas y rotas. Queremos innovar. Sabemos cómo arreglar las escuelas. Sabemos cómo cerrar la brecha del logro académico. Estamos al frente del movimiento por los derechos civiles de nuestra era. Queremos que en cada clase haya un gran maestro. El tamaño de la clase no importa. Debería pagárseles más a los maestros si sus estudiantes consiguen notas más altas. Deberían ser despedidos si sus estudiantes no sacan notas más altas. Se les deberían quitar sus derechos por antigüedad y puestos permanentes porque esas cosas protegen a los malos maestros. Los malos maestros causan la brecha académica. Los buenos maestros cierran la brecha académica. Los sindicatos de maestros son avariciosos y no les importan los niños.
>
> La gente que dirige la atención hacia la pobreza solo está excusando a los malos maestros y a las escuelas públicas que fracasan. La gente que no está de acuerdo con nuestras estrategias es defensora del status quo. No tienen soluciones. Nosotros sí tenemos soluciones. Nosotros sabemos lo que funciona. Los exámenes funcionan. El rendimiento de cuentas funciona. Las escuelas chárter con administración privada funcionan. Cerrar las escuelas con bajas calificaciones en las pruebas funciona. Pagar bonos extra a maestras que logren las mejores calificaciones

funciona. La instrucción por internet funciona. Sustituir a maestros con instrucción por internet no solo funciona, sino que reduce los costos a la vez que genera ganancias para los empresarios de la educación, quienes impulsarán más innovación.[3]

Increíblemente, parece que este grupo de multimillonarios corporativos (casi todos ellos hombres blancos) creen que son los verdaderos líderes de un nuevo movimiento por los derechos civiles con la meta de ofrecerle a cada niño pobre una oportunidad del Sueño Americano. Por ejemplo, Robert Reffkin, un vicepresidente de Goldman Sachs especializado en capitales privados, está muy involucrado en las escuelas chárter. Dice que las escuelas chárter son "la lucha por los derechos civiles de mi generación"[4].

Piense un momento sobre esta versión interesada e ilusoria de la historia. El movimiento por los derechos civiles se fundó sobre los esfuerzos de decenas de miles de activistas negros que exigían justicia. Mucha gente murió y fue apaleada en su lucha por la libertad. Ahora, en la era de la desigualdad sin límites, la gente ultra privilegiada siente que su dinero la convierte en experta en educación y le da derecho a "liderar" una batalla propulsada por dinero, contra los sindicatos de maestros, sin ningún riesgo ni sacrificio personal. Y, al hacerlo, se apropia del manto de Martin Luther King y de otros líderes de los derechos civiles.

El modelo del clima pro negocio en acción

Este delirante movimiento de "reforma" educacional de los multimillonarios es completamente comprensible si se mira a través del prisma del modelo del clima pro negocio. Primero, los recortes de impuestos a la gente rica y a las corporaciones, bajo el modelo del clima pro negocio, dificultan la situación de la educación.

---

3. Diane Ravitch, "Public Education: Who Are the Corporative Reformers?" Moyers and Company, 28 de marzo de 2014, http://billmoyers.com/2014/03/28/public-education-who-are-the-corporate-reformers/.
4. Nancy Hass, "Scholarly Investments", New York Times, 4 de diciembre de 2009, http://www.nytimes.com/2009/12/06/fashion/06charter.html?pagewanted=all&_r=0.

Luego, vienen los fondos de cobertura multimillonarios a financiar movimientos de "reforma" para privatizar las escuelas.

El movimiento por las escuelas chárter y las escuelas públicas con fines de lucro fue producto de la era de la desigualdad creciente. De hecho, este tipo de escuelas no existía hasta principios de la década de 1990.

Millones de niños, desde preescolar hasta la escuela secundaria, han sufrido este largo ataque contra la educación pública. El tamaño de las clases es una medida de este ataque. Las investigaciones demuestran que reducir el tamaño de las clases mejora el rendimiento estudiantil. Desafortunadamente, bajo el modelo del clima pro negocio, el tamaño de las clases ha aumentado, sobre todo durante la última década. La Gráfica 17.1 muestra el nivel de sobrepoblación al que han llegado las clases de kínder de la ciudad de Nueva York[5].

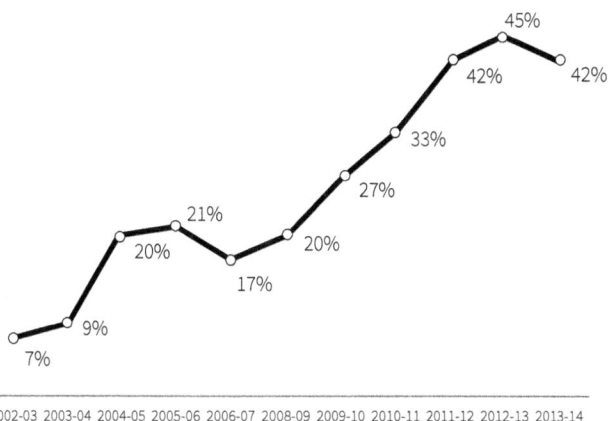

2002-03 2003-04 2004-05 2005-06 2006-07 2008-09 2009-10 2010-11 2011-12 2012-13 2013-14

Gráfica 17.1: Porcentaje de clases de kínder en NYC con 25 o más estudiantes, 2002-2014
Fuente: Leonie Haimson, "Space Crunch in New York City Schools", Class Size Matters, basado en reportes de IBO y DEO sobre el tamaño de las clases, classsizematters.org.

5. Sam Dillon, "Tight Budgets Means Squeeze in Classrooms", New York Times, 6 de marzo de 2011, http://www.nytimes.com/2011/03/07/education/07class-rooms.html?_r=0.

La meta oculta del modelo es destruir los sindicatos en el sector público, el último baluarte del poder sindical en el país. Y los sindicatos de maestros son los sindicatos más grandes del sector público. Además, aplastar a estos sindicatos ofrece un beneficio adicional para las élites financieras: debilitar al Partido Demócrata, que depende de los sindicatos del sector público para recaudar fondos y movilizar campañas. Claro que gran parte del Partido Demócrata está alineado con la industria financiera. Pero, a veces, el partido postula candidatos que se niegan a recortar servicios públicos y se oponen a bajar los impuestos de los ricos. Desarticular a los sindicatos de maestros sirve a los republicanos, que nunca dudan en su adhesión al modelo del clima pro negocio.

Los proponentes del modelo del clima pro negocio declaran que las compañías privadas siempre lo hacen todo mejor que el gobierno. Por lo tanto, las escuelas públicas deben privatizarse. Las escuelas chárter y las escuelas públicas con fines de lucro son mejores para la sociedad porque la competencia y la búsqueda de beneficios promueven la competencia y la creatividad.

El modelo del clima pro negocio presenta a los magnates de fondos de cobertura, quienes están financiando la privatización escolar, como "altruistas". Examinemos esa imagen de los multimillonarios que luchan por los "derechos civiles" siguiendo el camino del dinero en esta cruzada.

¿Les va bien haciendo el bien?

La educación pública es una industria de $632 mil millones (para 2010-11) que ofrece muchas oportunidades de ganancia para los inversionistas ricos, especialmente a través de las escuelas chárter y escuelas públicas con fines de lucro.

Gracias a una ley de exención de impuestos que se promulgó al final de la administración de Clinton, la gente rica puede ganar cantidades enormes invirtiendo en escuelas chárter. Como reporta el *Washington Post*:

Como resultado de este cambio en el código de impuestos, los bancos y los fondos de capital que invierten en escuelas chárter en áreas marginadas pueden aprovecharse de un crédito tributario muy generoso. Se les permite combinar este crédito con otros créditos de impuestos a la vez que también reciben intereses por cualquier cantidad de dinero que hayan prestado. Según un analista, el crédito les hace posible duplicar el valor de su inversión inicial en siete años. Otro punto interesante es que cualquier inversionista del extranjero que ponga un mínimo de $500.000 en compañías de escuelas chárter es elegible para comprar visas de inmigración para sí mismo y sus familiares bajo un programa federal llamado EB-5.[6]

Las compañías de administración de propiedades y firmas inmobiliarias también persiguen con afán el dinero público para las escuelas privadas. El truco está en conseguir que las escuelas chárter paguen alquileres exorbitantes, haciendo un arreglo de distribución propia entre la escuela, los administradores financieros y las firmas inmobiliarias. He aquí cómo funciona en Florida, según el *Miami Herald:*

> Algunas escuelas han cedido un control casi total de su personal y sus finanzas a compañías de administración con fines de lucro que deciden cómo se gasta el dinero de las escuelas. El Life Skills Center de Miami-Dade County, por ejemplo, paga 97% de sus ingresos a una compañía administrativa como "tasa continua". Y cuando la junta directiva de dos escuelas afiliadas en Hollywood trató de expulsar a sus administradores, la compañía se negó a devolver el dinero que tenía de la escuela, y les amenazó con presentar una denuncia por cargos penales contra cualquier oficial escolar que tratara de acceder al dinero.
> Muchas de las compañías de administración también controlan las tierras e instalaciones que usan las escuelas, a veces recogiendo más del 25% de los ingresos de una

---

6. Valerie Strauss, "Why Hedge Funds Love Charter Schools", Washington Post, 4 de junio de 2014, http://www.washingtonpost.com/blogs/answer-sheet/wp/2014/06/04/why-hedge-funds-love-charter-schools/.

escuela en pagos de alquiler, además de cobrarles cargos administrativos. Los dueños de Académica, la mayor empresa operadora de escuelas chárter del estado, recoge casi $19 millones al año en pagos de arrendamiento de propiedades escolares bajo su control en los condados de Miami-Dade y Broward, según informes de auditoría y de propiedad.[7]

La venda de la hipocresía

Los multimillonarios que asisten a las galas de recaudación de fondos para el "movimiento por los derechos civiles" de su escuela chárter sienten tanto orgullo por su contribución a la sociedad, especialmente para los oprimidos, que ahora tienen la gran fortuna de poder asistir a estas nuevas escuelas. Pero, en realidad, sus contribuciones son solo una migaja en comparación con la enorme desgravación de impuestos que reciben (como discutimos en el Capítulo 7). Merece la pena examinar esa exención de impuestos en el contexto de la filantropía de los fondos de cobertura.

Los multimillonarios de los fondos de cobertura y de capital privado, que son la espina dorsal del movimiento de las escuelas chárter, son los afortunados beneficiarios de una regla tributaria arcana llamada "interés devengado". Esta regla les permite declarar que la mayoría de sus ingresos son ganancias de capital, tasado al 20% (antes de deducciones) en vez del 39% (la tasa máxima de impuestos sobre la renta). Esa diferencia de 19% es una gran pérdida de fondos públicos para nuestra sociedad y nuestro sistema de educación pública, ya que una parte creciente de los presupuestos de educación proviene del gobierno federal[8].

7. Scott Hiaasen and Kathleen McGrory, "Florida Charter Schools: Big Money, Little Oversight", Miami Herald, 19 de septiembre de 2011, http://www.miami-her-ald.com/news/special-reports/cashing-in-on-kids/article1939199.html.
8. "School Finance, Federal, State, and Local K-12 School Finance Overview", Fundación New America, http://febp.newamerica.net/background-analysis/school-finance.

He aquí un ejemplo claro. Seis de los administradores de fondos de cobertura más ricos del mundo (todos con lazos estrechos con la Fundación Robin Hood) recibieron un total de $8 mil millones de ingresos en 2013. Gracias a la exención tributaria del interés devengado, estas seis personas, los más ricos de los ricos, pudieron evitar pagar aproximadamente $1.520.000.000 ($1,52 mil millones) en impuestos. ¿Cuánto es eso? Lo suficiente como para contratar, en Nueva York, ¡a 30.000 maestros nuevos con títulos de maestría!

Pero, por desgracia, los titanes de los fondos de cobertura no decidieron usar su dinero de ese modo. En vez de ello, se guardaron casi todas sus nuevas riquezas para sí mismos y donaron una diminuta fracción a escuelas chárter. Y, entonces, se felicitaron a sí mismos por liderar el nuevo movimiento por los derechos civiles.

Primero, los magnates de los fondos de cobertura recogen miles de millones procedentes de la exención del interés devengado (que protegen incesantemente por medio de cabildeo), negándoles así los fondos públicos a nuestras escuelas públicas. Y, después, señalan a las escuelas cortas de fondos y afirman que sus escuelas chárter son la solución al problema que ellos mismos ayudaron a crear.

Los fondos de cobertura como agentes conscientes o inconscientes de la historia

No importa si los súper ricos están destruyendo las escuelas públicas por avaricia personal, ideología antisindical o un altruismo tan puro como la blanca nieve, el resultado neto viene siendo el mismo: sufrimiento para niños, familias y comunidades; y un gran impulso para la desigualdad sin límites. A pesar de todas las inversiones de los magnates de los fondos de cobertura, las escuelas chárter en general no muestran mejores resultados que las escuelas públicas. Como concluyó un informe, "Un número de estudios nacionales recientes han llegado a la misma conclusión: por lo general, las escuelas chárter no muestran mayores niveles de logro estudiantil, típicamente medidos mediante exámenes estandarizados, que las escuelas públicas e, incluso, es posible que les vaya peor"[9].

---

9. "School Funding Reform across the Nation", EducationJustice.org, http://www.educationjustice.org/newsletters/nlej_iss21_art5_detail_CharterSchool Achievement.htm.

A medida que las escuelas privatizadas continúan enriqueciendo a inversionistas adinerados y a compañías administrativas e inmobiliarias, sigue creciendo el número de estudiantes que viven al o bajo el nivel de pobreza. Los fondos públicos siguen encogiéndose porque los ricos siguen retirando billones por su evasión fiscal.

El modelo del clima pro negocio es el factor que lo unifica todo. Los fondos de cobertura que promueven las escuelas chárter desempeñan su papel histórico. No importan las palabras que digan ni tampoco sus posibles buenas intenciones, sus acciones cuentan la historia: con lo que hacen, debilitan los servicios públicos y enriquecen a empresarios educacionales que, de modo erróneo, dicen que van a mejorar la educación por medio de sus lucrativas empresas. Usan lagunas legales para la evasión de impuestos que de otro modo sustentarían a nuestras escuelas públicas. Usan la filantropía para quedarse con el mismo sistema escolar que están socavando.

La educación pública solo se podrá proteger y mejorar cuando le pongamos fin al modelo del clima pro negocio y a la desigualdad sin límites que desencadenó.

Preguntas de discusión

1. ¿Por qué los líderes de las finanzas apoyan las escuelas chárter?

2. ¿Cree usted que las escuelas chárter mejorarán la educación pública? ¿Por qué sí o por qué no?

3. En su opinión, ¿por qué están bajo ataque las escuelas públicas y sus maestros?

Capítulo 18

El arancel comercial escondido de Wall Street

Hubo un tiempo en el que los empleos en manufacturas estadounidenses, bien pagos y sindicalizados, eran la envidia del mundo.

Estos son los empleos que proveen un salario de clase media. Los que pagan lo suficiente como para poder comprarse un hogar y enviar a su hija a la universidad.

Pero estos trabajos son cada vez más escasos (ver Gráfica 18.1). Representan un porcentaje menguante del total de empleos, de 20,1% en 1980 a 8,8% en 2013.

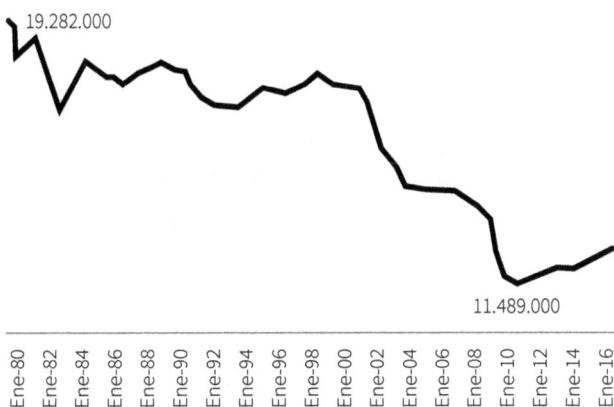

19.282.000

11.489.000

Ene-80 Ene-82 Ene-84 Ene-86 Ene-88 Ene-90 Ene-92 Ene-94 Ene-96 Ene-98 Ene-00 Ene-02 Ene-04 Ene-06 Ene-08 Ene-10 Ene-12 Ene-14 Ene-16

Gráfica 18.1: El declive de empleos en la manufactura en EE.UU., 1980-2016
Fuente: Reserva del Banco Federal de St. Louis, Datos Económicos de la Reserva Federal, http://research.stlouisfed.org/fred2.

¿Por qué estamos perdiendo estos empleos?

La gente del clima pro negocio diría que los sindicatos elevaron demasiado el costo de la mano de obra de manufactura ante el mercado internacional. Los sueldos y beneficios sindicales eran demasiado altos aquí, así que las compañías exportaron los empleos al extranjero, donde los sueldos están en línea con el mercado global.

Pero este argumento se hunde si comparamos a Estados Unidos con Alemania, en vez de China o México. En Alemania, los costos de compensación por hora en la manufactura ($45,79/h) son mucho mayores que en Estados Unidos ($35,67)[1]. Pero, aun así, Alemania sigue teniendo un enorme balance comercial positivo ($220 mil millones) con el resto del mundo[2]. En Alemania, la manufactura de altos sueldos está creciendo. Pero aquí no. Así que... ¿por qué los empleadores culpan los altos sueldos y beneficios de Estados Unidos por la pérdida de los buenos trabajos manufactureros aquí?

Hay gente que dice que Estados Unidos está perdiendo estos empleos por la competencia de otros países, especialmente China (y antes de eso, Japón). Alegan que China manipula sus tasas de cambio de divisas, violando las reglas del comercio global. Así mantiene los precios de sus productos más bajos de manera artificial, y esto le da una ventaja comercial. Ya que Estados Unidos importa mucho más producto de China que lo que exporta a China, acabamos perdiendo decenas de miles de empleos manufactureros.

Aunque es posible que China esté manipulando sus tasas, una vez más Alemania ofrece un ejemplo contrario. Alemania, como Estados Unidos, comercia mucho con China. Pero su balance de importación y exportación con China se aproxima al equilibrio. ¿Por qué la supuesta manipulación china de tasas de cambio no tiene el mismo efecto en la manufactura alemana que en la manufactura estadounidense?

---

1. Departamento del Trabajo de EE.UU., Oficina de Estadísticas Laborales, "International Comparisons of Hourly Compensation Costs in Manufacturing, 2012", Tabla 1, Costos de la compensación por hora en la manufactura, dólares estadounidenses, 2012, http://www.bls.gov/fls/ichcc.htm#tabla01.
2. "List of Sovereign States by Current Account Balance", Wikipedia de "Comercial Profiles – Selection (maximum 10)", *World Trade Organisation*, WTO, https://en.wikipedia.org/wiki/List_of_countries_by_current_account_balance.

Los tratados de libre comercio

Los economistas convencionales alegan que los mercados "libres y abiertos" benefician a todo el mundo. La idea es que, cuando los países firman un tratado para reducir los aranceles, esto rebaja los precios de los productos, aumenta la producción y la eficiencia general, y resulta en un mejor nivel de vida para la gente trabajadora en todos los países que firman el acuerdo.

Sin embargo, el Tratado de Libre Comercio de América del Norte (NAFTA, por sus siglas en inglés) de 1994, con Canadá y México, le costó a Estados Unidos 700.000 empleos, incluyendo muchos de los empleos manufactureros de sueldo alto, según un estudio por el Instituto de Políticas Económicas (EPI, por sus siglas en inglés). Tampoco se salvó la gente trabajadora que pudo mantener sus empleos, porque los empleadores usaron la amenaza de mudarse a México para forzar concesiones o impedir que los trabajadores formaran sindicatos. Como escribe el director de EPI, Jeff Faux:

> En cuanto se aprobó NAFTA como ley, la administración corporativa empezó a decirle a su fuerza laboral que sus compañías pensaban trasladarse a México, a no ser que los trabajadores rebajaran el costo de su labor. En pleno proceso de negociaciones colectivas con sindicatos, algunas compañías incluso llegaron a empezar a cargar maquinaria en camiones que dijeron que iban para México. Usaron las mismas amenazas para combatir los esfuerzos por organizar sindicatos. El mensaje estaba claro: "Si votas por un sindicato, nos iremos al sur de la frontera". Con NAFTA, las corporaciones también podían chantajear a los gobiernos locales, exigiendo reducciones de impuestos y otros subsidios.[3]

Y, como vimos en el Capítulo 11, NAFTA también devastó a la población agricultora mexicana, enviando a miles de personas hacia el norte en busca de trabajo.

---

3. eff Faux, "NAFTA Impact on EE.UU. Workers", Instituto de Políticas Económicas, 9 de diciembre de 2013, http://www.epi.org/blog/naftas-impact-workers/.

Robert Reich, que fue secretario laboral durante la administración de Clinton y respaldó a NAFTA en ese tiempo, ahora cree que los tratados de libre comercio, incluyendo el Acuerdo de Asociación Transpacífico (TPP, por sus siglas en inglés) apoyado por el presidente Obama, son en realidad para transferir riqueza a las élites financieras y corporativas.

Reich alega que, dado que los aranceles están ya tan bajos, los consumidores estadounidenses no verán una gran reducción de precios si se adopta el TPP. En su lugar, dice, este tratado lo están negociando en secreto funcionarios del gobierno y cabilderos corporativos para proteger la propiedad intelectual y para que las corporaciones puedan eliminar restricciones de protecciones al consumidor, el medioambiente y la fuerza laboral. Como explica Reich, estas élites "quieren menos protección para los consumidores, la gente trabajadora, los pequeños inversionistas y el medioambiente, porque todos interfieren con sus ganancias. Así que han estado buscando reglas comerciales que les permitan imponerse a estas protecciones"[4].

Se confirmó su posición recientemente, cuando alguien le filtró una estipulación de las negociaciones secretas del TPP al New York Times:

> Bajo el acuerdo, que todavía está siendo negociado pero cerca de completarse, las compañías y los inversionistas tendrán el poder necesario para impugnar regulaciones, reglas, acciones del gobierno y decisiones jurídicas — federales, estatales o locales— ante tribunales organizados bajo el amparo del Banco Mundial o las Naciones Unidas.[5]

---

4. Robert Reich, "Why the Trans-Pacific Partnership Agreement Is a Pending Disaster", Robertreich.org, 5 de enero de 2015, http://robertreich.org/post/107257859130.
5. Jonathan Weisman, "Trans-Pacific Partnership Seen as Door for Foreign Suits against U.S.", *New York Times*, 25 de marzo de 2015, http://www.nytimes.com/2015/03/26/business/trans-pacific-partnership-seen-as-door-for-foreign-suits-against-us.html?_r=0.

Parece que el TPP es parte de un esfuerzo de las élites por establecer un proceso de gobierno financiero/corporativo global que pueda sobreponerse a la democracia en Estados Unidos y otros países. Ya que los tratados pueden subordinar las leyes nacionales, pueden darles nuevos poderes a corporaciones y financieros que un estado democrático nunca les otorgaría. Algunos derechistas siempre se preocupan de que Naciones Unidas nos llevara a un "nuevo gobierno mundial" que reemplazara a los estados soberanos, incluyendo a Estados Unidos. Han estado mirando en dirección contraria. En realidad, estos tratados de libre comercio sirven para robarnos nuestros derechos democráticos y nuestra soberanía. La gente súper rica está usando el mecanismo de los tratados de libre comercio para derrotar las leyes ambientales, de consumo y laborales a las que se oponen. Es el camino de la élite a la desregulación, incluso en un país que no quiere la desregulación.

Cómo Wall Street destruye la competitividad de nuestra economía

En 2014, Estados Unidos tuvo un déficit comercial con el resto del mundo de más de $410 mil millones. Aproximadamente $315 mil millones de ese total fue del superávit de importaciones chinas.

Los productos importados no presentan un problema, siempre y cuando exportemos una cantidad similar de bienes y servicios a otros países. Las importaciones deberían ser iguales a las exportaciones, pero en Estados Unidos no lo son. Eso es una indicación que los productos estadounidenses cuestan más que los de otros países. Nuestros productos deben ser menos competitivos no solo ante productos de áreas con bajos sueldos como China, sino también de áreas con sueldos altos como Alemania y el resto de Europa del Norte.

¿Cómo puede ser esto posible?

La respuesta, una vez más, son las altas finanzas. Cuanta más deuda carga Wall Street sobre nuestra economía, más anticompetitiva se vuelve. El déficit comercial no tiene mucho que ver con nuestros sueldos y beneficios o, incluso, con la manipulación china de divisas. Lo que pasa es que Wall Street está fuera de control.

Como vimos en el Capítulo 8, nuestra economía está cargada con mucha deuda: deuda estudiantil, deuda del consumidor, deuda corporativa, deuda pública. Toda esta deuda nos la ocasiona el sector financiero, que ahora domina la economía. Y está debilitando nuestra posición competitiva en la economía global.

Compare la Gráfica 18.2 del total de la deuda pública y privada de Estados Unidos con la Gráfica 18.1 sobre la caída de los empleos manufactureros. Note que el ascenso rápido de la deuda corresponde con el gran declive en empleos manufactureros.

¿Están conectadas estas dos tendencias? Si lo están, ¿cómo y por qué?

El economista Michael Hudson ofrece un sutil análisis de cómo la deuda hace aumentar el costo de vida y el precio de nuestros productos:

> En Estados Unidos, la manera más fácil de ganar dinero no es "creando empleos", sino cargando la economía de deuda, inflando los precios de activos con crédito, privatizando los monopolios naturales y extrayendo rentas económicas en forma de cargos de acceso más altos. Ninguna de estas cosas incrementa el producto real, pero sí incrementa el costo de vida y de hacer negocios.[6]

Casi 30 centavos de cada dólar que se gasta en Estados Unidos, se dedica a pagar intereses. Mientras tanto, el sector financiero se asegura de que gran parte de este negocio esté libre de impuestos: los préstamos para la compra y venta de compañías son desgravables de impuestos. La industria financiera compra y vende billones de dólares en acciones, bonos y otros productos financieros, pero no paga impuestos sobre las ventas en estas transacciones. Lo que sí conlleva impuestos —y fuertes— es el trabajo, a través de impuestos de nómina y de ingresos.

---

6. Michael Hudson, "Comercial and Payments Theory in a Financialized Economy", 26 de octubre de 2011, http://michael-hudson.com/2011/10/trade-theory-financialized/.

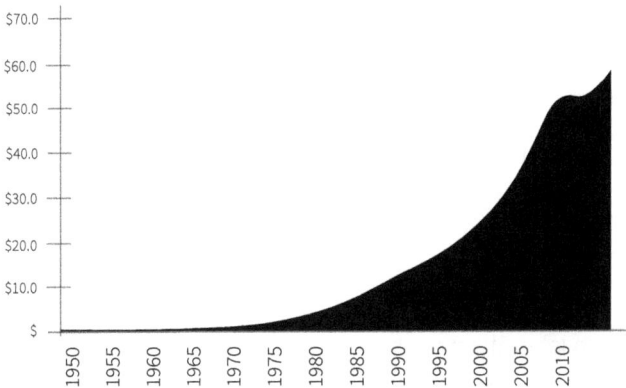

Gráfica 18.2: Deuda total pública y privada de EE.UU., 1950-2014 (en billones de dólares estadounidenses)
Fuente: Reserva Federal de St. Louis, Datos Económicos de la Reserva Federal, https://research.stlouisfed.org/fred2/series/TCMDO.

El resultado neto es que la persona típica en Estados Unidos usa gran parte de sus ingresos para pagar intereses e impuestos. Esto resulta en un estancamiento del nivel de vida para el 99%, y en productos encarecidos.

Los fabricantes no solo producen productos para consumo doméstico y global. De hecho, su misión principal es producir riqueza para el sector financiero, para ejecutivos e inversionistas ricos. Y, para poder hacer eso, tienen que asegurarse de que el costo de sus productos sea lo suficientemente alto como para poder permitirles pagar todos los préstamos que hayan contraído para la compra y venta de compañías. Además, por supuesto, necesitan suficiente dinero de la venta de sus productos para la recompra de sus acciones y para inflar las opciones de acciones de sus directores.

Así que China puede mantener sus productos baratos por medio de la manipulación de divisas, pero los saqueadores financieros de Estados Unidos están manteniendo los precios estadounidenses altos de modo artificial por medio de sobrecargar las compañías manufactureras y el resto de la economía con deuda.

¿Cómo lo hace Alemania?

Alemania es un gigante del comercio. Está a la cabeza del mundo en la exportación de productos manufacturados de alto valor. La fabricación alemana es como un Mercedes cargado de esteroides. ¿Cómo lo hace? ¿Cómo puede competir con y ganarle a las compañías estadounidenses, y a la constante manipulación china de divisas?

La respuesta no tiene nada que ver con su nivel de tecnología. La nuestra es igual o mejor. No tiene nada que ver con la capacidad de la fuerza laboral. La nuestra es igual o mejor. Alemania y Estados Unidos tienen economías muy desarrolladas con fuerzas laborales muy capacitadas y tecnologías avanzadas. Pero Alemania tiene sueldos más altos en la manufactura, más empleos manufactureros en proporción al tamaño de su economía, ¡y un superávit comercial!

De nuevo, Michael Hudson sugiere una respuesta convincente: Alemania controla su sistema financiero. Nosotros no. Es así de sencillo.

¿Cómo controla Alemania su sector financiero? Respalda muchos bancos públicos. Fomenta las cooperativas de alquiler para mantener bajos los precios de la vivienda y la deuda del consumidor. Establece más controles sobre la especulación financiera. Y la diferencia salarial entre ejecutivos y trabajadores es mucho menor.

En Estados Unidos, la deuda del sector privado es de un 192% del tamaño anual de la economía (PIB). Esa deuda suma casi el doble del valor de todos los bienes y servicios reales que producimos en un año. En Alemania, la deuda del sector privado total es de solo 93.1% de la economía alemana[7].

El costo de toda esta deuda extra en Estados Unidos es alto: tenemos que pagar intereses, y ese costo hay que incluirlo en el precio de nuestros productos. Dado que la economía alemana acarrea solo la mitad de la deuda que la que tiene Estados Unidos, puede ofrecer precios más competitivos en el mercado global.

Demos un paso atrás para considerar el panorama más amplio. La economía estadounidense se ha convertido en la vaca lechera de Wall Street y los directores ejecutivos, quienes reciben sus

---

7. Banco Mundial, "Domestic Credit to Private Sector (% of GDP)", Datos del Banco Mundial, http://data.worldbank.org/indicator/FS.AST.PRVT.GD.ZS.

indignantes sueldos por medio de extraer la riqueza de la industria estadounidense y el consumidor. Pero alguien tiene que pagar toda esta deuda que está apilada en el sector privado. Y ese alguien es el consumidor/trabajador, aquí y en todo el mundo. El precio de nuestros productos debe reflejar el costo de esta enorme deuda. Una buena parte de nuestro gran déficit comercial y la pérdida de nuestros buenos empleos manufactureros es culpa de este sobrecargo financiero.

Una vez más, todos los indicios señalan a Wall Street y la desigualdad sin límites. Si queremos darle vida de nuevo a la manufactura, tenemos que acabar con la explotación financiera a tajo abierto.

Preguntas de discusión

1. ¿Por qué Estados Unidos ha perdido tantos empleos manufactureros?

2. ¿Cuál cree usted que es el impacto de las astronómicas deuda corporativa y deuda del consumidor en el comercio y la manufactura de Estados Unidos?

3. ¿Por qué cree usted que Estados Unidos mantiene un déficit comercial tan grande con China, pero a Alemania no le pasa lo mismo?

Capítulo 19

El colapso de Wall Street acelera la desigualdad

El colapso de la bolsa de valores en 1929 dio inicio a la Gran Depresión, seguida en 1933 por el New Deal. La mayoría de la población comprendió que la especulación excesiva y el fraude en Wall Street habían creado una burbuja en la bolsa de valores que causó el colapso. Pensaba que, si los súper ricos tuviesen menos dinero para sus apuestas y Wall Street tuviese prohibido funcionar como un casino financiero, podríamos evitar que se repitiera esta actuación. Solo era necesario fijar regulaciones firmes para Wall Street y aumentar las tasas de impuestos a la gente súper rica: dos elementos clave del New Deal.

Las tres décadas siguientes parecen haber ratificado esta teoría. En este período no hubo casi ningún colapso financiero en Estados Unidos y los niveles de desigualdad se redujeron drásticamente (ver Gráfica 1.4 en el Capítulo 1).

Pero, en la década de 1970, una nueva generación de legisladores abandonó las lecciones del New Deal, rechazando los controles financieros y los impuestos altos para los súper ricos. Así entró en escena el modelo del clima pro negocio.

Tal como habrían predicho los defensores del New Deal, en cuanto Estados Unidos excusó a Wall Street de las regulaciones, la desigualdad económica aumentó y la inestabilidad financiera regresó. Volvieron los colapsos: ocurrieron 42 crisis bancarias entre 1970 y 2007, según un estudio del Fondo Monetario Internacional[1].

---

1. Luc Laeven y Fabian Valencia, "Systemic Banking Crises: A New Database", Un informe de trabajo del FMI, WP/08/224, noviembre de 2008, http://www.imf.org/external/pubs/ft/wp/2008/wp08224.pdf.

La crisis de ahorro y préstamos y el rescate subsecuente no habrían sido posibles sin la desregulación financiera. Antes de la desregulación, estos bancos (llamados "cajas de ahorro") recogían los ahorros del público y usaban la mayor parte del dinero para financiar hipotecas. Las agencias reguladoras decidían las tasas de interés que las cajas de ahorro podían ofrecer para atraer depósitos, al igual que cuáles tipos de productos hipotecarios podían vender. Los depósitos estaban asegurados por el gobierno federal.

A medida que la inflación incrementó en la década de 1970, en las cajas de ahorro había mayor desigualdad entre las bajas tasas de interés hipotecario que recibían de préstamos emitidos en el pasado y el interés que tenían que pagar para atraer nuevos depósitos de ahorros. Por motivo de los límites máximos en las tasas de interés, la gente se iba de los bancos y movía su dinero a otras inversiones y fondos de mercado monetario no asegurados, donde las tasas de interés estaban mucho más altas.

Claro que el modelo del clima pro negocio tenía una solución para este problema: desregular las cajas de ahorro y dejar que las fuerzas del mercado hicieran su magia. En 1980 y 1982 el Congreso aprobó dos leyes que daban a las cajas de ahorro más libertad para subir tasas de interés y expandir sus préstamos mucho más allá del mercado hipotecario[2].

En ese punto, el mercado libre realmente hizo su magia. Las cajas de ahorro emprendieron una carrera por ver quién podía subir más las tasas de interés para atraer más depósitos y quién podía encontrar las inversiones comerciales más lucrativas (y arriesgadas). Y en su misión desenfrenada por capturar nuevos fondos generados por toda esta nueva actividad, un número enorme de cajas de ahorro dieron el próximo paso competitivo lógico en un contexto sin regulaciones: optaron por la ilegalidad. Muchas de las cajas de ahorro se convirtieron en grandes alcancías para propietarios de bancos e inversionistas, quienes se aprovecharon por completo de sus depósitos asegurados por el gobierno federal, y buscaron maneras de apoderarse de ese dinero ilegalmente.

---

2. Las dos propuestas de ley fueron la Ley de Desregulación de Instituciones Depositarias y Control Monetario, 1980 y la Ley Garn-St. Germain de Control Depositario, 1982.

En poco tiempo quebró casi un tercio de las más de 3.200 cajas de ahorro. El gobierno remitió 30.000 casos penales y 1.000 banqueros recibieron condenas por cargos de delitos graves[3]. El rescate le costó más de $160 mil millones al Departamento del Tesoro de Estados Unidos.

La desregulación se acelera

Puede que usted piense que la debacle de las cajas de ahorro y préstamo debió haber llevado a los políticos a reinstituir los controles del New Deal. Pero ocurrió lo contrario. Los legisladores, muchos de ellos procedentes de Wall Street o encaminados hacia allí, creían que los mercados financieros en general estaban muy saludables y que menos regulación solo podía mejorar la situación.

Wall Street argumentó con vehemencia que, para mantenerse a la par de los grandes bancos globales en Europa y Asia, las instituciones financieras tenían que poder ofrecer más tipos de productos y servicios financieros, incluyendo seguros, correduría de bolsa y servicios de gestión de inversiones. Así que los más grandes bancos estadounidenses usaron su riqueza y su poder político crecientes para deshacer casi todos los controles del New Deal que limitaban su tamaño, su alcance y sus productos.

Se podría decir que los dos pasos más importantes para la desregulación fueron la anulación de la Ley Glass-Steagall (por medio de la adopción de la Ley de Modernización de Servicios Financieros de 1999) y una ley que le prohibió al gobierno regular nuevos productos financieros (2000).

Con la revocación de la Ley Glass-Steagall del New Deal, se permitió que los bancos comerciales con depósitos asegurados por el gobierno extendieran su actividad a otros campos de finanzas más riesgosos. Recuperaron así la libertad de practicar el tipo de especulación que había causado la burbuja y el colapso 70 años antes. Si la división inversionista de estos nuevos megabancos apostaba y perdía, era probable que el público contribuyente tuviera que pagar la factura.

---

3. Joshua Holland, "Hundreds of Wall Street Execs Went to Prison During the Last Fraud-Fueled Bank Crisis", Moyers y Compañía, 17 de septiembre de 2013, http://billmoyers.com/2013/09/17/hundreds-of-wall-street-execs-went-to-prison-during-the-last-fraud-fueled-bank-crisis/.

Pero fanáticos del clima pro negocio, como Alan Greenspan, en esos tiempos director de la Reserva Federal, estaban seguros de que este riesgo se contendría. Después de todo, explicaba Greenspan, los bancos e inversionistas eran más sofisticados que antes y se monitoreaban los unos a los otros de una manera mucho más eficiente que si lo hicieran los reguladores del gobierno.

Después de deshacer Glass-Steagall, los promotores del clima pro negocio dieron otro paso más audaz todavía. Esta vez, en lugar de desregular, ejercieron presión por una ley que prohibiera nuevas regulaciones sobre el creciente mercado de "derivados". Los derivados son instrumentos financieros complejos, mediante los cuales los bancos e inversionistas ricos pueden hacer apuestas de billones de dólares sobre factores como, por ejemplo, si los bonos de una empresa colapsarán o no. Si estas apuestas fueran consideradas como pólizas de seguros, que obviamente lo son, entonces tendrían que responder a regulaciones para garantizar que entre compradores y vendedores tengan que haber reservas suficientes como para cubrir las pérdidas, tal como tiene que hacer cualquier compañía de seguros.

Pero eso no les sentaba bien a los banqueros. Requerir esas reservas limitaría las ganancias de este mercado financiero que crecía tan rápidamente.

Así que, en el año 2000, el Congreso aprobó y el presidente Clinton firmó la Ley de Modernización de Futuros de Mercancías (Commodities Futures Modernization Act), que protegía al enorme y nuevo mega mercado de derivados de la supervisión gubernamental. Una vez más, la idea propuesta era que los inversionistas sofisticados podían vigilarse a sí mismos en este mercado laberíntico de complejas apuestas aseguradoras.

Estas dos leyes representaban una gran victoria que el sector financiero había perseguido durante mucho tiempo. Como lo dijo Bill Moyers, el periodista veterano estadounidense:

> Después de 12 intentos en 25 años, el Congreso por fin anuló Glass-Steagall, recompensando a las compañías financieras por sus más de 20 años y $300 millones de gastos en cabildeo. Los proponentes celebran este cambio como el muy anticipado fin de una reliquia de la era de la Depresión.[4]

---

4. "The Long Demise of Glass-Steagall", Frontline, PBS, http://www.pbs.org/wgbh/pages/frontline/shows/wallstreet/weill/demise.html.

La burbuja y el colapso

Las burbujas y los colapsos financieros son el resultado natural del modelo del clima pro negocio. El modelo pone riquezas enormes en manos de muy pocos, pero puede que esta minoría no invierta esa riqueza en empresas productivas. De hecho, los inversionistas tienen tales reservas de dinero que no pueden encontrar suficientes compañías físicas, o tradicionales, en las que invertir.

La desregulación ahora permite que las firmas de inversión de Wall Street, en respuesta a la gran demanda, puedan crear nuevos activos de papel con altas tasas de retorno, supuestamente con un riesgo mínimo.

Así que ahora tenemos todos los ingredientes necesarios para una burbuja y un colapso: demasiado dinero en las manos de pocas personas y una Wall Street desregulada que vende valores financieros.

Demasiado dinero concentrado en pocas manos		
Desregulación financiera	Inversiones de papel riesgosas	Burbujas y colapsos de activos

La burbuja hipotecaria

En los años previos al colapso de 2008, Wall Street convirtió el mercado hipotecario en un enorme casino que le llenaba los cofres. Utilizando todas las últimas técnicas de "ingeniería financiera", Wall Street desarrolló una línea global financiera de producción en serie, convirtiendo hipotecas de alto riesgo en inversiones calificadas como AAA que se vendieron por todo el mundo. Fue un logro impresionante que ilustrará para siempre la falsedad del modelo del clima pro negocio.

Ocurrió en seis pasos relativamente simples:

Paso 1: Ubicar tantas hipotecas de alto riesgo como sea posible. Para esto es necesario animar a los bancos a que les concedan hipotecas a compradores que normalmente no calificarían para una hipoteca y que estén dispuestos a pagar tasas de interés muy altas. O, como alternativa, manipular a compradores que sí calificarían, o que ya tengan una hipoteca convencional más segura y barata, haciéndoles cambiarse a una hipoteca más riesgosa.

Paso 2: Presionar a agencias originarias de hipotecas para que hagan todo lo posible y necesario por multiplicar las hipotecas de alto riesgo. Esto puede incluir exhortar a los compradores a mentir sobre sus ingresos, estados de empleo o cualquier otro factor que pueda ayudar a cerrar el trato. Ofrecer a compradores tasas bajas de interés por dos años como "cebo", pagos de solo el interés, pagos bajos que en un futuro incrementarán a más del principal de la deuda, etc. Impulsar esas hipotecas de cualquier modo, incluyendo el fraude.

Paso 3: Vender las hipotecas a firmas de Wall Street que las combinen en bonos hipotecarios que Wall Street pueda entonces repartir en bloques menores y revender a inversionistas.

Paso 4: Crear nuevos activos financieros que simplemente son apuestas sobre estos bloques de hipotecas, conocidos como obligaciones sintéticas de deuda garantizada (CDOs, por sus siglas en inglés). Las apuestas no tienen derecho al título de ninguna hipoteca, pero se pagan exactamente igual a que si lo tuvieran. (Para más detalles, ver mi libro, The Looting of America – El saqueo de América.)

Paso 5: A base de incentivos de mercado (es decir, "o haces lo que queremos o nos llevamos nuestro negocio a otro lado"), asegurar que las tres agencias evaluadoras de inversiones les den buenísimas calificaciones de AAA a estas nuevas apuestas.

Paso 6: Hacer más dinero de lo que nunca nadie había soñado.

En resumen, Muchísimo dinero de personas ricas se vierte en el mercado de hipotecas de alto riesgo, y mucho más se vierte en cubrir apuesta tras apuesta sobre estas mismas hipotecas.

En el período anterior al colapso de 2008, Wall Street dio otro paso peligroso como intento de protegerse: se sacó pólizas de seguros en caso de impago en muchos de sus valores de CDOs, los derivados que el Congreso había excusado de todo tipo de regulación.

Esto resultó en una peculiar pirámide invertida de activos.

Esta línea de producción en masa condujo a millones de personas al mercado inmobiliario, lo que hizo que los precios de la vivienda se dispararan como nunca antes en la historia.

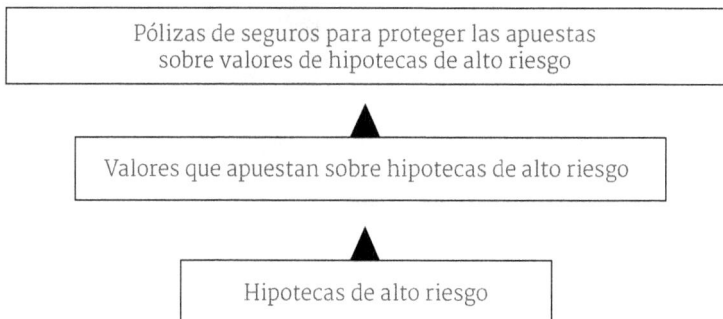

Pólizas de seguros para proteger las apuestas
sobre valores de hipotecas de alto riesgo

▲

Valores que apuestan sobre hipotecas de alto riesgo

▲

Hipotecas de alto riesgo

Los compradores llegaron en manadas, porque prácticamente cualquier persona podía conseguir una hipoteca. Los prestamistas hipotecarios les dijeron a los prestatarios que no se preocuparan por las altas tasas de interés, porque podrían refinanciarlas en pocos años basándose en el valor siempre creciente de sus viviendas.

Examine con cuidado la Gráfica 19.1 de los precios de la vivienda en Estados Unidos a partir de 1880. Véase la magia que hizo la ingeniería financiera de Wall Street con los precios inmobiliarios. Así es cómo se crea una burbuja.

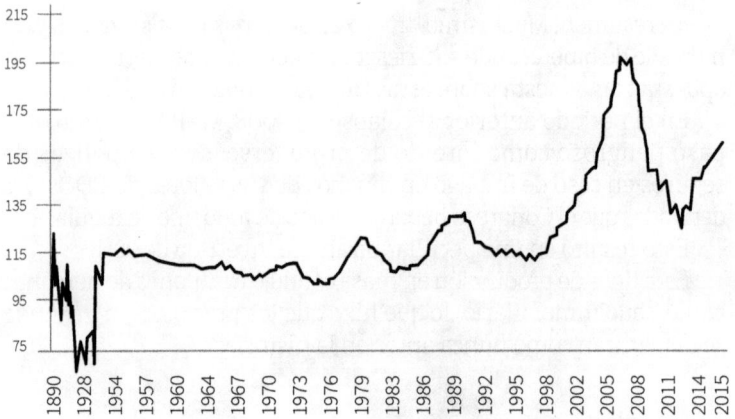

Gráfica 19.1: Índice del precio de la vivienda, 1880–2015 (Ajustado por inflación)
Fuente: Robert Shiller, "On–line Data", http://www.imf.org/external/pubs/ft/wp/2008/wp08224.pdf.

El colapso

Como con todas las burbujas, todo se ve muy bien mientras se asciende. Otorgaban las hipotecas, se construían y vendían las casas, las apuestas hipotecarias se hacían y se aseguraban, y Wall Street acumulaba dinero con cada paso.

Pero, tan pronto como los precios de la vivienda dejaron de subir, la pirámide al revés se hundió entera.

· La gente con hipotecas de alto riesgo no podía ni cubrir sus pagos ni vender sus casas.

· Los CDOs con calificación de AAA fueron convertidos en bonos chatarra, causando grandes pérdidas para los inversionistas y bancos de Wall Street.

· Hubo que pagar los seguros que protegían las apuestas, lo cual empujó a la aseguradora más grande del país, AIG, hacia la bancarrota, junto con las corporaciones federales privatizadas de vivienda, Fannie Mae y Freddie Mac.

En cuestión de meses, el sistema financiero completo se congeló. Los mercados monetarios se congelaron. Los préstamos que cubrían las nóminas de pago se congelaron. Las líneas de crédito que necesitaban las compañías para sus operaciones se secaron. La financiación bancaria se congeló. La financiación de agencias de seguros se congeló. Los propietarios de viviendas vieron cómo los precios de sus hogares se hundían, dejándolos con hipotecas que valían más que el valor de sus hogares. Ocho millones de personas perdieron sus trabajos en cuestión de meses. La bolsa de valores colapsó. Parecía ser 1929 otra vez.

Pero había una gran diferencia: Wall Street sabía que se había hecho demasiado grande como para quebrar.

El rescate

El gobierno se apresuró en buscar un plan que evitara que la economía cayera en otra Gran Depresión. Tenía varias opciones:

· Podía tomar control de los bancos y compañías de seguros insolventes al igual que se haría con bancos insolventes más pequeños. Esto conllevaría deshacerse de las malas inversiones y préstamos contraídos por el banco, remover a los directivos, y al final vender el banco al público para minimizar las pérdidas de los contribuyentes. Este proceso también destruiría el valor de las acciones pertenecientes a accionistas privados.

· Podía tomar control de los bancos en quiebra y administrarlos como servicios públicos por un tiempo indefinido.

· Podía reducir la deuda principal de los prestatarios con hipotecas de valor superior al de sus casas. Esto estimularía la actividad económica y aliviaría mucho sufrimiento para quienes vieron cómo se hundía el valor de sus hogares a causa de las apuestas irresponsables de Wall Street.

· Podía rescatar a los bancos con billones de dólares en préstamos y garantías.

Dada la puerta giratoria entre el dinero y la política, y entre Wall Street y las agencias regulatorias del gobierno, la mayor prioridad fue rescatar a Wall Street.

Los números eran impactantes. Esta crisis fue aproximadamente siete veces más grande que la debacle de ahorro y préstamo.

Ambas administraciones, la de Bush y la de Obama, le arrojaron dinero a Wall Street para tratar de detener la implosión. ProPublica. org reporta que el gobierno desembolsó un total de $614 mil millones de dólares en efectivo, dividido entre los participantes que aparecen en la Gráfica 19.2[5].

El gobierno recuperó todo su dinero, junto con ganancias de $53,1 mil millones según los cálculos de ProPublica[6].

La autora Nomi Prins, que pasó diez años trabajando en Wall Street, le pone un valor más alto al rescate. Sus figuras no solo incluyen el valor de los préstamos del gobierno a Wall Street, sino también el valor de las numerosas garantías de activos —seguros— que emitió el gobierno. En caso de que hubiera otra crisis, estos seguros también descargan la responsabilidad económica sobre los contribuyentes.

Prins estima que Estados Unidos suministró un total de $9,2 billones en efectivos y garantías de rescate[7]. Su gráfica resumen (ver Gráfica 19.3) muestra que Wall Street recibió la mayor parte del dinero, seguido por Fannie Mae y Freddie Mac. La columna de Main Street ("Calle Principal", refiriéndose al comercio común), que es más pequeña, incluye los rescates de la industria automotriz y otros programas para ayudar al resto del país.

---

5. Paul Kiel y Dan Nguyen, "Bailout Tracker", ProPublica, 18 de mayo de 2015, http://projects.propublica.org/bailout/main/summary.

6. Ibíd.

7. Nomi Prins y Krisztina Ugrin, "Bailout Tally Report", Nomprins.com, 1 de octubre de 2011, http://www.nomiprins.com/storage/bailouttallyoct-2011CLEAN%20 NO%20FORMULAS.pdf.

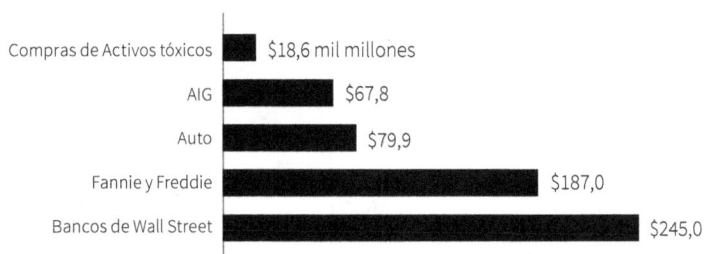

Gráfica 19.2: Rescates (en miles de millones de dólares estadounidenses)
Fuente: Paul Kiel y Dan Nguyen, "Bailout Tracker", ProPublica, 18 de mayo de 2015, http://projects.propublica.org/bailout/main/summary.

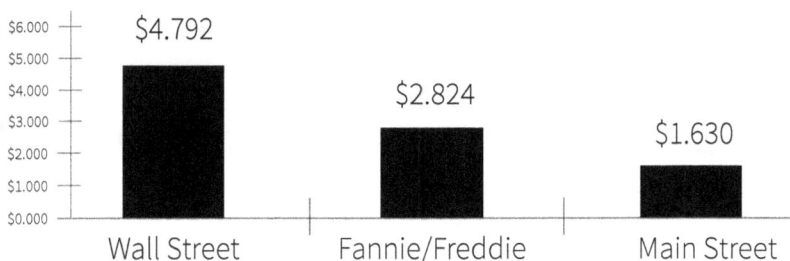

Gráfica 19.3: Distribución de los fondos de rescate (en billones de dólares estadounideses)
Fuente: Nomi Prins y Krisztina Ugrin, "Bailout Tally Report", octubre 1, 2011, http://www.nomiprins.com/storage/bailouttallyoct 2011CLEAN%20 NO%20FORMULAS.pdf.

El rescate por la puerta de atrás

Salvar al gigante de seguros, AIG, de un colapso total fue gran parte del rescate. AIG cayó duro porque proveía billones de billones de dólares en seguros de derivados de CDOs y otros productos financieros. Dado que no había regulación de estos mercados, AIG no estaba obligada a mantener reservas en caso de que fuera necesario pagar una póliza. Y, dado que tantas de estas inversiones estaban falsamente calificadas como AAA, AIG pensó que podía recibir todas sus primas sin asumir riesgo alguno. Y entonces se presentó el riesgo, a lo grande.

Pero no se preocupe: el gobierno prometió dar más de $170 mil millones en dineros públicos del contribuyente para cubrir las malas apuestas de AIG. Después de todo, AIG era el eslabón clave en una gran cadena de apuestas. Debía miles de millones a todos los grandes bancos del mundo (ver Tablas 19.1 y 19.2).

Si AIG quebraba sin poder pagar, muchos de estos bancos interconectados se hundirían también. Precisamente este tipo de reacción en cadena fue lo que ocurrió durante la Gran Depresión.

Tabla 19.1: Distribución de los fondos de rescate de AIG

EE.UU.	$ 43,5 mil millones
Francia	$19,1
Alemania	$16,7
Reino Unido	$12,7
Suiza	$5,4
Países Bajos	$2,3
Canadá	$1,1
España	$0,3
Dinamarca	$0,2
Total de deudas de AIG	**$101,3 mil millones**

Fuente: Michael Mandel, "German and French Banks Got $36 Billion from AIG Bailout", Bloomberg Business, 15 de marzo de 2009, http://www.businessweek.com/the_thread/economicsunbound/archives/2009/03/german_and_fren.html.

Tabla 19.2: Recipientes principales del rescate federal

Goldman Sachs	$12,9 mil millones
Estados y municipios	$12
Merrill Lynch	$6,8
Bank of America	$5,2
Citigroup	$2,3
Wachovia	$1,5
Morgan Stanley	$1,2
AIG International Inc.	$0,6
JPMorgan	$0,4
Citadel	$0,2
Paloma Securities	$0,2
Regions Financial	$0,2
TOTAL de pagos de AIG	**$43,5 mil millones**

Fuente: Michael Mandel, "German and French Banks Got $36 Billion from AIG Bailout", Bloomberg Business, 15 de marzo de 2009, http://www. businessweek.com/the_thread/economicsunbound/archives/2009/03/ german_and_fren.html.

En términos reales, el rescate de AIG fue un rescate por la puerta trasera de las apuestas de Wall Street. Tan pronto como AIG recibió los fondos del gobierno, pagó a los bancos más grandes de Wall Street al contado, 100 centavos por cada dólar. ¿Por qué? Porque esos bancos se negaron a aceptar menos y el gobierno se negó a obligarlos a aceptar menos.

Una evaluación del rescate por su vigilante

Neil Barofsky estuvo a cargo de monitorear los $700 mil millones del gobierno del programa TARP (*Troubled Asset Relief Program*), que se supone que reviviera la economía. A pesar de múltiples promesas al Congreso de que gran parte del dinero de TARP se usaría para ayudar a hipotecarios en problemas, Barofsky encontró que casi todo fue a Wall Street. He aquí su severa evaluación de lo que pasó y por qué:

> Así que, por ejemplo, se supone que los bancos utilizaran al TARP para restaurar el sector de préstamos, ayudando a inyectar ese oxígeno para dar vida a la economía y, simplemente, no fue así. Una de las razones por las que no se hizo así es que el dinero fue directo a los bancos, sin obligaciones, sin condiciones, sin incentivos; en esencia, tan solo se les dieron simples montañas de dinero sin ninguna instrucción y con algún tipo de esperanza que de algún u otro modo se usaría el dinero para lograr las metas políticas de la administración. Claro que esto no fue lo que pasó, y tan solo vea economía enfermiza que ha resultado en los años desde entonces.[8]

Barofsky también estaba muy consciente de la puerta giratoria y del poder del dinero sobre las agencias y el personal regulatorios. A él le dijeron que había grandes sumas de dinero a su alcance si dejaba de ser tan crítico con Wall Street:

> Por el lado de Washington... existen los problemas de reguladores que con frecuencia tienen incentivos para no ser reguladores muy buenos. La maldición de la puerta giratoria sigue presente. A mí me dijeron literalmente en 2010 que, si no cambiaba la severidad de mi tono sobre Wall Street y también sobre la administración, iba a estar dañando mi provenir y el de mi familia porque yo no podía contar con tener este trabajo para siempre. Si esperaba conseguir un trabajo en Wall Street o avanzar en la administración, tendría que suavizar mi tono. Me dijeron que, si suavizaba mi tono, era posible que me pasaran cosas muy buenas [más adelante].

---

8. Jason Breslow, "Neil Barofsky on the Broken Promises of the Bank Bailouts", *Frontline*, 12 de agosto de 2012, http://www.pbs.org/wgbh/frontline/article/neil-barofsky-on-the-broken-promises-of-the-bank-bailouts/.

La recuperación desigual

El modelo del clima pro negocio insiste como principio en que el gobierno no intervenga. El modelo habla siempre de liberar al mercado de toda restricción y de dejar que ejerza su magia. Pero rara vez en la historia se ha visto un nivel de interferencia gubernamental como la del gobierno al rescatar a sus mayores inversionistas políticos: los bancos y las compañías de inversiones gigantes de Wall Street.

Y con esto arrancaron la última y minúscula hoja de parra que cubría al modelo del clima pro negocio.

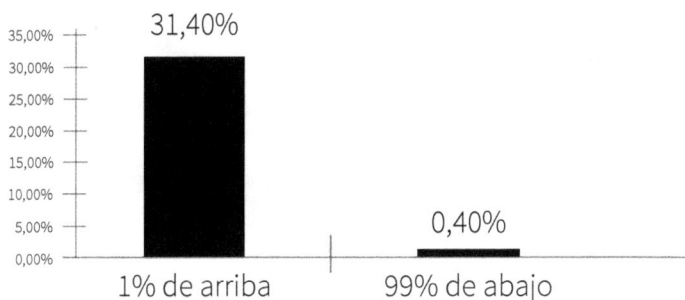

Gráfica 19.4: Incremento de ingresos durante la recuperación, 2009–2012
Fuente: Emmanuel Saez, "Striking It Richer", 3 de septiembre de 2013, http://eml.berkeley.edu/~saez/saez-UStopincomes-2012.pdf.

Pero nos vendieron el rescate como si fuera una manera de ayudar a toda la población. Era la única manera en la que podíamos parar la crisis financiera y fomentar la recuperación, nos dijeron.

Aunque sí evitamos otra Gran Depresión, y ya ha comenzado una recuperación lenta e irregular, esa recuperación no le ha dado beneficios significativos a la gente común. Prácticamente todas las mejoras económicas de la recuperación están yendo a los bolsillos de los súper ricos. Debido a la desigualdad sin límites y al poder de los súper ricos para influenciar la política económica, después de cinco años de recuperación, todavía no hemos visto esa famosa filtración económica hacia abajo.

De 2009 a 2012, los ingresos del 1% más rico aumentaron en más de 31%, como muestra la Gráfica 19.4. Mientras tanto, el 99% restante no recibió casi ningún aumento. Nunca se había visto una "recuperación" que enriqueciera tanto a tan poca gente y que dejara tan poco para tanta gente.

Este es el poder crudo de la desigualdad sin límites. En 1929, el colapso de Wall Street resultó en un mayor nivel de regulación gubernamental y en impuestos más altos, y eso a su vez produjo una distribución de riqueza e ingresos mucho más igualitaria. Desde el gran colapso de 2008, nos estamos dirigiendo en dirección opuesta: la desigualdad económica sin límites acelera. Las élites financieras, quienes deberían haber pagado muy caro por haber derribado la economía, han sido recompensadas en vez de eso.

¿Cómo podemos crear un mínimo de equidad y justicia en la economía estadounidense?

Preguntas de discusión

1. ¿Qué cree usted que fueron las causas más importantes del colapso de 2008?

2. ¿Usted cree que el rescate bancario fue justo? ¿Por qué sí o por qué no?

3. ¿Qué impacto ha tenido la recuperación actual sobre la desigualdad?

4. ¿Qué cree usted que deberíamos hacer con los bancos de Wall Street?

Cuarta parte
Soluciones

Capítulo 20

Los bancos públicos retan a Wall Street

La desregulación de Wall Street sacó al genio de la botella. Wall Street ahora domina la economía. Las corporaciones han sido financiarizadas y la desigualdad está acelerando su paso.

¿Cómo tomamos nuevamente el control sobre un Wall Street descontrolado?

En este capítulo, examinaremos las reformas que podrían darle un semblante de justicia a nuestra sociedad.

Los bancos públicos

Para frenar la explotación financiera estadounidense, la causa originaria de la desigualdad sin límites, tenemos que cambiar de forma drástica nuestro sistema bancario.

No hay escasez de propuestas para domesticar a Wall Street. Hay quienes abogan por restaurar la Ley de Glass-Steagall, la cual prohíbe que los bancos comerciales regulares que estén asegurados por el gobierno federal —los lugares donde guardamos nuestro dinero— también sean bancos inversionistas que especulen. Otros abogan por fragmentar los grandes bancos y convertirlos en bancos privados más pequeños para aumentar la competencia. Y hay quienes dicen que debimos haber nacionalizado los grandes bancos después de la crisis, en lugar de rescatarlos. Es mejor hacer que los gobiernos se apoderen de estos grandes bancos, en vez de los monstruos privados que tienen una trayectoria de tratarnos a las patadas.

Una versión interesante de esta última propuesta se lleva a cabo ahora mismo en un lugar inusual: Dakota del Norte.

¿Por qué le va tan bien al socialismo en un estado tan rojo como Dakota del Norte?

Dakota del Norte es la definición de un estado rojo. Votó 58% por Romney en comparación con 39% por Obama. Tiene un gobernador republicano, y los republicanos dominan la cámara baja y el senado del estado (104 republicanos, 47 demócratas). La súper mayoría de los republicanos en el estado son tan conservadores que, en marzo de 2013, aprobaron las leyes contra el aborto más severas en la nación[1].

Pero Dakota del Norte es también roja en otro sentido. Apoya plenamente a su Banco de Dakota del Norte (BND, por sus siglas en inglés), el cual es propiedad del estado, una reliquia socialista que no existe en ninguna otra parte de Estados Unidos.

¿Por qué triunfa aún el socialismo financiero en Dakota del Norte? ¿Por qué no lo han destruido los defensores del mercado libre en Dakota del Norte? Porque funciona.

En 1919, la Liga No Partisana, una vibrante organización populista, ganó una mayoría en la legislatura de Dakota del Norte y votó para que el banco entrara en existencia. La meta fue liberar a los granjeros del estado de la empobrecedora dependencia de deudas con los grandes bancos de las Ciudades Gemelas, Chicago y Nueva York. Más de 90 años después, este banco, el cual es propiedad estatal, triunfa y provee préstamos razonables para bancos comunitarios, negocios, consumidores y estudiantes. También les brinda unas ganancias impresionantes a sus dueños: el pueblo del estado de Dakota del Norte (todos sus 700.000 habitantes). En 2013, el BND repuso más de $94 millones en los cofres del estado. "Es más rentable que *Goldman*

---

1. Laura Bassett, "North Dakota Senate Passes Two Unprecedented Abortion Bans", The Huffington Post, 15 de marzo de 2013, http://www.huffingtonpost.com/2013/03/15/north-dakota-abortion_n_2885452.html.

Sachs Group Inc., tiene una mejor clasificación de crédito que J.P. *Morgan Chase & Co.*, y no ha experimentado ningún decrecimiento en sus ganancias desde 2003", reporta el *Wall Street Journal*[2].

¿Qué pasaría si California, con su gigantesca economía, decidiera crear su propio banco? El estado podría anticipar una cantidad adicional de ingresos de $4 mil millones al año, con lo cual podría financiar educación e infraestructura.

Algunos dicen que el éxito del BND es solo un resultado fortuito del auge de la explotación del esquisto bituminoso en el estado. Pero, como señala la escritora de finanzas Ellen Brown, el auge no empezó hasta 2010, mucho después de que comenzara la sucesión de ganancias del Banco de Dakota del Norte[3]. No, no es tan fácil explicar la existencia de este banco populista. Funciona porque es un banco real, no un casino, y porque su meta es atender las necesidades del público, no enriquecer a dueños privados.

Propuesta: vamos a crear 49 bancos estatales más, a semejanza del de Dakota del Norte. Y también darle a cada ciudad grande su propio banco. Esa es una manera directa de retar el poder financiero de Wall Street.

Uno de los secretos mejor guardados en Estados Unidos

¿Qué hacen nuestros gobiernos municipales y estatales con los impuestos y cargos que les pagamos? Depositan estos ingresos en un banco. Si usted no tiene la fortuna de vivir en Dakota del Norte, la mayoría de sus impuestos y cargos terminan en los bancos de Wall Street, que son considerados "muy grandes como para quebrar", porque son las únicas entidades suficientemente grandes como para manejar tal carga. La mayoría de los 7.000 bancos comunitarios son muy pequeños como para proveer

2. Chester Dawson, "Shale Boom Helps North Dakota Bank Earn Returns Goldman Would Envy", *Wall Street Journal.com*, 16 de noviembre de 2014, http://www.wsj. com/articles/shale-boom-helps-north-dakota-bank-earn-returns-goldman-would -envy-1416180862.

3. Ellen Brown, "WSJ Reports: Bank of North Dakota Outperforms Wall Street", *Web of Debt*, http://ellenbrown.com/2014/11/19/wsj-reports-bank-of-north-dakota -outperforms-wall-street/.

la variedad de servicios de administración de dinero en efectivo que requieren los gobiernos estatales y municipales.

Nos referimos aquí a grandes sumas de dinero, por lo menos $1 billón de nuestros dólares de impuestos locales termina en los bancos de Wall Street, según Marc Armstrong, un consultor que asesora a funcionarios y sindicatos sobre los bancos públicos.

Entonces, nosotros —el público contribuyente— no solo tenemos que cargar con los bancos de Wall Street que son "muy grandes como para quebrar" sino también, sin darnos cuenta, les entregamos nuestro dinero a estos mismos bancos cada vez que pagamos un impuesto sobre la venta o propiedad, o cada vez que compramos una licencia de pesca. Sin embargo, en Dakota del Norte, todos los ingresos públicos pasan por su banco público estatal de confianza, el cual reinvierte el dinero en pequeñas empresas y en la infraestructura pública a través de colaboraciones con 100 bancos comunitarios e instituciones financieras más pequeñas.

Cómo el banco estatal crea empleos

Bajo nuestro sistema de libre empresa, los bancos están supuestos a servir como intermediarios que convierten nuestros depósitos de ahorros y corrientes en préstamos productivos para las empresas y los consumidores, creando así empleos a lo largo de este proceso. Pero el BND, que es una agencia estatal, va más allá. Por ejemplo, por medio de su Asociación para Asistir a la Expansión Comunitaria (Partnership in Assisting Community Expansion), les provee préstamos por debajo de las tasas de interés del mercado a empresas con la condición de que estas creen por lo menos un empleo por cada $100.000 que se les preste.

Si, en lugar de depositar $1 billón de dólares cada año en los bancos de Wall Street, depositáramos ese dinero en nuestros 50 bancos públicos estatales con programas como el del BND, entonces podríamos crear hasta 10 millones de empleos nuevos y mejoraríamos las vidas del pueblo.

Sin ningún rescate para el BND

Los bancos no tienen que ser diseñados como casinos para facilitar que negociantes y ejecutivos bancarios se ganen sueldos de siete y ocho cifras a través de apuestas temerarias.

Como dijo el presidente del BND, Eric Hardmeyer, en una entrevista con *Mother Jones* en 2009:

> Somos un grupo relativamente conservador en el norte del Medio Oeste y no hicimos ningún préstamo de alto riesgo, aunque tenemos la capacidad de entrar en los mercados de derivados financieros y poner permutas y reclamos y límites y permutas de riesgo crediticio, pero decidimos no hacerlo; en sí, elegimos una mentalidad como la de Warren Buffett: si no lo entendemos, no brincaremos el charco. Entonces, hemos podido evitar todos los inconvenientes.[4]

Como empleados del gobierno estatal, los ejecutivos del BND no tienen incentivos para abrirse camino hacia enormes paquetes remunerativos a través de apuestas. Como usted puede ver, los seis directivos más altos del BND ganan bien[5], pero Wall Street consideraría estos sueldos no más que migajas:

Eric Hardmeyer, presidente ejecutivo: $261.237
Bob Humann, director de préstamos: $150.403
Tim Porter, director administrativo: $139.205
Lori Leingang, director administrativo: $115.763
Joe Herslip, director de negocios: $110.250
Wallace Erhardt, director de préstamos estudiantiles: $105.943

Para entender mejor estos ingresos, en 2014, los cinco banqueros más altos de Wall Street ganaron un promedio de $20.844.000 cada uno[6]. Eso es 80 veces más que lo que ganó el presidente ejecutivo del BND, el Sr. Hardmeyer.

---

4. Josh Harkinson, "How the Nation's Only State-Owned Bank Became the Envy of Wall Street", Mother Jones.com, 27 de marzo de 2009, http://www.motherjones.com/mojo/2009/03/how-nation%E2%80%99s-only-state-owned-bank-became-envy-wall-street.
5. Salarios para febrero de 2015, compartidos por el Banco de Dakota del Norte con el autor.
6. Recopilado de "The New York Times/Equilar 200 Highest-Paid-CEO-Rankings", 2015.

En 2015, los gerentes y comerciantes de fondos de cobertura más grandes ganaron un promedio de $1,22 mil millones en ingresos cada uno[7]. Estas son las personas que saquearon empresas, las endeudaron, las apostaron en los mercados y demás. Por cada dólar que ganan los cinco ejecutivos más altos del Banco de Dakota del Norte, por sus válidos esfuerzos, los cinco gerentes más altos de fondos de cobertura recibieron unos increíbles $13.820.

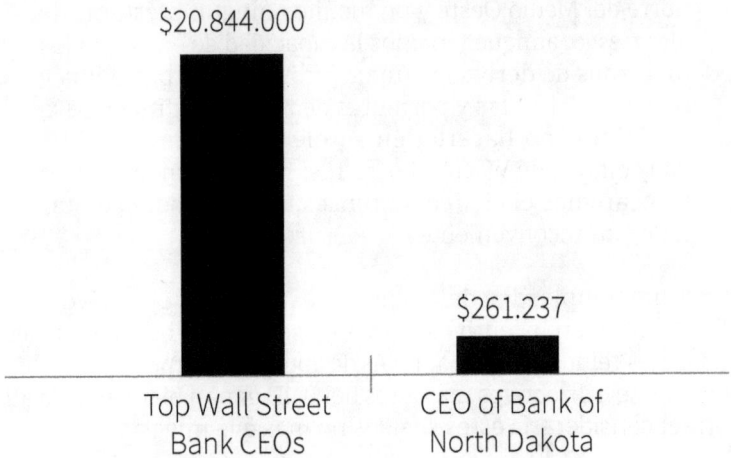

$20.844.000

$261.237

Top Wall Street
Bank CEOs

CEO of Bank of
North Dakota

Gráfica 20.1: La diferencia salarial entre directores ejecutivos en bancos públicos y privados
Fuentes: Recopilado de "The New York Times/Equilar 200 Highest-Paid-CEO-Rankings", 2015; y los sueldos que compartió el Banco de Dakota del Norte con el autor.

De hecho, esos magnates de los fondos de cobertura se llevaron consigo un promedio de $586.500 *por hora*[8]. Eso significa que, en una hora, ¡se ganaron más de lo que se ganó el Sr. Hardmeyer en 2,2 años!

---

7. "The Highest Earning Hedge Fund Managers and Trainers, 2015 Ratings", Forbes.com, http://www.forbes.com/hedge-fund-managers/.
8. Estas cifras están basadas en un año laboral de 2.080 horas.

He aquí otro dato interesante. El empleado a tiempo completo y de menor paga en el BND se ganaba $30.523 en 2015. Eso significa que la proporción entre el director ejecutivo y los trabajadores del BND es alrededor de 8,6 a uno, exactamente como el pueblo estadounidense quiere que sean las proporciones.

Estos contrastes contradicen por completo los argumentos de que Wall Street tiene que ofrecer enormes paquetes remunerativos para atraer el mejor talento. Dakota del Norte pudo encontrar el talento para hacer funcionar uno de los bancos más sólidos del país, mientras que los banqueros más ricos de Wall Street casi destruyeron la economía entera. El BND es una prueba viva de que el raciocinio de Wall Street, en cuanto a la alta paga, es un invento para adelantar sus propios intereses.

Wall Street va por el Banco de Dakota del Norte

Como puede imaginarse, a las élites financieras les encantaría que desapareciera este exitoso banco (¡socialista!). Su estructura salarial y sus inversiones locales se burlan del sistema bancario casino de Wall Street. Pero la amenaza más grande es que el concepto del banco público podría expandirse a otros estados. Ya casi 20 legislaturas estatales exploran la posibilidad de tener bancos estatales. En conjunto, más bancos públicos podrían representar una amenaza para el billón de dólares en depósitos de los bancos estatales y locales que ahora pasa por Wall Street.

Pero las élites financieras podrían perder más que esto. En los 49 estados donde no hay un banco público, los gobiernos locales, desesperados por sacar préstamos para reconstruir escuelas y financiar otros proyectos de infraestructura pública, se ven obligados a acudir a los bancos de Wall Street. Estas firmas enganchan a los municipios con programas de préstamos caros, así como bonos de plusvalía, que podrían terminar costándoles a los gobiernos locales diez veces más el préstamo original.

Además, los banqueros y asesores de inversión cobran enormes cantidades al venderles a los gobiernos estatales y locales planes financieros caros y de alto riesgo[9].

Desafortunadamente para Wall Street, dichos planes no funcionan en Dakota del Norte, donde el banco estatal provee el capital por una fracción de los costos a largo plazo.

Los tratados de libre comercio:
El arma de destrucción masiva de Wall Street

Según la perspectiva de Wall Street, el banco de Dakota del Norte no debería existir y jamás se debe replicar. El arma sigilosa de Wall Street podría encontrarse alojada en el tratado de libre comercio con los países de la costa del Pacifico, conocido como el Acuerdo de Asociación Transpacífico (TPP, por sus siglas en inglés), el cual actualmente se negocia a puertas cerradas.

Ya sabemos que Wall Street desea que el tratado de comercio se deshaga de todas las restricciones de impuestos que le previene a la industria de servicios financieros estadounidense hacer negocios en países como Brunei, Chile, Malasia, México, Nueva Zelanda, Perú, Singapur y Vietnam. Los bancos más grandes también quieren que el tratado elimine barreras no relacionadas con aranceles, incluyendo regulaciones que crean una competencia "injusta" con empresas estatales. Dependiendo del lenguaje final, una medida así podría llevar al Banco de Dakota del Norte a cerrar, ya que "los banqueros extranjeros podrían argumentar que el BND no les deja hacer préstamos a los bancos comerciales en el estado", según un análisis que hizo Sam Knight en *Truthout*[10]. A Wall Street le convendría un banco extranjero como cómplice para sacar al BND del camino.

---

9. Trey Bundy y Shane Shifflett, "School Districts Pay Dearly for Bonds", SFGate, 31 de enero de 2013, http://www.sfgate.com/education/article/School-districts-pay-dearly-for-bonds-4237868.php.
10. Sam Knight, "Corporate-backed Trans-Pacific Partnership Shrouded in Secrecy", Truthout, 19 de marzo de 2013, http://truth-out.org/news/item/15142- corporate-backed-trans-pacific-partnership-shrouded-in-secrecy.

El movimiento de los bancos públicos

Un grupo pequeño —pero sumamente comprometido— de escritores financieros, expertos en finanzas públicas y antiguos banqueros, han creado el Instituto del Banco Público (Public Bank Institute) para correr la voz. Con un presupuesto módico, su presidenta, Ellen Brown (autora de Web of Debt), y su consultor, Marc Armstrong, habiéndose convertido en los pioneros del concepto del banco público, viajan de estado en estado para exhortar a las legislaturas y a los sindicatos del correo a que exploren los bancos estatales.

Ellos señalan el éxito de otros países que tienen bancos públicos. Por ejemplo, en Alemania, aproximadamente 40% de todos los activos de los bancos se encuentran en bancos públicos[11]. Suiza también tiene un sistema de bancos públicos grande y rentable[12]. Muchos países, incluyendo, Japón, China y Brasil, proveen servicios de bancos públicos en las oficinas del correo; algo que podría funcionar fácilmente aquí en Estados Unidos.

El modelo del clima pro negocio le rinde culto al falso dios de la privatización. Pero los grandes bancos privados que controlan gran parte de la economía existen solo para aumentar las fortunas de los súper ricos. Si vamos a proteger el interés público de la estrangulación de Wall Street, necesitamos hacer más que aprobar nuevas regulaciones que los astutos banqueros puedan manipular y diluir con un cabildeo audaz. Necesitamos construir instituciones públicas que funcionen en nombre del interés público, como el Banco de Dakota del Norte.

---

11. Felix Hüfner, "The German Banking System: Lessons from the Financial Crisis", Documentos de trabajo del Departamento de Economía No.788, OECD, p.7, 13 de junio de 2011, http://www.oecd.org/officialdocuments/publicdisplaydocumentpdf/?doclanguage=en&cote=eco/wkp(2010)44.
12. Ellen Brown, "Why Public Banks Outperform Private Banks: Unfair Competition or a Better Mousetrap?" *Global Research*, 10 de febrero de 2015, http://www.globalresearch.ca/why-public-banks-outperform-private-banks-unfair-competition-or-a-better-mousetrap/5430588.

Preguntas de discusión

1. ¿Qué piensa usted que debemos hacer con los bancos grandes de Wall Street?

2. ¿Está usted a favor de establecer más bancos públicos como el Banco de Dakota del Norte? ¿Por qué sí o por qué no?

3. ¿Estaría usted a favor de que la paga de un banquero ejecutivo de Wall Street fuera similar a la de un ejecutivo del Banco de Dakota del Norte? ¿Por qué sí o por qué no?

Capítulo 21

Salario máximo, salario mínimo, educación superior gratuita y pleno empleo

¿Qué hacemos con una diferencia salarial, entre directores ejecutivos y trabajadores, que es de 844 a uno y sigue creciendo? Desafiar a Wall Street con bancos públicos es un comienzo. Pero podemos hacer mucho más.

El pueblo suizo está en medio de un asalto frontal contra la diferencia salarial. Primero, en marzo de 2013, los votantes aprobaron (por un margen de 68%) un referendo nacional obligatorio que les otorgaba a los accionistas pleno poder para establecer el pago de un director ejecutivo. Aún más impresionante, el referendo exige que a las compañías "ya no se les permita darles bonificaciones a los ejecutivos que se integren o retiren de la empresa o a los ejecutivos cuando se apoderen de su compañía", según el *New York Times*. "Las violaciones podrían resultar en multas que igualan hasta seis años de salario y una sentencia de prisión de hasta tres años"[1].

En noviembre de 2013, los activistas suizos presentaron un referendo nacional todavía más audaz, llamado Iniciativa 1:12. Este hubiera prevenido que los ejecutivos ganaran en un mes más que lo que ganan en un año los trabajadores peor pagos en su compañía. Esta vez, la medida perdió por un margen de 65 a 35. Sin embargo, la parte perdedora obtuvo casi un millón de votos. Según The Nation:

---

1. Raphael Minder, "Swiss Voters Approve a Plan to Severely Limit Executive Compensation", New York Times, 3 de marzo de 2013, http://www.nytimes.com/2013/03/04/business/global/swiss-voters-tighten-countrys-limits-on-executive-pay.html?_r=0.

La Iniciativa 1:12 iba casi a la par en las encuestas hasta octubre – hasta que las corporaciones suizas desataron un bombardeo publicitario bien financiado que sirvió para alimentar el miedo. Si se aprobara la Iniciativa 1:12, argumentaron estas, las multinacionales basadas en Suiza cambiarían sus operaciones a lugares más acogedores, caerían los ingresos de impuestos de Suiza y el sistema de protecciones sociales se derrumbaría.[2]

¿Sería posible empezar un movimiento de 1:12 aquí en Estados Unidos?

Opciones para el salario máximo

1. Proporción de paga

En el Capítulo 1, vimos que la mayoría de los estadounidenses quieren que la diferencia salarial entre directores ejecutivos y trabajadores cambie, de cinco a uno a 12 a uno, incluso con el apoyo de los republicanos más fuertes por una diferencia salarial máxima de 12 a uno, como el límite que se propuso en Suiza.

En Estados Unidos, calculamos un salario máximo empresarial de 12 a uno basándonos en el salario medio actual (2014) de un trabajador, de $784,13 a la semana o $40.775 al año (el salario medio significa que exactamente la mitad de los trabajadores estadounidenses gana más y la otra mitad gana menos).

Entonces, bajo nuestra Iniciativa Estadounidense 12:1, si los trabajadores de una compañía ganaran el salario medio, los directores ejecutivos ganarían alrededor de $490.000 por año. Sin embargo, si una compañía duplicara el salario de sus trabajadores peor pagos, el director ejecutivo podría ganar casi $1 millón.

Es importante que las cifras de los directores ejecutivos que utilizamos incluyan todo tipo de compensación: opciones de acciones, bonificaciones y paquetes de jubilación (paracaídas de oro), así como también los salarios. Como observamos en el Capítulo 4, los direc-

---

2. Sarah Anderson y Sam Pizzigati, "Swiss Activists: Let's Cap CEO Pay", *The Nation*, 2 de diciembre de 2013, http://www.thenation.com/article/177424/swiss-activists-lets-cap-ceo-pay.

tores ejecutivos que son explotadores financieros ahora mismo
reciben la mayoría de su recompensa en opciones de acciones.

Lo bueno de esta proporción es que recompensa a los directores ejecutivos y a las compañías que les pagan bien a sus trabajadores. Entre más les pague una compañía a sus trabajadores
menos pagos, más alta será la recompensa del director ejecutivo.

Queda una pregunta difícil de contestar: ¿quién es conside-
rado un empleado? Hoy en día, casi todas las compañías grandes
utilizan una variedad de contratistas, subcontratistas y sub
subcontratistas de todo el mundo, y a muchos les pagan una
miseria. Entonces, ¿al director ejecutivo de Apple se le obligaría
a ganar no más de 12 veces lo que ganan los empleados a tiempo
completo en la compañía? ¿O 12 veces la paga de los trabajadores
extremadamente peor pagos de la compañía en China? Quizás el
hecho de que hemos tenido que determinar la respuesta a esta
pregunta sea suficiente como para sembrar conciencia pública
en cuanto a las políticas de empresas globales como Apple.

Enfermeras Nacionales Unidas dio el primer paso hacia
limitar la paga de los directores ejecutivos en 2013. El sindicato
recibió más de 100.000 firmas en una iniciativa de votación en
Massachusetts que hubiera limitado la paga de los directores
ejecutivos en compañías de atención médica que reciben dinero
de impuestos, a no más de 100 veces la paga de los empleados
peor pagos en la compañía.

2. Salario máximo

Otra estrategia para domesticar el salario ilimitado de un
ejecutivo es imponer un simple límite salarial como el que se
usa en los deportes profesionales: esa industria establece, cada
año, un nuevo salario máximo para los jugadores, dependiendo
del ingreso de la liga. El fútbol americano y el hockey, ambos
deportes profesionales, tienen un límite rígido para los salarios.

Podríamos establecer un límite para los salarios de los
ejecutivos basado en el salario medio. Por ejemplo, la ley podría
requerir que, cada año, ningún director ejecutivo pueda recibir
más de 12 veces el salario medio de los trabajadores estadounidenses para ese año. Entonces, si se estancan nuestros salarios,
también se estanca el salario del director ejecutivo. Si suben
nuestros salarios, entonces el límite automáticamente subiría
de acuerdo con el mismo porcentaje.

3. Alta tasa marginal de impuestos para los ricos

La manera más tradicional de reducir la desigualdad sin límites es establecer una alta tasa marginal de impuestos (por ejemplo, 91% sobre un ingreso de más de $200.000 —alrededor de $2 millones hoy en día— como era el caso desde 1946 hasta 1951). La persona rica recibiría solo cinco centavos por cada dólar sobre, digamos, $2 millones de su recompensa total.

Esto es más o menos lo que hizo Estados Unidos desde el New Deal hasta 1980, la época en que la desigualdad en Estados Unidos estuvo al nivel más bajo.

Lo bueno de esta táctica para igualar los salarios es que sabemos que sí funciona, pues se ha implementado con éxito anteriormente. Y el Servicio de Rentas Internas (IRS, por sus siglas en inglés) podría administrarlo fácilmente.

Lo malo, como con todos los impuestos, es la realidad de los tecnicismos y la facilidad que tienen los ricos de guardar su dinero en paraísos fiscales en el extranjero. Hay que acabar con esos paraísos fiscales.

También hay un importante problema ético. Cuando el gobierno les cobra impuestos a los ricos después de que sus ingresos entran a sus cuentas, estos se consideran ingresos "ganados". Esta terminología le otorga legitimidad a la idea de que los ricos ganan su dinero de manera justa y el gobierno se los está quitando. ¿Puede usted escuchar el lloriqueo cuando se mencione la "redistribución"?

Sin embargo, si existe un límite o una proporción para una recompensa sólida, entonces el dinero nunca le "pertenece" a ningún ejecutivo en primer lugar. Nadie le está quitando nada a nadie.

El impuesto de la especulación financiera

Una porción sustancial de las ganancias de Wall Street proviene de la compra y venta rápida de todo tipo de instrumento financiero, especialmente activos, bonos y derivados. En Estados Unidos, nos cobran impuestos cuando compramos la mayoría de productos, pero a Wall Street no se le cobran impuestos cuando realiza compras y ventas, aun cuando por estos negocios pasan billones de dólares.

Economistas como el fallecido James Tobin creen que cobrar impuestos para estas transacciones no solo produce los ingresos que necesita el gobierno, sino que también frena la compra y venta rápida de corto plazo de los activos financieros, lo cual es una práctica que es tanto peligrosa como dañina.

Los sindicatos, incluyendo a Enfermeras Nacionales Unidas y el Sindicato de Maestros de Chicago, exigen que tales impuestos domestiquen a Wall Street y financien los programas sociales y la educación. Un pequeño impuesto podría generar hasta $350 mil millones en ingresos anualmente. Las enfermeras exigen un impuesto de Robin Hood y han impulsado el tema en todo el país, juntando a muchos aliados. En su sitio web, el sindicato escribe:

> Entre la variedad de los grupos que acogen y apoyan este importante programa —ingresos antes que austeridad, un impuesto sobre Wall Street para devolvérselo al pueblo estadounidense— están las secciones de ACT UP en todo Estados Unidos, Voices of Community Activists and Leaders (VOCAL-NY), Health GAP y Enfermeras Nacionales Unidas, fundaciones del SIDA se han unido; la Asociación Estudiantil Médica Estadounidense se apuntó sola, así como también Community Voices Heard; Consumer Watchdog y las Panteras Grises se unieron, además de Greenpeace, Housing Works, la Organización Nacional de Mujeres y la Alianza Popular de Maine. Hay organizaciones religiosas que apoyan a Robin Hood e incluyen a Interfaith Worker Justice, la Oficina de Preocupación Global Maryknoll, las Hermanas de la Santa Cruz, el Comité de Justicia Congregacional y el Centro de Defensoría Nacional de las Hermanas del Buen Pastor. Los sindicatos apoyan con firmeza el impuesto, junto con el Comité de Organización Sindical de la Agricultura, la Coalición de Mujeres Sindicalistas, los Trabajadores Unidos de la Industria Automotriz, los Trabajadores de Comunicaciones de América y United Steelworkers. Los Estudiantes Unidos contra las Maquiladoras también esta con Robin Hood. Y más de 100 otros, todos se han unido por Robin Hood y su compromiso concreto con la justicia social y económica.[3]

Un impuesto de Robin Hood reduciría los ingresos de Wall Street e impondría una severa presión descendente sobre los enormes paquetes de recompensa de los financieros.

Gran Bretaña ya tiene un impuesto así y la Unión Europea está considerando uno (al cual Estados Unidos se opone). Si queremos construir un movimiento para contener a Wall Street y reconstruir nuestro país, necesitamos ese impuesto.

Acabar con el tecnicismo
de los "intereses devengados"

Esto sí es fácil de entender. Como mencionamos en el Capítulo 7, a los más ricos de los ricos —las personas que dirigen los fondos de cobertura y las empresas de capital privado— les encanta el tecnicismo de los intereses devengados, el cual les permite declarar ganancias de capital, logrando así una reducción de la alta tasa de impuestos de 39% a tan solo 20%. Los 25 gerentes de los fondos de cobertura más altos se ahorran $4,8 mil millones anuales, por medio de este tecnicismo. Su pérdida sería nuestra ganancia. Desafortunadamente, ni los demócratas ni los republicanos tienen interés en eliminarlo. Necesitamos construir un movimiento fuerte para lograr que presten atención. Este tecnicismo fiscal es una vergüenza para la nación.

Aumentar el salario mínimo
y los beneficios básicos

Los límites salariales de los ricos deberían estar acompañados por políticas que permitan que las personas en la parte inferior de la escalera salarial puedan subir unos peldaños. El director ejecutivo tendría que aceptar una reducción salarial, pero esto no necesariamente significa que los trabajadores reciban un aumento.

---

3. RobinhoodTax, "Solidarity Grows around HR 6411", Blog, *RobinhoodTax.org*, 15 de octubre de 2012, http://www.robinhoodtax.org/blog-entry/solidarity-grows -around-hr-6411.

Necesitamos aumentar el salario mínimo para todos los trabajadores con el propósito de que sea algo como $15 o $20 por hora, e
indexarlo con la inflación para que nunca más baje tanto.

Desde 1938 hasta finales de la década de 1960, el salario mínimo
en Estados Unidos subió paulatinamente, como lo demuestra la
Gráfica 21.1. Claro que esta fue la época con la menor desigualdad
en nuestro país. Después de que se arraigara en 1980 el modelo del
clima pro negocio, el valor real del salario mínimo bajó. Para reducir
de nuevo la desigualdad, tenemos que estimular de manera significativa el salario mínimo.

Pero, ¿aumentar el salario mínimo no causaría la eliminación
de trabajos?

Los estudiantes de cursos introductorios a las ciencias económicas en todo el país han escuchado este argumento durante décadas.
Dice así: a medida que aumenta el salario mínimo, los empleadores
reemplazarán a los trabajadores con máquinas, ya que pensarán que
es más rentable; o sea, despedirán a la persona que lava los platos
y traerán una nueva máquina lavaplatos.

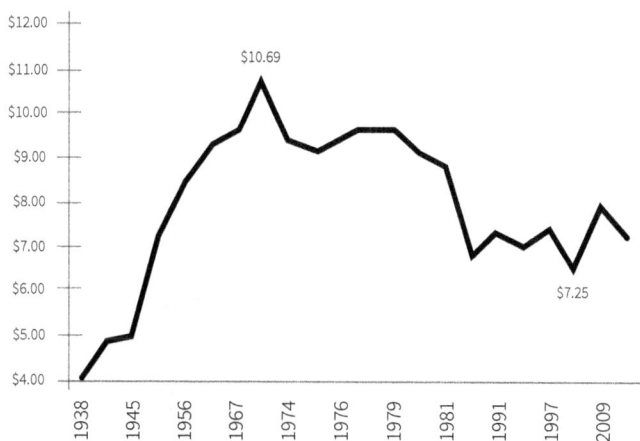

Gráfica 21.1: Auge y caída del salario mínimo (ajustado según la
inflación en dólares estadounidenses en 2013)
Fuente: Craig K. Elwell, "Inflation and the Real Minimum Wage", Servicio
de Investigación del Congreso, 8 de enero de 2014, https://www.fas. org/
sgp/crs/misc/R42973.pdf.

Pero los estudios han demostrado que aumentar el salario mínimo tiene poco impacto, o ninguno, en los trabajos[4]. En algunos casos, aumentar el salario mínimo puede aumentar el compromiso con el trabajo, lo cual resulta en menos reemplazos y absentismo, y en una mayor productividad que aumenta las ganancias del empleador.

El salario mínimo no es solo una cuestión económica. Es una cuestión moral. El salario mínimo establece un estándar mínimo en cuanto a la dignidad del trabajo en nuestra sociedad. Un salario mínimo más alto dice que creemos que los trabajadores deben poder sustentarse dignamente, tanto a sí mismos como a sus familias, aún estando en las categorías de trabajo peor pagas. Como sociedad, tenemos que reemplazar los trabajos que pagan salarios de pobreza con trabajos mejor pagos que afirman la dignidad de los trabajadores. Ningún trabajador a tiempo completo debe verse obligado a depender de cupones de alimentos.

En los últimos años, las campañas militantes para aumentar el salario mínimo han surgido con fuerza en el país. Al frente ha estado el exitoso esfuerzo por lograr un salario mínimo de $15 por hora en SeaTac, Washington, Seattle y Los Ángeles. Hasta estados conservadores como Arkansas, Nebraska y Dakota del Sur aprobaron referendos en 2014 para aumentar el salario mínimo (por cantidades más pequeñas)[5].

Si vamos a traer dignidad al trabajo, también necesitamos aprobar leyes que hagan obligatorio el pagar días festivos, licencias por enfermedad y licencias por maternidad. Como vimos en el Capítulo 6, cada país desarrollado en el mundo, salvo el nuestro, provee cantidades obligatorias de tiempo libre pago para cada trabajador. Deberíamos exigir un mínimo de cuatro semanas de vacaciones pagas, 10 días festivos y, por lo menos, seis meses de licencia familiar, así como también licencia por enfermedad.

---

4. John Schmitt, "Why Does the Minimum Wage Have No Discernible Effect on Employment?" Centro para la Investigación de Políticas Económicas, febrero de 2013, http://www. cepr.net/index.php/publications/reports/why-does-the-minimum-wage-have-no -discernible-effect-on-employment.
5. Marianne Levine y Timothy Noah, "Minimum Wage Increase Wins in Four Red States", *Politico*, 5 de noviembre de 2014, http://www.politico.com/story/2014/11/ minimum-wage-increase-wins-in-four-red-states-112565.html. In May 2015 and March 2016, Los Angeles and New York, respectively, passed a $15/hr minimum wage.

Campañas para conseguir la licencia por enfermedad paga y no paga se fortalecen en comunidades por todo el país. A continuación, ofrecemos un resumen de 2014:

En 2006, San Francisco se convirtió en el primer municipio en garantizar acceso a días por enfermedad pagos. En 2008, el Distrito de Columbia aprobó un estándar de días por enfermedad pagos que incluía días de "seguridad" pagos para víctimas de violencia doméstica, agresión sexual y acoso. En 2011, la legislatura de Connecticut se convirtió en la primera en la nación en aprobar una ley de días por enfermedad pagos y, en el mismo año, Seattle también aprobó una ley de días por enfermedad pagos. En 2013, Portland, Oregón, la ciudad de Nueva York y Jersey City, Nueva Jersey, adoptaron estándares para días por enfermedad pagos. Newark, Nueva Jersey fue la siguiente en 2014, seguida por Eugene, Oregón, San Diego, en el estado de California, y las ciudades de Passaic, Paterson, East Orange e Irvington, en Nueva Jersey. En noviembre de 2014, las votaciones sobre días de enfermedad pagos fueron exitosas en Massachusetts, Oakland, California y las ciudades de Montclair y Trenton, en Nueva Jersey. En total, más de dos decenas de estados y ciudades consideraron propuestas de días por enfermedad pagos en la más reciente sesión legislativa.[6]

Educación superior gratuita

Proporcionarles a más estadounidenses una educación de calidad producirá más ciudadanos educados formalmente y trabajadores más productivos. Sin embargo, los costos, que cada vez aumentan más, limitan el acceso a la universidad a los jóvenes. De nuevo, deberíamos seguir el ejemplo de otras naciones desarrolladas y eliminar el costo de matrícula en todas las universidades públicas. Los ingresos del impuesto de

---

6. National Partnership, "State and Local Action on Paid Sick Days", mayo de 2015, http:// www.nationalpartnership.org/research-library/campaigns/psd/state-and-local-action-paid-sick-days.pdf.

transacciones financieras mencionado anteriormente podría más que cubrir los gastos.

No solo así se ampliaría de manera significativa el acceso a la educación superior para estudiantes con bajos ingresos[7], sino que también se eliminarían los enormes préstamos estudiantiles que ahora son una carga para tantos jóvenes.

Es más, la educación superior gratuita resultaría en un auge de construcción y contratación en las universidades, creando así trabajos que no se podrían exportar.

Atención médica de pagador único

La desigualdad sin límites se estimula por un sistema de atención médica que depende de la industria de seguros privados y que no tiene control sobre las grandes compañías farmacéuticas. También es la razón por la que figuramos primero en los costos, pero casi de último en los resultados referentes a la salud, como vimos en el Capítulo 7. No hay excusa para permitir que estas grandes entidades empresariales pongan sus enormes ganancias por encima de nuestras necesidades médicas. Nuestro sistema podría ser mucho menos costoso, cubrir a todo el mundo y ser más efectivo si lo cambiáramos por un sistema de Medicare para Todos, como el sistema de atención médica de Canadá. Para investigación, argumentación y movilización excelentes, consulte Médicos por un Programa Nacional de Salud (www.pnhp.org) y Campaña Laboral por un Sistema de Salud de Pagador Único (www.laborforsinglepayer.org).

Trabajos

Para domesticar la desigualdad sin límites, necesitamos pleno empleo. Cuando los niveles de empleo están altos, los empleadores tienen que subir los salarios para retener y atraer empleados. Además, cada sociedad tiene una obligación moral de asegurar que todo el mundo que pueda y esté dispuesto a trabajar pueda hacerlo.

Sin embargo, por lo general, el sector privado no puede producir suficientes trabajos, aun con enormes programas gubernamentales de estímulo, como los gastos militares. De hecho, la tasa real de desempleo es mucho más alta de lo que escuchamos cada mes en el noticiero. La Oficina de Estadísticas Laborales hace un cómputo regular no solo de cuántos trabajadores están oficialmente en busca de empleo y no lo encuentran, sino también de aquellos que trabajan a tiempo parcial y desean trabajar a tiempo completo, y de aquellos que están "marginalmente conectados" con la fuerza laboral (lo cual significa que, por el momento, no buscan trabajo, pero lo han hecho en los últimos 12 meses y aún desean un trabajo).

La Gráfica 21.2 muestra que, si incluimos este desempleo "escondido" (la medida "U6" del Departamento del Trabajo), nuestro nivel de desempleo es enorme. Para febrero de 2015, después de cinco años de "recuperación", se encontraba tan solo a 11,3%. Eso significa que 20 millones de personas deseaban trabajo a tiempo completo, pero no podían encontrarlo.

Ya que el sector privado no puede producir suficientes trabajos por sí solo, es imprescindible que el gobierno expanda la cantidad de trabajo en el sector público. Miremos a nuestros alrededores: hay mucho trabajo que hacer, desde la reconstrucción de nuestra infraestructura derruida hasta la educación infantil.

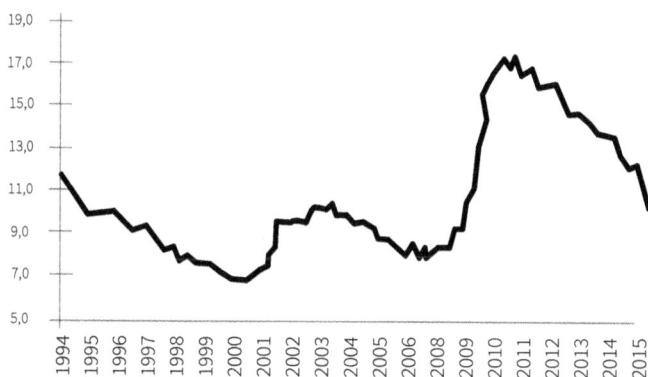

Gráfica 21.2: Tasa real de desempleo*
*El U6 de la Oficina de Estadísticas Laborales incluye el número total de desempleados, más todas las personas que están marginalmente conectadas con la fuerza laboral, más el número total de personas empleadas a tiempo parcial por razones económicas, como un porcentaje de la fuerza laboral civil, más todas las personas marginalmente conectadas con la fuerza laboral.
Fuente: Oficina de Estadísticas Laborales, "Alternative Measure of Labor Underutilization", https://fas.org/sgp/crs/misc/R42973.pdf.

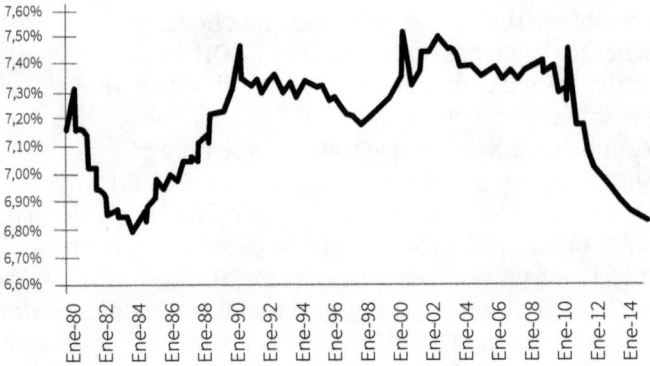

Gráfica 21.3: Los trabajos gubernamentales como porcentaje de
la población estadounidense
Fuente: Banco de la Reserva Federal de St. Louis, División Económica de
la Reserva Federal, http://research.stlouisfed.org/fred2.

Desafortunadamente, el modelo del clima pro negocio aún
nos encamina en dirección opuesta. En lugar de crear más
trabajos gubernamentales para contrarrestar el enorme pico en
el desempleo después de la crisis de Wall Street, lo que hicimos
fue reducir la cantidad de trabajos gubernamentales. Eso
mantuvo las tasas de desempleo excesivamente altas, lo cual, a
su vez, mantuvo los salarios bajos, y esto agravó la desigualdad
sin límites.

Transición Justa para las comunidades, los trabajos y el medioambiente

Bajo las políticas neoliberales del modelo del clima pro
negocio, hacer la transición hacia la energía sustentable será
extremadamente doloroso para los trabajadores en las industrias
de carbón, petróleo y gas, y para sus comunidades.

Por ejemplo, la ciudad de Tonawanda, en el norte del estado
de Nueva York, depende de la planta de energía de carbón de
Huntley, la cual suministra millones de dólares en pagos en
lugar de impuestos para apoyar las escuelas del área. Cuando la
producción se desaceleró recientemente en la planta, a causa de

una caída en el precio del combustible de rivales, el Municipio tuvo que despedir a 140 trabajadores del sector público. Cuando cierre la planta en los próximos años, se predice que 75 trabajadores de la planta —y otros 134 trabajadores del sector público— perderán sus trabajos.

El modelo del clima pro negocio no tiene respuesta para este tipo de dislocación. Permitiría que las fuerzas del "mercado libre" determinaran todo futuro desarrollo y que los trabajadores tuvieran que buscar otros trabajos por su propia cuenta, así como también que la comunidad tuviera que buscar nuevos ingresos. Pero un grupo local de justicia ambiental, la Coalición de Aire Limpio, hace un llamado a un plan de "Transición Justa", que permita que los trabajadores permanezcan como empleados al proveerles apoyo financiero público con el propósito de hacer la transición a industrias sustentables.

Necesitamos estos esfuerzos de Transición Justa en todo el país. Pero solo serán exitosos si podemos construir un movimiento fuerte que pueda enfrentarse a la desigualdad sin límites.

A gran escala, el problema es el siguiente: movernos hacia una economía sustentable requerirá la eliminación gradual de las instalaciones intensivas de carbón, de las cuales dependen los trabajadores y las comunidades. Parece un precio bajo por pagar para combatir el cambio climático. Pero no es un precio bajo, para nada cuando se trata de familias y comunidades que se ven afectadas: ¿por qué tienen que cargar con gran parte del peso por un beneficio que todos compartimos? ¿Por qué tienen que verse obligadas las escuelas de sus hijos a recortar sus presupuestos o hasta cerrar del todo cuando colapsan los ingresos tributarios? ¿Por qué los trabajadores de los sectores público y privado tienen que renunciar a sus trabajos en nombre del bien común? Sin un programa para responder a este problema, queda claro que la transición de los combustibles fósiles va a empeorar la desigualdad sin límites; además de enfrentarse a una fuerte oposición por parte de las personas que están en peligro de perder sus trabajos y comunidades.

El fallecido Tony Mazzocchi (1926-2002), líder sindical y ambientalista, dijo que tiene que haber una restitución completa para los trabajadores desplazados y sus comunidades, a través de un fondo nacional de Transición Justa. Argumentó que los trabajadores que son despedidos en la transición a una economía nueva tienen que obtener por lo menos cuatro años de salarios y beneficios, más el cubrimiento del costo de la matrícula de la escuela de su elección, como los beneficios que tres millones de veteranos de la Segunda Guerra Mundial recibieron bajo la Carta de Derechos de Veteranos de Guerra (GI Bill). Mazzocchi argumentó que este fondo de Transición Justa tenía que proveer también ingresos para las comunidades locales, y así evitar mayores despidos y recortes a los servicios públicos.

¿Cómo deberíamos pagar por este tipo de fondo? Tenemos muchas opciones. El dinero podría provenir de una porción pequeña de los impuestos de transacciones financieras anteriormente discutidos. O podría provenir de un pequeño impuesto para los combustibles fósiles. Mazzocchi tenía razón en argumentar que el país más rico del planeta Tierra podía fácilmente pagar por un fondo de transición, apenas entendiéramos que era tanto justo como necesario.

Justicia racial

Como vimos en el Capítulo 10, la discriminación racial es una parte arraigada en las estructuras económicas y sociales de nuestra nación. Necesitaríamos más libros para presentar una descripción detallada de todo lo que tenemos que hacer para eliminar estas injusticias de todos los aspectos de la sociedad, desde la educación hasta la atención médica, desde la propiedad de la vivienda hasta las finanzas, desde el empleo hasta la justicia penal. Pero los temas generales están claros. La violencia y el acoso policíaco contra las personas negras y todas aquellas que no son blancas tiene que acabar, y la policía tiene que ser transformada y dejar de ser una fuerza invasora para convertirse en una entidad colaboradora de protección comunitaria. La segregación en viviendas y escuelas, por fin, tiene que acabar por medio de inversiones importantes en la educación pública y los hogares. Las prisiones ya no pueden servir para almacenar a las personas desempleadas y desposeídas que han sido abandonadas por nuestras élites financieras y empresariales. En lugar de esto, necesitamos crear trabajos que paguen bien a todas aquellas personas que deseen y estén dispuestas a trabajar.

Responder ante la injusticia racial y acabar con la desigualdad sin límites exige que reinvirtamos cientos de miles de millones de dólares en nuestra infraestructura humana y física. Y esos miles de millones tienen que venir de quienes han explotado nuestra economía y evadido impuestos al esconder sus riquezas en el extranjero.

Por sí sola, una inversión económica masiva en todo nuestro pueblo, especialmente en las personas más vulnerables, no acabará con la discriminación. Pero es un paso crucial y requiere un movimiento unificado para conquistar la desigualdad sin límites.

Y falta todavía más

También podemos enfrentar la desigualdad sin límites de otras maneras. Los fuertes controles a la contaminación no solo nos pueden proteger contra los estragos del calentamiento global sino también proteger a las comunidades de bajos ingresos contra las exposiciones a químicos excesivos.

Ponerle un fin a la "Guerra Contra las Drogas" y las sentencias obligatorias de prisión permitiría que cientos de miles de personas regresaran al trabajo productivo y repondría una grave injusticia que criminaliza a muchos jóvenes negros y todos quienes que no son blancos, a causa del color de su piel.

Aplicar plenamente las leyes para proteger a las personas gay, lesbianas y transgénero contra toda forma de discriminación y frenar la discriminación basada en el color de la piel y el género, especialmente en el trabajo y la ley, ayudaría a reducir la diferencia salarial y de riqueza para las personas en todas esas categorías.

Todas estas luchas pueden contribuir a nuestro esfuerzo por enfrentar el impulsor principal de la desigualdad sin límites: la explotación financiera estadounidense. Para verdaderamente realzar la libertad, la justicia y un ambiente sustentable para todo el mundo, tenemos que domesticar las altas finanzas.

Próximamente, pondremos nuestra atención en un jugador central para frenar la desigualdad sin límites: los sindicatos.

Preguntas de discusión

1. ¿Cuál piensa usted que es la política más importante que deberíamos promulgar para enfrentar la desigualdad sin límites?

2. ¿Estaría usted a favor de una campaña que promueva un límite obligatorio de paga de 12:1 para directores ejecutivos y trabajadores, respectivamente? ¿Por qué sí o por qué no?

3. ¿Qué piensa usted que tendría que suceder para prevenir que se escondieran billones de dólares en cuentas en el extranjero?

Capítulo 22

Cuando el sindicalismo decae, la desigualdad se dispara y todos perdemos

La desigualdad económica sin límites tiene vínculos cercanos con la abrupta decaída del sindicalismo estadounidense. Para entender las razones, repasemos dos gráficas cruciales de capítulos anteriores.

La primera (Gráfica 22.1) muestra el auge y la caída de los sindicados en el sector privado desde lo profundo de la Gran Depresión hasta el día de hoy. Es obvio que los sindicatos representaban una porción grande de la fuerza laboral desde mediados de la década de 1930 hasta el comienzo de la década de 1980. Para 1953, más de uno de cada tres trabajadores en el sector privado estaba sindicado. Eso significa que, en muchas áreas del país, casi todas las familias incluían por lo menos un sindicado.

En los últimos años de las décadas de 1950 y 1960, el porcentaje de trabajadores sindicados disminuyó, pero el número absoluto siguió aumentando con un pico de casi 21 millones de sindicados en 1979. Mucho de este aumento se debió al influjo de trabajadores al sector público durante las décadas de 1960 y 1970.

Más tarde, el declive de los sindicatos se agudizó: el porcentaje de trabajadores en los sindicatos se redujo a la mitad entre mediados de la década de 1970 y principios de la década de 1990. En 2013, casi solo un 6,7% de los trabajadores en el sector privado estaban en sindicatos. Si incluimos a los empleados públicos, sería 11,3%.

Comparemos esta gráfica con la Gráfica 22.2, la cual delinea la porción de los ingresos que van para el 1% más rico. Es básicamente el inverso de la gráfica de la sindicalización. Cuando los sindicatos tenían fuerza, la desigualdad se encontraba en los niveles más bajos.

En 1928, el 1% acarreó el 23,94% de todos los ingresos en Estados Unidos. A medida que el sindicalismo creció, la porción de los ingresos del 1% más rico bajó hasta menos del 10%. Pero cuando el sindicalismo decayó, el 1% más rico volvió a quedarse con un porcentaje alto del ingreso total de Estados Unidos. De hecho, su porción se disparó hasta llegar a los niveles de 1928 y, ahora, sube de nuevo.

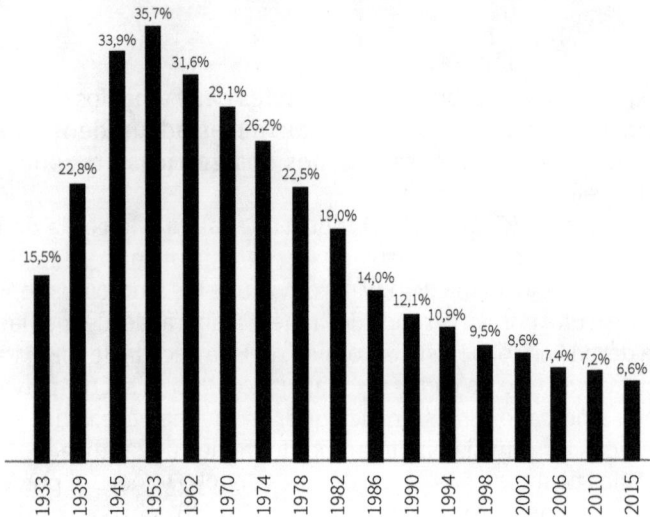

Gráfica 22.1: Declive del sindicalismo en el sector privado (como porcentaje de todos los trabajadores en el sector privado)
Fuentes: Datos de 1933-1982 de Leo Troy y Neil Sheflin, *U.S. Union Sourcebook* (West Orange, NJ: IRDIS, 1985); Datos para 1986-2014 de la Oficina de Estadísticas Laborales, "Union Affiliation of Employed Wage and Salary Workers", varios años.

Gráfica 22.2: Porción de los ingresos para el 1% más rico
Fuente: Emmanuel Saez y Thomas Piketty, "Income Inequality in the
United States, 1913-1998", *Quarterly Journal of Economics*, Vol.118, No. 1, 2003
(Tablas y gráficas actualizadas hasta 2010), http://eml.berkeley.edu/~saez/.

La relación entre estas dos gráficas no es coincidencia: los
niveles de desigualdad de riqueza y de sindicalismo están entre-
lazados. Cuando los sindicatos están fuertes, negocian para
obtener sueldos altos y más beneficios. Y eso tiene un efecto
dominó, ya que muchas empresas no sindicadas luego intentan
evitar que los trabajadores se sindicalicen a la vez que aumentan
los sueldos y beneficios de estos mismos. Mientras tanto, estos
sindicatos con mayor fortaleza tienen más poder político, lo
cual les permite avanzar y lograr legislación que beneficia a las
personas de la clase media y de bajos ingresos (como beneficios de desempleo, el salario mínimo, el impuesto progresivo,
Medicare, Medicaid y el seguro social). El resultado: una distribución de ingresos más equilibrada.

¿Qué le paso al sindicalismo?

Esta es una pregunta que ha generado discusiones intensas a través de los años. Abundan las teorías. Y estas incluyen:

· La decaída del sindicalismo empezó cuando los sindicatos empezaron a cooperar con los esfuerzos anticomunistas del gobierno durante la era de McCarthy. Cuando los sindicatos expulsaron a sus afiliados radicales, se hicieron daño porque estos radicales eran sus organizadores y directivos más efectivos.

· Los sindicatos gastaron demasiado tiempo y muchos recursos trabajando con el gobierno para participar en la Guerra Fría en el extranjero. Mientras ayudaban a los sindicatos anticomunistas en el extranjero, las empresas los debilitaban en casa.

· La fusión de la AFL y el CIO en 1955 acabó con la competencia del trabajo organizativo entre ellos y los llevó a una caída en el trabajo organizativo. También, en esta fusión, se incorporó la cultura más militante del CIO.

· Los sindicatos también enajenaron a la generación baby boomer (las personas que nacieron en la explosión de natalidad posterior a la Segunda Guerra Mundial) cuando apoyaron la Guerra de Vietnam. De la misma forma, enajenaron a los activistas jóvenes progresistas antiguerra quienes, en otras épocas, se hubieran acercado al movimiento sindical.

· Los sindicatos se hicieron muy burocráticos y no democráticos, y algunos se volvieron corruptos. Los líderes sindicales destruyeron a los insurgentes democráticos progresistas que estaban adentro, lo cual debilitó aún más al sindicalismo.

· Los sindicatos no han aprendido a aplicar las exitosas técnicas de la organización comunitaria para reclutar miembros nuevos.

· Los sindicatos no se han renovado a la par de la globalización y, por lo tanto, no se han conectado con sindicatos en otros países.

Aunque muchas de estas teorías revelan fallas reales del sindicalismo de la época posterior a la Segunda Guerra Mundial, solo ofrecen un indicio del problema central subyacente: los sindicatos y el resto de nosotros somos los perdedores en una gigantesca guerra de clases, una guerra que debemos reconocer, discutir, y a la que debemos responder si los sindicatos han de crecer nuevamente.

La venganza de las élites

El 1% más rico y sus aliados políticos entienden que los sindicatos están únicamente posicionados para retar el poder de las élites financieras y políticas. Por esta razón, las élites han librado una deliberada, sostenida y despiadada agresión en contra del sindicalismo (todo en nombre de la desregulación eficiente, por supuesto). Esto incluye debilitar las leyes laborales tan severamente que es casi imposible para los sindicatos organizar a nuevos afiliados.

Los empleados que intentan sindicalizarse pueden ser despedidos, y desafiar esta realidad en los tribunales puede tomar años. Aun cuando los sindicatos tienen la certificación como agentes oficiales de negociación, los empleadores pueden resistir el proceso de negociación, también por años.

El ataque antiunión, el cual anteriormente estuvo enfocado en los sindicatos del sector privado, ha llegado hasta los sindicatos del sector público. Cuando la tasa de sindicalización estaba alta en el sector privado, los sindicatos del sector público podían usar esos sueldos y beneficios como punto de referencia para sus propias negociaciones. Pero, ahora, las tasas de la sindicalización del sector privado están tan bajas que la mayoría de estos trabajadores ganan menos que los empleados públicos. Los demagogos políticos lo utilizan como impulso para hundir los sueldos. Le preguntan al contribuyente: "¿Por qué tienes que pagar por los sueldos y beneficios del sector público que son mejores de los que consigues tú?".

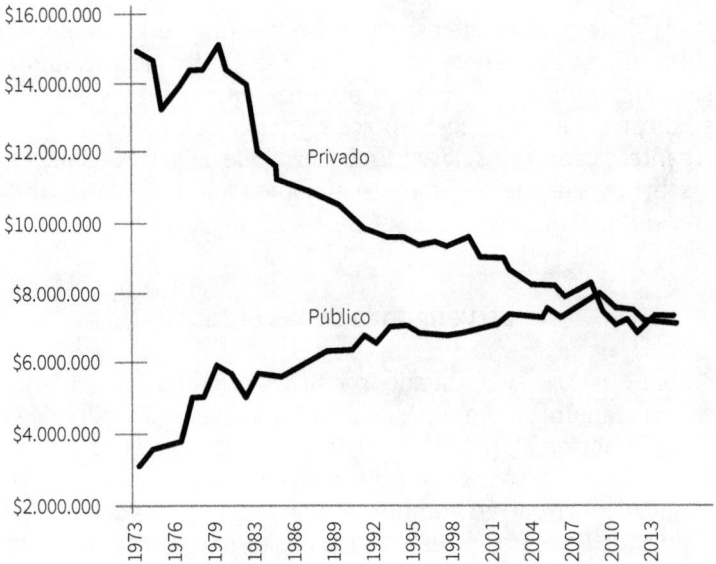

Gráfica 22.3: Sindicados del sector público y el sector privado
Fuente: Barr T. Hirsch y David A. Macpherson, "Union Membership and Coverage Database from the CPS", Unionstats.com, http:// www.unionstats.com/.

A los gobernadores conservadores les encanta utilizar esta vulnerabilidad para incapacitar a los sindicatos del sector público, especialmente a los sindicatos de maestros, los cuales generalmente respaldan a los demócratas.

El ataque conservador funciona. Como muestra la Gráfica 22.3, la membresía sindical del sector privado decae en números (y como porcentaje de los trabajadores del sector privado) mientras que la membresía sindical del sector público se mantiene relativamente estable, aunque decae como porcentaje de todos los trabajadores del sector público.

El antisindicalismo se difunde rápidamente. El gobernador Scott Walker de Wisconsin ha basado toda su carrera política en un ataque contra los sindicatos del sector público y el sector privado. En 2011, fue líder de una aterradora batalla para debilitar a los sindicatos del sector público, especialmente los sindicatos de maestros. Ha tenido éxito en promulgar legislación que no solo recorta los beneficios de pensión y seguro médico, sino que también aniquiló las funciones centrales de los sindicatos. La ley anti sindicalista de Wisconsin, conocida como la Ley 10:

· Limitó a un año los contratos de negociación colectiva.
· Limitó todos los aumentos al costo de vida, a menos que algo diferente fuera aprobado por referendo.
· Obligó a los sindicatos a ganar una elección cada año solo para ser recertificados.
· Eliminó las aportaciones automáticas de las cuotas.
· Permitió que cualquier afiliado de la unidad de negociación optara por no unirse al sindicato y no pagar las cuotas.

Walker exoneró a los sindicatos de policías y bomberos de las restricciones a la negociación colectiva de la Ley 10. En Wisconsin, estos sindicatos generalmente apoyan a los republicanos.

Se reporta que las "reformas" de Walker han disminuido la membresía de los sindicatos del sector público en Wisconsin a la mitad[1].

A medida que Walker se preparaba para las elecciones presidenciales en marzo de 2015, también se enfocó en el sindicalismo del sector privado. Él y la legislatura, dominada por republicanos, aprobaron un proyecto de ley que creó un "espacio abierto" que permitía que los sindicados del sector privado optaran por no pagar sus cuotas.

Los sindicatos y sus aliados organizaron grandes protestas en contra de Walker y su legislación.

Pero Walker es engreído y confía en su agresión contra el sindicalismo. Dice que su valentía en la lucha contra el sindicalismo en casa es prueba de que tiene las agallas para enfrentarse a los "terroristas islámicos" (un paralelo inquietante que planteó):

---

1. Monica Davey y Mitch Smith, "Scott Walker Is Set to Deliver New Blow to Labor in Wisconsin", *New York Times*, 25 de febrero de 2015, https://www.nytimes.com/2015/02/26/us/politics/walker-is-set-to-deliver-new-blow-to-labor-and-bolster-credentials.html?_r=0.

Quiero un comandante que haga todo en su poder para asegurar que las amenazas de los terroristas islámicos radicales no lleguen a tierra estadounidense. Tendremos a alguien que sea líder y que al fin envíe el mensaje de que no solo protegeremos la tierra estadounidense, sino que no, que no dejaremos que lleguen a quienes aman la libertad en cualquier parte del mundo. Necesitamos un líder con ese tipo de confianza. Si puedo enfrentarme a 100.000 manifestantes, puedo hacer lo mismo en todo el mundo.[2]

Walker no está solo. Estado tras estado, los gobernadores republicanos revocan leyes que protegen a los sindicatos. Tienen como objetivo particular las reglas referentes a los talleres donde se les cobran cuotas sindicales a todos los miembros de la unidad de negociación, sean o no miembros formalmente afiliados al sindicato, apenas este sea elegido y certificado (*agency shops*, en inglés).

La meta está clara: cero por ciento de sindicalización.

Pero los conservadores y las élites ya han logrado otra meta clave: la eliminación de huelgas masivas. Miremos de nuevo el increíble declive de las actividades de huelga desde que entró en vigor el modelo del clima pro negocio (ver Gráfica 22.4).

Es interesante que, aún con lo débil que está el sindicalismo, los políticos conservadores todavía consideren que es políticamente beneficioso utilizarlos como chivos expiatorios. Aún señalan al sindicalismo para explicar por qué el estadounidense común y corriente no siente los beneficios del modelo del clima pro negocio. No queda claro si los conservadores van a poder seguir beneficiándose de esta mentira a medida que se siga expandiendo la desigualdad sin límites.

Por supuesto que los líderes sindicales han presionado al Congreso durante años para reformar las leyes laborales. De hecho, tenían toda la certeza de que lograrían la aprobación de la Ley de Libre Elección del Empleado (un proyecto de ley que

---

2. Valerie Strauss, "Yes, Scott Walker Really Did Link Terrorists with Protesting Teachers and Other Unionists", *Washington Post*, 27 de febrero de 2015, http:// www. washingtonpost.com/blogs/answer-sheet/wp/2015/02/27/yes-scott-walker-really -did-link-terrorists-with-protesting-teachers-and-other-unionists/.

facilitaría en gran medida la organización sindical) entre 2008 y 2010, cuando los demócratas controlaban la Casa Blanca y el Congreso. Pero ni siquiera llegó a votación (sin embargo, casi

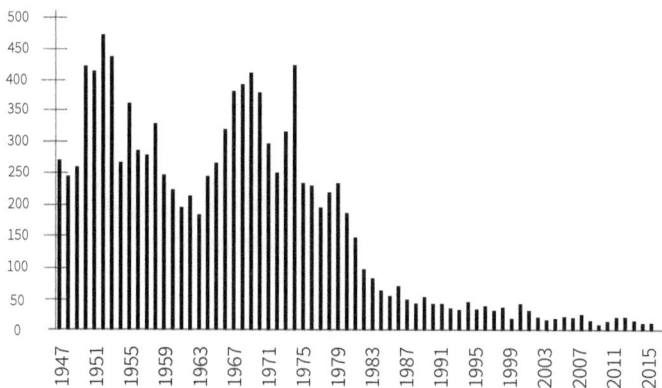

todos los líderes sindicales continúan con su devoto fervor por los demócratas y temen la idea de la

política independiente, especialmente en cuanto a la creación de un nuevo partido político).

Gráfica 22.4: Cantidad de huelgas importantes (de 1.000 o más trabajadores)
Fuente: Oficina de Estadísticas Laborales, "Work Stoppages Involving 1,000 or More Workers, 1947 – 2015", http://www.bls.gov/news. release/wkstp.t01.htm.

¿Qué queda por hacer?

A pesar de esta triste historia, hoy en día el país vibra con actividad laboral. Ahora mismo, cientos de pequeños centros de trabajadores en todo el país ayudan a trabajadores inmigrantes no organizados a enfrentar problemas en sus lugares de empleo, y a organizarse por otras causas también. Estos protosindicatos, los cuales emplean activistas jóvenes, están repletos de esperanza.

Algunos sindicatos importantes están profundamente vinculados con el trabajo organizativo comunitario e intentan crear coaliciones grandes para luchar por los derechos de los trabajadores, un salario mínimo más alto y la sindicalización. Casi todos los sindicatos también luchan para prevenir que los gobiernos estatales destruyan a los sindicatos del sector público y aprueben las leyes de "derecho a trabajar". Y, claro está, los sindicatos continúan con sus inversiones en el trabajo organizativo, y algunas de sus campañas han sido exitosas, especialmente en cuanto a servicios de atención médica y edificios.

Sin embargo, la decaída de los sindicatos en general continúa sin pausa.

¿Pero los estadounidenses todavía apoyan al sindicalismo?

Los organizadores sindicales suelen decir que las personas que trabajan quieren, en su mayoría, integrarse a los sindicatos, pero no pueden hacerlo por las leyes y prácticas antilaborales. ¿Qué dicen los sondeos sobre esto?

Es verdad que una mayoría de los estadounidenses aprueban el sindicalismo. Pero, como muestra la Gráfica 22.5, el índice

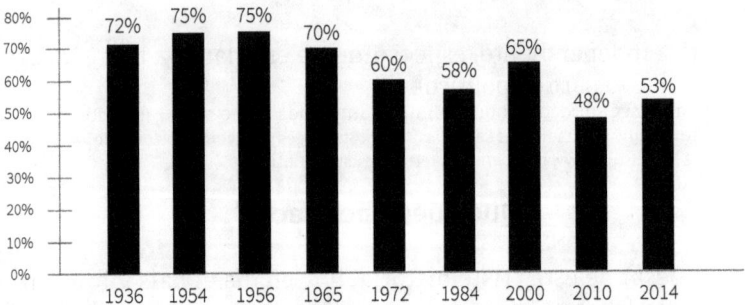

de aprobación de los sindicatos ha decaído desde de su apogeo histórico en la década de 1950, junto

---

3. Jeffery M. Jones, "Americans Approve of Unions but Support 'Right to Work'", *Gallup.com*, http://www.gallup.com/poll/175556/americans-approve-un¬ions-support-right-work. aspx.

con el declive de la sindicalización[3]. Pero estos índices todavía siguen estando suficientemente altos como para sugerir que usar a los sindicatos como chivos expiatorios no es una estrategia ganadora.

Gráfica 22.5: ¿Usted aprueba de los sindicatos?

Fuente: Jeffrey M. Jones, "Americans Approve of Unions", Gallup, http://www.gallup.com/poll/175556/americans-approve-unions-support-right-work.aspx.

¿Cuándo crece el sindicalismo?

Las personas que trabajan se unieron en masa a los sindicatos durante el New Deal. Después de años de ira reprimida por los abusos gerenciales, las condiciones laborales y los bajos sueldos, los trabajadores querían la protección y la dignidad que brindaban los sindicatos. Pero, ¿qué conlleva un aumento tan significativo?

¿Qué aguarda un futuro cercano?

Muchos sindicatos apuestan a que pronto los trabajadores se les unirán en masa nuevamente. El sindicalismo ha invertido millones de dólares en los últimos años en campañas organizativas en Wal-Mart, el empleador más grande del país, y en compañías de comida rápida, con la esperanza de un avance importante. Pero, como sabe toda persona familiarizada con el proceso, organizar trabajadores de bajos ingresos es terriblemente difícil. Es difícil conseguir que grandes cantidades de estos trabajadores participen plenamente en el trabajo organizativo porque ya están sobrecargados. Es aún más difícil mantenerlos involucrados, especialmente en industrias con altos índices de reemplazo. Y lo más difícil es llegar a una elección y un convenio colectivo. Sin embargo, estas campañas organizativas continúan de muchas formas creativas y hacen que un avance significativo sí sea posible.

El sindicalismo comunitario por y para inmigrantes

Los trabajadores inmigrantes han sido siempre una potente fuerza organizadora. Fueron inmigrantes quienes organizaron muchos de los primeros sindicatos estadounidenses, incluso en las profesiones de la industria textil a comienzos del siglo veinte. La mitad de los afiliados del Congreso de Organizaciones Industriales (CIO, por sus siglas en inglés) nació en el extranjero durante los primeros años de la década de 1930. Y, hoy en día, podrían ser los inmigrantes quienes dirijan un resurgimiento sindical.

Los trabajadores hispanos, tanto autorizados como no autorizados para trabajar en el país, desesperadamente necesitan organizaciones que protejan sus derechos en el trabajo y en la comunidad. Por eso han surgido más de 200 centros de trabajadores por todo el país.

Pero continúa abierta la pregunta de si los centros de trabajadores se convertirán en sindicatos tradicionales. En primer lugar, los inmigrantes recientes suelen trabajar en industrias (como la construcción) que son particularmente difíciles de organizar, en parte debido a las capas de contratistas y subcontratistas. En segundo lugar, los centros de trabajadores suelen depender de dinero proveniente de instituciones filantrópicas privadas, en lugar de las cuotas de sus afiliados, y no queda claro cuánto durará el flujo del dinero de estas instituciones, especialmente a medida que los sindicatos se involucren más. Por último, no queda del todo claro si todos los sindicatos están preparados para brindarles a los trabajadores indocumentados el apoyo necesario para hacerse ciudadanos.

Algunas personas argumentan que se requiere un nuevo tipo de sindicalismo —un sindicalismo comunitario— para llegar a los nuevos inmigrantes y otros trabajadores vulnerables. Los sindicatos y los centros de trabajadores pueden colaborar, y han colaborado, en luchas comunitarias para lograr un salario mínimo de $15 por hora, prevenir el robo de salarios, proporcionarles licencias de conducir a inmigrantes y prevenir la discriminación en la vivienda y el empleo. Pero estas campañas requieren que los sindicatos inviertan mucho sin la promesa de un ingreso rápido en cuotas sindicales. Los sindicatos también tienen que aceptar que los centros de trabajadores y los mismos inmigrantes nuevos quizás sean quienes dirijan cualquier sindicato comunitario que produzca este esfuerzo conjunto.

Al considerar la inmensidad de los problemas que exploramos en este libro, sabemos que los sindicatos y los centros de trabajadores necesitan ser parte de un esfuerzo más amplio si van a ser exitosos: un movimiento masivo por la justicia económica enfocada en frenar la desigualdad.

El sindicalismo y los movimientos sociales

El sindicalismo crece durante las épocas tumultuosas, cuando muchos de los movimientos sociales sacuden los cimientos del país. El resurgimiento sindical en la década de 1930 subió junto con miles de concejos de desempleo, organizaciones de inquilinos y campañas populares que atacaban las desigualdades entre la riqueza y la pobreza. Estos movimientos tuvieron muchos líderes y héroes, conocidos y no conocidos. Entre los que conocemos: Huey Long, un populista de Luisiana, fue líder de un movimiento nacional para redistribuir la riqueza de los ricos entre los pobres, hasta su asesinato en 1935. En California, Upton Sinclair ayudó a crear un movimiento masivo que exigió y casi logró obtener estipendios para cada ciudadano en California que tuviera más de 50 años de edad. Y FDR siguió su fervor con sus propias políticas del Nuevo Trato, las cuales han defendido movimientos masivos que han coincidido a través de los años, incluso los derechos de la negociación para los sindicatos y una variedad de programas para apoyar a los trabajadores, como el Seguro Social. Este fue el contexto del crecimiento masivo del sindicalismo por medio del CIO.

Los sindicatos (públicos, en este caso) también crecieron con rapidez durante otra era turbulenta: las tumultuosas décadas de 1960 y 1970. De nuevo, esta fue una época en la que movimiento

tras movimiento sacudía los cimientos de las formas establecidas. Los movimientos contra la guerra, de las mujeres, por
los derechos civiles, aportaron una energía enorme que ayudó
a impulsar el aumento rápido de sindicatos para los empleados
públicos.

Necesitamos otro movimiento social masivo para resucitar
a los sindicatos y domesticar a la desigualdad sin límites. Cómo
llegar ahí es el tema de nuestro próximo y último capítulo.

Preguntas de discusión

1. ¿Piensa usted que el crecimiento del sindicalismo es
necesario para domesticar a la desigualdad sin límites? ¿Por qué
sí o por qué no?

2. ¿Por qué piensa usted que el sindicalismo ha decaído en
los últimos 30 años?

3. ¿Qué piensa que hay que hacer para promover el crecimiento del sindicalismo en Estados Unidos?

4. ¿Deberían seguir los sindicatos con su apoyo al Partido Demócrata? ¿Por qué sí o por qué no?

Capítulo 23

Carta abierta a los nuevos organizadores del movimiento

Gracias por comprometerse con crear un movimiento masivo y coherente por la justicia económica, social y ambiental a nivel nacional.

Prepárense. Los del 1% vienen por ustedes. Intentarán dividirlos, desacreditarlos y hasta destruirlos. Su valentía y su cautelosa organización serán puestas a prueba una y otra vez. Pero les sorprenderá la respuesta que recibirán. El pueblo espera algo desafiante. Todos queremos unirnos a un movimiento que ayude a correr la voz, que luche por un cambio estructural, que nos vincule a todos, que multiplique nuestros esfuerzos, que mantenga la esperanza viva entre nosotros.

La desigualdad sin límites se acelera, y nadie organiza un movimiento para frenarla. Salvo ustedes. Esperamos que no esté más allá de nuestra imaginación, aunque no se haya construido nada igual en Estados Unidos por mucho, mucho tiempo.

Necesitamos desesperadamente de ustedes y sus esfuerzos, porque no existe nada en el universo económico que nos rescate automáticamente. No existe un péndulo, ni una fuerza política invisible, que "naturalmente" oscile de nuevo hacia la justicia económica. Ni el cambio climático ni la discriminación racial se curarán por sí solos. Iniciaremos una batalla de gran escala por la justicia económica, social y ambiental, o seremos testigos de la deterioración continua del mundo que habitamos. El arco del capitalismo no se inclina hacia la justicia. Lo tenemos que doblar nosotros.

Los límites de organizar en aislamiento

Su movimiento se desarrollará en el terreno activista habitado por miles de organizaciones progresistas, todas las cuales funcionan dentro de sus temas particulares. Desde el fin de la Guerra de Vietnam, los activistas han creado una abundancia de organizaciones que cubren cientos de temas, desde el cambio climático y los tóxicos hasta la atención médica, la educación, la pobreza, el desamparo, la inmigración, la paz, los asuntos LGBT, el SIDA, el aborto, la injusticia policíaca, la reforma penitenciaria, la descriminalización de las drogas y las armas nucleares.

Cada una de estas organizaciones está involucrada en una lucha constante por recaudar dinero para apoyar su trabajo y personal. Cada una debe recurrir a organizaciones filantrópicas privadas con propuestas detalladas y listas de productos finales y resultados. Las instituciones filantrópicas, por su parte, tienen sus propias áreas temáticas, su personal especializado y sus intereses subyacentes. Todo esto refuerza el aislamiento de las organizaciones: cada grupo trabaja en su propio puñado de asuntos, cumpliendo listas de tareas que salen de sus propuestas institucionales.

Nosotros mismos somos nuestros propios productos finales, nuestros resultados. Nosotros mismos somos nuestras propias tareas.

Esto funciona bien solo si los problemas más importantes de nuestra existencia caen bajo muchas causas a la vez. Pero hoy en día, aún con el pisoteo de la desigualdad sin límites, en estos terrenos divididos, frenar la explotación financiera de nuestra economía aparece en muy pocas listas. Muchos activistas aún no entienden cómo ha cambiado estructuralmente nuestra economía desde 1980.

Ni siquiera la gran crisis de 2008 pudo romper el aislamiento de estas causas. Por primera vez desde 1929, el sistema financiero entero colapsó. Wall Street recibió billones de dólares. El desempleo llegó a niveles sin precedentes desde la época de la Depresión.

La crisis reveló los horrores de Wall Street. Los rescates financieros expusieron cómo el gobierno corre a rescatar a las élites financieras a costillas nuestras. La "recuperación" revela cómo el dinero continúa en dirección hacia los súper ricos a medida que acelera la desigualdad y se avecina un cambio climático catastrófico.

Si hubiéramos estado preparados, el colapso hubiera sido el momento perfecto para un movimiento amplio que retara a Wall Street. En lugar de esto, nuestro aislamiento se mantuvo en pie, como si enfrentarnos a Wall Street estuviera en la lista de alguien más. Como resultado, nos llegaron las campañas de Obama y el Tea Party.

Y luego, de la nada, apareció Ocupa Wall Street (*Occupy Wall Street*). Un grupo ligeramente organizado en torno al sitio web *Ad Busters* hizo un llamado al evento y miles llegaron, seguidos de decenas de miles. De pronto, aparecieron 900 campamentos (las villas de Hoover, o *Hoovervilles*[1], de la época moderna) por todo el mundo. Aun así, nuestros sectores aislados rara vez se unieron a la lucha.

El fracaso de los levantamientos espontáneos

Como ya saben, los levantamientos masivos no son iguales a los movimientos organizados masivos. Ocupa Wall Street fue construido, en parte, por una desconfianza inherente en las estructuras organizacionales jerárquicas. En lugar de esto, el movimiento creyó en el poder transformador de los levantamientos espontáneos. Creyó que el pueblo en los parques podía sostener un movimiento en contra de Wall Street al tomar la mayoría de sus decisiones estratégicas por consenso masivo. Lo llamaron organizar a lo "horizontal".

Al principio fue una victoria feliz para el poder del espíritu humano. Los jóvenes se enfrentaron al poder de Wall Street. Fue inspirador. Pero no pudieron construir una estructura organizativa sustentable. Parecían estar ciegos ante el hecho de que había millones de estadounidenses en todo el país que creían en el mensaje y deseaban participar, pero que no iban a dormir en ningún parque. ¿Quién iba a alcanzar a estas personas?

---

1. Grandes barrios muy pobres de personas desempleadas durante la Gran Depresión, cuyo nombre irónicamente proviene del presidente Herbert Hoover.

¿Qué podíamos hacer el resto de nosotros? ¿Cómo nos íbamos a organizar?

De forma horizontal o de ninguna otra.

Si millones de nosotros deseábamos participar en Ocupa Wall Street, entonces nos tocaba a nosotros determinar cómo hacerlo nosotros mismos. Ese es el credo de los levantamientos espontáneos.

Desafortunadamente, la espontaneidad no estuvo a la par de la Madre Naturaleza y el poder destructivo de los gobiernos locales que buscaron todas las maneras posibles de eliminar los campamentos a medida que llegaba el invierno. ¿Cuál era la estrategia de supervivencia de Ocupa Wall Street?

Tal como la combustión espontánea en la naturaleza, si no se nutre, se extingue la llama.

Una oportunidad histórica desaprovechada

Ocupa Wall Street nos enseñó que un movimiento contra Wall Street tenía gran resonancia en todo el país, y hasta en muchas otras partes del mundo. Si se hubiera expandido a una organización nacional formal, algo poderoso pudo haber surgido y permanecido. Pero Ocupa Wall Street no quería organizaciones formales, y nuestras varias organizaciones, en su mayoría, se quedaron aisladas en sus particulares causas, tan solo se detuvieron para observar, no más.

Quizás el resto de nosotros fuimos muy deferentes. "Ocupa no quería que nos involucráramos", me contó un líder sindical. Pero, ¿y qué importaba eso? ¿Es que acaso no todos formamos parte del 99%? ¿No se suponía que fuera el movimiento de todos y no solo de Ocupa?

Aun así, estamos en deuda con Ocupa Wall Street por poner al 1% en plena vista. Comprobó que se podía construir tal movimiento y demostró el poder y la necesidad del idealismo. Demostró también lo hambrientos que estábamos por una cultura nueva que elevara nuestros espíritus y nuestro sentido de solidaridad con otros. Pero, por todo aquello, Ocupa no pudo construir una organización duradera.

La campaña presidencial de Bernie Sanders en 2016 desató nuevas posibilidades. Al igual que Ocupa Wall Street, pareció salir de la nada y sorprendió al país entero. El senador de 74 años de edad, un autoproclamado socialista de Vermont, ha ganado muchos seguidores, especialmente entre la gente joven, a medida que ataca a Wall Street, "la clase de los multimillonarios" y "el corrupto sistema de finanzas de campañas". Ha hecho un llamado a una "revolución política" que continúe impulsando la campaña después de las elecciones de 2016. Y ha atraído a millones de pequeños donantes que podrían estar deseosos de financiar y participar en tal movimiento.

Pero, ¿se construirá tal movimiento? ¿O regresaremos rápidamente a nuestras listas aisladas? Depende de ustedes.

El populismo estadounidense

El movimiento populista de finales del siglo diecinueve —de la Alianza Nacional de Granjeros (*National Farmers' Alliance*) y el Sindicato Industrial (*Industrial Union*)— es un movimiento que vale la pena estudiar[2]. Esta pudo haber sido la última vez en la historia estadounidense que un movimiento grande, dinámico y democrático intentó arrebatarle el control financiero a la industria de bancos privados.

Después de la Guerra Civil, los granjeros en el Sur y el Medio Oeste sufrían mucho a causa de las estrictas políticas monetarias establecidas por Wall Street, quien había tomado el control total del suministro de dinero en Estados Unidos y, por consiguiente, la disponibilidad y el precio del crédito. La carga de obtener préstamos para comprar granjas y mantenerlas fue enormemente pesado para millones de granjeros. El precio de los bienes de las granjas disminuía, mientras los pagos de los préstamos escalaban bajo las estrictas políticas monetarias de los bancos grandes.

Esta opresión financiera resultó en un movimiento que tomó el control del suministro monetario de los banqueros privados mientras que, a la vez, construía cooperativas nuevas para almacenar productos agrícolas, vender ganado y organizar mercados de los cuales los granjeros dependían. La vital práctica

2. Consultar el magistral recuento de Lawrence Goldwyn, *The Populist Moment: A Short History of the Agrarian Revolt in America* (Oxford University Press, 1978).

diaria de estas cooperativas resultó en una masiva cultura democrática que se enfrentó al nuevo capitalismo empresarial, el cual entonces estaba organizado y era operado por las élites financieras.

La Alianza de Granjeros se organizó en organizaciones estatales y municipales, con semanarios y convenciones nacionales. La Alianza envió a seis mil "oradores" al campo para llevar a cabo una educación popular, correr la voz y traer las opiniones del pueblo de vuelta a los líderes estatales y nacionales.

Cuando estudien bien esta monumental lucha, la cual duró 30 años, entenderán por qué los levantamientos espontáneos no pueden ganarle a Wall Street y por qué se necesita tanto la organización cautelosa a largo plazo.

Uno de los problemas más graves que todos enfrentamos se encuentra dentro de nuestras propias mentes. Todos somos criaturas de la prevaleciente cultura política que debilita la participación política en masa, refuerza la dominación a manos de las élites financieras y justifica la desigualdad. Los populistas construyeron cooperativas que le brindaron a su gente una experiencia diaria alternativa en el gobierno democrático[3]. También le dieron la confianza de exigir y luchar por el control democrático de las finanzas en todos los niveles. El Banco de Dakota del Norte, el único banco público en Estados Unidos, surgió de esta nueva cultura.

Crear una cultura política alternativa está entre sus desafíos más grandes. Los activistas del movimiento que trabajan en aislamiento han pasado vidas enteras dentro de un marco particular de organización y estructura, enfocado en lograr metas de relativamente corto plazo. Pocos de nosotros trabajamos en la educación con una visión amplia y en proyectos transformadores de organización a gran escala. Y muchos menos retamos el poder de Wall Street. Eso significa que gran parte de nuestra actual cultura de organización no tiene suficiente paciencia como para crear un movimiento que sea consciente de sí mismo y democrá-

---

3. Esto es muy diferente a la orientación del trabajo organizativo de Saul Alinski, la cual predomina en muchas organizaciones progresistas. Los populistas siempre discutían los temas más importantes del día. Tenían la confianza de que su gente podía entender por qué una alternativa a Wall Street se necesitaba y por qué las cooperativas eran esenciales para sus vidas.

tico a largo plazo, lo cual es necesario para frenar la desigualdad sin límites. Tampoco tenemos la visión y la estrategia colectivas que necesitamos para lograrlo.

Los organizadores que trabajan en aislamiento argumentan contra esta crítica, y dicen que esos movimientos de grandes visiones son muy confusos e indefinidos, y que van más allá del enfoque de lo que se puede financiar por medio de la comunidad filantrópica. Y tienen razón.

Construir un movimiento nuevo es un proyecto indefinido que podría tomar una generación entera para florecer. Es probable que no se incluya cómodamente en las listas de quehaceres de las instituciones filantrópicas. Tampoco tendría la especificidad de la actual serie de metas.

Lo que sí tiene es la posibilidad de ser exitoso. Pero este tipo de afirmación solamente tiene sentido si reconocemos que nuestra estructura actual de causas y áreas aisladas no funciona. En conjunto, nuestra actual lista no puede contra la desigualdad sin límites. Por eso perdemos. Tenemos que intentar algo diferente.

Entonces, el trabajo de ustedes es cambiar nuestra cultura política de aislamiento y crear una nueva vida organizativa que nos capte a todos, que nos brinde un sentido de movimiento y confianza en nosotros mismos, tal como lo hicieron los populistas hace más de un siglo y como ahora lo hace la campaña de Sanders. Un problema central será crear una práctica diaria que refleje nuestros ideales, una nueva cultura que queramos crear y una nueva agenda que sea nuestra. Los populistas tenían sus cooperativas. ¿Qué tendremos nosotros?

Raza, clase, medioambiente, paz

Esta generación nuestra, de causas aisladas, no ha podido elaborar un entendimiento que vincule la opresión racial, la discriminación por género y orientación sexual, la creciente desigualdad, la destrucción ambiental y los esfuerzos contra la guerra. En lugar de esto, solemos discutir cuál asunto es el más importante. Y, peor aún, creamos una causa aislada para cada uno.

Este no siempre fue el caso. Después de la Segunda Guerra Mundial, los radicales (comunistas, socialistas, socialdemócratas y otros) se horrorizaron ante la Guerra Fría que se avecinaba, la carrera de las armas, la situación de los derechos civiles y los ataques contra los sindicatos que empezaron con la oposición a la Ley de Relaciones Obrero-Patronales, Taft-Harley (*Labor Management Relations Act, Taft-Hartley*)[4].

Los radicales creían que las élites empresariales y su despiadado impulso por ganancias estaban detrás de todos estos problemas. En esa época, muchos creían que el capitalismo era la causa originaria y, con el tiempo, tenía que ser reemplazado por algún tipo de socialdemocracia, aunque no hubiera ningún acuerdo amplio sobre cómo ocurriría esto. De cualquier modo, no dudaban de que las injusticias estaban entrelazadas.

Aún bajo la agresión brutal contra el radicalismo que dirigió el Senador Joseph McCarthy, los radicales mantuvieron vivas estas conexiones. Los radicales participaron en los primeros años del movimiento por los derechos civiles. Estuvieron al frente del movimiento contra las pruebas nucleares, lo cual evolucionó al movimiento ambientalista moderno e impulsó los esfuerzos más tempranos contra la Guerra de Vietnam.

Pero, cuando pasó esa generación, también se fue nuestro sentido de la inherente conexión entre toda opresión y destrucción que proviene de un sistema que produce una desigualdad sin límites.

El trabajo de ustedes es ilustrar nuevamente esas conexiones, para ayudarnos a ver y sentir las realidades que acaban con nuestras causas aisladas. Claro que las tensiones en torno a la opresión racial y de género no se irán de adentro de nuestro movimiento masivo, y menos fuera de él, en su exterior. Pero deben ayudarnos a siempre ver que estamos mucho mejor luchando juntos que peleando entre nosotros, que un daño contra uno es verdaderamente un daño contra todos.

Algunos en el movimiento ambientalista podrán ver la desigualdad sin límites como una causa aparte, cuando la verdad es que la amenaza del cambio climático es lo que claramente irrumpe a través del aislamiento de nuestras causas. Después de todo, el cambio climático presenta una amenaza directa a todos los seres humanos en el planeta.

---

4. En 1947 se aprobó la ley, la cual revocó el uso de muchas de las herramientas que los sindicatos utilizaban resultando en un disparo masivo de organización.

Afortunadamente, un creciente movimiento por la justicia climática está basado en la comprensión de que la desigualdad económica y el cambio climático están inextricablemente atados y que hay que responder en conjunto a estos retos. La explotación financiera de nuestra economía acelera el cambio climático y, a la vez, debilita todos los esfuerzos por aliviarlo o cambiarlo. Tanto el cambio climático como la desigualdad sin límites rompen con nuestro aislamiento a nivel mundial.

La revolución política continua

La campaña de Sanders ha abierto nuevos terrenos de organización. Ha probado en el campo una nueva agenda popular y ha cambiado los términos del debate presidencial. Este destacado esfuerzo demuestra que hay un movimiento en espera de ser construido. Hay cuatro cosas que se necesitan considerar para poder construirlo.

1. Una agenda breve y coherente y un análisis común que nos una a todos:

Ya sabemos que esta agenda tiene que incluir una redistribución amplia de ingresos y riquezas, de la "clase de los multimillonarios" al resto de la sociedad. Tiene que incluir propuestas concretas para eliminar la discriminación racial y tiene que confrontar la realidad de que somos el estado policíaco más grande del mundo, sin excepciones. Tiene que responder directamente al cambio climático.

También tiene que formar parte de un plan conciso de 10 puntos (o menos) que refleje claramente la indignación que sentimos sobre la dominación de los súper ricos, el amañado sistema político, la sistemática injusticia racial y étnica, y la crisis climática. Tenemos que buscar la manera de juntar estos problemas sin destrozarnos los unos a los otros.

Para llegar ahí, necesitaremos un análisis común de cómo la explotación financiera y la desigualdad sin límites le hacen daño al 99%. Ojalá este libro sirva como un borrador sobre el que se pueda elaborar.

2. Una infraestructura educativa nacional para difundir la agenda y el análisis:

Los populistas de la época de 1880, durante su levantamiento en contra de Wall Street, enviaron a 6.000 educadores populares a correr la voz sobre la promesa de las cooperativas, los bancos públicos, los impuestos progresivos y el control popular sobre ferrocarriles y sistemas de comunicación.

Para nuestra población actual, vamos a necesitar más de 30.000 educadores populares para correr la voz. Sí, las redes sociales pueden facilitar el proceso, pero nada es igual a las discusiones en persona sobre estos asuntos y causas tan importantes.

Varios sindicatos y grupos comunitarios ya han iniciado tal proceso masivo de capacitación en la justicia económica y social.

3. Una organización nacional coherente con secciones estatales y locales:

Nuestros oponentes son fuertes y están organizados. Tienen un control fortísimo sobre la economía y el proceso político. Tenemos que ser fuertes y estar organizados también. Una o dos manifestaciones no serán suficientes. Todos necesitamos pertenecer a una organización duradera con una identidad común que exprese de forma concreta nuestro movimiento. Necesitamos prepararnos para una lucha de 10 a 20 años con el propósito de derribar su reino plutocrático. Entonces, necesitamos que ustedes construyan estructuras organizativas sólidas que puedan sostenerse.

Deberíamos poder viajar a cualquier parte del país y encontrar una reunión local de nuestra nueva organización, y participar en discusiones, actividades políticas y eventos. Nuestra organización necesita su propia cultura viva.

Para construir una estructura como tal se requieren personas y dinero. La campaña de Sanders demuestra que las personas y el dinero están ahí. Ha amasado millones de pequeños donantes y decenas de miles de voluntarios y personal, quienes podrían estar dispuestos a construir, unirse y contribuir a tal formación.

4. Una nueva identidad del movimiento:

Quizás este sea el obstáculo que más nos cueste superar. Necesitamos visualizarnos como constructores del movimiento. Tenemos que lograr que nuestras causas estén mejor conectadas. Cada uno de nosotros necesita expandir nuestras identidades para que no seamos solamente ambientalistas, luchadores para la justicia racial o sindicalistas, sino también los creadores de un movimiento amplio. Nuestra orientación tradicional hacia el desarrollo de coaliciones y alianzas no tiene la posibilidad de triunfar, a no ser que le asignemos un mayor valor a construir una nueva identidad común para el movimiento.

Nada de esto será fácil de lograr. Va muy en contra de lo que pensamos muchos progresistas, nos pide que cambiemos cómo nos vemos y cómo estamos organizados. Después de todo, nuestras identidades separadas nos alimentan y nos dan fuerza. Y nuestras distintas identidades a veces también nos ayudan a conseguir financiamiento, ya que los donantes institucionales también viven y trabajan en sus propias áreas temáticas y causas aisladas. Este cambio, hacia una construcción más amplia del movimiento, interrumpirá nuestras listas y nos pondrá en nuevos y extraños espacios organizativos. Y es posible que tanto organizaciones como individuos compitan por el liderazgo de este nuevo movimiento.

Esto es difícil. ¿Podrán unirse los activistas por la justicia climática, los de Las Vidas Negras Importan (Black Lives Matter), la lucha por el salario mínimo de $15, la reforma penitenciaria y el sindicalismo, todos en un movimiento común? No tan fácilmente. Pero la campaña de Sanders ha demostrado que la unión es posible. Y también es necesaria: la desigualdad sin límites sofocará a todos nuestros movimientos, a no ser que nos unamos. La única opción que nos da la élite plutocrática es intentarlo.

Esperamos que pronto convoquen la primera reunión nacional para forjar una agenda nueva que confronte la desigualdad sin límites, el cambio climático y la injusticia racial. O quizás necesitarán trabajar estado por estado antes de que se lleve a cabo una reunión nacional. Pero, a fin de cuentas, esto tiene que tener un solo nombre y todos debemos poder unirnos, porque creemos en la agenda, porque creemos que tenemos que actuar y porque creemos el uno en el otro.

Contamos con ustedes y estamos seguros de que no nos decepcionarán. Y yo me sentiré orgulloso si cualquier parte de este libro les sirve en sus esfuerzos educativos.

En solidaridad,
Les Leopold
Día Internacional de los Trabajadores, 2016

Acerca del autor

Les Leopold es cofundador y director del Labor Institute en la ciudad de Nueva York, una organización educacional sin ánimo de lucro que diseña programas de salud y seguridad ocupacional, medioambiente y economía, para sindicatos y grupos comunitarios. Es autor de la premiada biografía El hombre que odiaba el trabajo y amaba al trabajador: La vida y los tiempos de Tony Mazzocchi (2006). También ha escrito dos libros sobre la crisis financiera: El despojo de Estados Unidos: Cómo el juego de la fantasía financiera de Wall Street destruyó nuestros empleos, pensiones, y prosperidad, y qué podemos hacer al respecto (2009), y Cómo ganar un millón de dólares por hora: Por qué los fondos de cobertura logran exprimir la riqueza estadounidense (2013).

Actualmente diseña, lleva a cabo y comparte programas educativos económicos para ayudar a combatir la desigualdad sin límites. Se le puede contactar a través de LesLeopold@aol.com.

Sobre el libro

Todos los beneficios de las ventas de *Desigualdad sin límites* se destinan a la Campaña Nacional de Educación Económica del Labor Institute, no al autor.

Por favor considere unirse a la RunawayInequality.org Education Network: Te necesitamos. Nos necesitamos el uno al otro. Visitar: www.RunawayInequality.org/aprendemas.

Agradecimientos

Queremos agradecer a David Dembo, Peter Holm, Lilah Leopold y Laura McClure por su experto trabajo de investigación, edición, diseño e ilustración. También queremos agradecer a Jan Frel y Don Hazen por habernos animado a poner a prueba muchos de los temas del libro en Alternet.org. Además, muchas gracias a Arturo Archila, Sally Silvers, Rodrigo Toscano y Jim Young del Labor Institute por apoyar y patrocinar este trabajo. También deseamos agradecer a Chester Leopold por inspirar al autor con su profunda dedicación a luchar por la justicia y la equidad, y a Sharon Szymanski por su compromiso día tras día con la causa de la educación del trabajador al igual que por su amor y apoyo. Agradecemos a Trellis Steptor de la Fundación Mertz Gilmore por su generoso apoyo a la edición en español.